2013 年度中央财政支持地方高校发展专项资金建设项目“公安学及公安技术学科创新团队”成果
重庆高校物证技术工程研究中心课题成果（课题号：LCFS140816）
重庆高校物证技术创新团队资助项目成果（合同号：KJTD201301）
2012 年西南政法大学资助项目

西南政法大学刑事侦查学院公安学学术文库

欧洲主要国家与欧盟侦诉主体研究

肖 军 著

群 众 出 版 社
·北 京·

图书在版编目（CIP）数据

欧洲主要国家与欧盟侦诉主体研究/肖军著．—北京：群众出版社，2015.5

（西南政法大学刑事侦查学院公安学学术文库）

ISBN 978-7-5014-5349-8

Ⅰ.①欧…　Ⅱ.①肖…　Ⅲ.①刑事侦查学—研究—欧洲　Ⅳ.①D918

中国版本图书馆 CIP 数据核字（2015）第 093840 号

欧洲主要国家与欧盟侦诉主体研究

肖　军　著

出版发行：群众出版社
地　　址：北京市西城区木樨地南里
邮政编码：100038
经　　销：新华书店
印　　刷：北京兴华昌盛印刷有限公司

版　　次：2015 年 5 月第 1 版
印　　次：2015 年 5 月第 1 次
印　　张：17.25
开　　本：787 毫米×1092 毫米　1/16
字　　数：305 千字

书　　号：ISBN 978-7-5014-5349-8
定　　价：55.00 元

网　　址：www.qzcbs.com
电子邮箱：qzcbs@ sohu.com

营销中心电话：010-83903254
读者服务部电话（门市）：010-83903257
警官读者俱乐部电话（网购、邮购）：010-83903253
公安综合分社电话：010-83901870

自　　序

2014年1月，笔者出版了《侦查主体研究》一书。该书是在笔者博士学位论文的基础上修改而成的。在撰写博士学位论文和修订《侦查主体研究》书稿时，对国（境）外侦查主体的研究用时最长，这不仅是因为从原始资料到文字表述需要一个理解和揣摩的过程，更重要的是，从掌握的最新动态来看，国（境）外侦查主体的改革确有值得研究之处，而如何将其运用到我国侦查主体的改革当中是需要反复思量的。

作为《侦查主体研究》的一章——国（境）外侦查主体比较研究，受篇幅所限，只选择性地将英国、美国、法国、俄罗斯、欧盟较为特殊的侦查主体挑选出来分析。笔者认为，研究得并不十分透彻，很多内容只是点到为止，没有深入分析获取的资料中包含的庞大信息，尤其是对法国、英国、俄罗斯等国家的侦查主体改革剖析得不是很到位。鉴于此，有必要单独将这部分内容列出来进行系统的分析、专门的探讨。于是，形成了《欧洲主要国家与欧盟侦诉主体研究》一书。

本书的特点表现在以下几个方面：

第一，特定性。即对象的特定性：只研究欧洲主要国家和欧盟的侦诉主体——对象的双重限定，即限定“法国、德国、英国、俄罗斯四个欧洲国家和欧盟实体”，限定“侦查和审查起诉主体”。

第二，全面性。对这五个对象的侦诉主体的阐述都是从历史沿革、主体权力、主体间关系、改革动向等方面进行的。因为只有在重温历史、把握现在、展望未来的基础上全方位地透析侦诉主体，才能从多角度把握这些国家和地区侦诉主体改革的新方向。这正体现了内容的全面性。

第三，基础性。法律是侦诉主体得以合法存在的依据，先从法条入手凸显了研究注重基础。法国、德国、俄罗斯这些成文法国家自不待言，即便是在以判例法为主的英国，也制定了大量的法律可供研究。而通过对法条的本义研究，笔者发现无论是刑事诉讼法还是其他相关法律，都较好地规范了侦诉主体的组成、权力等各方面内容。把握了法律这一基础，就了解了侦诉主体的一多半内容。

第四，丰富性。资料的丰富性体现为收集到的资料较多，从官方报告到法条原文，从会议纪要到期刊论文，从学位论文到专著，无不体现了资料的丰富多样。而且这次收集的资料大多是各个国家的原文资料，法语、德语、英语、俄语的资料通过转化极大地丰富了这些国家侦诉主体的相关研究内容，凸显了各国学者的研究态度和方式。

第五，延续性。本书是笔者前一本书的延续，是对前一本书的深化。这正体现了笔者具有相对稳定的研究发展方向，笔者试图将侦诉主体这一对象研究得更加深刻、更加透彻。

特定性、全面性、基础性、丰富性和延续性是本书的基本定位。而由于本书翻译了大量的外文原始资料，所以，从某种程度上来说，本书也可以作为一本参考书。

肖　军

二零一四年十月八日

目　　录

第一章　导论 …………………………………………………………（1）
一、基本概念 ……………………………………………………（1）
二、研究目的 ……………………………………………………（4）
三、研究背景 ……………………………………………………（5）
四、研究的创新点和难点 ………………………………………（6）
第二章　法国侦诉主体 …………………………………………（7）
第一节　法国司法警察机构及其人员 …………………………（8）
一、司法警察机构 ………………………………………………（8）
二、司法警察 ……………………………………………………（13）
第二节　法国检察机关及其人员 ………………………………（18）
一、法国“检察官”术语的由来 ………………………………（18）
二、检察官最初职能的争议 ……………………………………（19）
三、检察机关及其人员设置 ……………………………………（21）
四、检察机关及检察官的特性 …………………………………（23）
五、检察官的权力 ………………………………………………（26）
第三节　法国预审法庭及预审法官 ……………………………（26）
一、预审法官——第一级预审庭 ………………………………（26）
二、上诉法院预审庭——第二级预审庭 ………………………（27）
三、预审法官制度的改革 ………………………………………（28）
第四节　本章小结 ………………………………………………（36）

一、主体内部的关系 …………………………………………（36）
二、主体间的关系 ……………………………………………（38）
三、评介 ………………………………………………………（43）
第三章　德国侦诉主体 ……………………………………（45）
第一节　德国警察 …………………………………………（45）
一、德国联邦警察的历史变迁 ……………………………（45）
二、德国联邦刑事警察的历史变迁 ………………………（46）
三、联邦警察与联邦刑事警察的关系 ……………………（47）
四、联邦警察和联邦刑事警察的权力 ……………………（48）
第二节　德国检察院 ………………………………………（50）
一、《法院组织法》的规定：概览…………………………（50）
二、《刑事诉讼法》的规定：权力…………………………（51）
第三节　德国侦查法官 ……………………………………（53）
一、法律分析 …………………………………………………（53）
二、词源分析 …………………………………………………（55）
第四节　本章小结 …………………………………………（56）
一、主体间的关系 ……………………………………………（56）
二、评介 ………………………………………………………（57）
三、法、德两国侦诉主体比较 ……………………………（64）
第四章　英国侦诉主体 ……………………………………（66）
第一节　英国警察 …………………………………………（66）
一、英国现代意义上“警察”的起源及历史回顾 ………（66）
二、英国警察的权力：《警察和刑事证据法》 ……………（71）
第二节　英国检察机关及检察官 …………………………（80）
一、英国检察机关的变迁 …………………………………（80）
二、英国检察官的权力 ……………………………………（83）
第三节　英国特殊侦诉主体：以反严重欺诈办公室为例 …（87）
一、反严重欺诈办公室的成立及其法律依据 ……………（87）
二、反严重欺诈办公室的办案流程 ………………………（90）
三、反严重欺诈办公室存在的问题及其解决 ……………（93）
四、反严重欺诈办公室的启示 ……………………………（100）

第四节　本章小结 …………………………………………（102）
一、主体间的关系 ……………………………………（102）
二、评介 ………………………………………………（103）
三、法、德、英三国侦诉主体比较 ……………………（104）
第五章　俄罗斯联邦侦诉主体 ……………………………（107）
第一节　俄罗斯联邦调查机关和侦查机关 ………………（107）
一、调查机关、人员及其权力 …………………………（107）
二、侦查机关、人员及其权力 …………………………（111）
第二节　俄罗斯联邦检察机关 ……………………………（118）
一、检察机关及其人员 …………………………………（118）
二、权力 ………………………………………………（123）
第三节　俄罗斯联邦侦诉主体的改革：“大侦查机构”及联邦反贪局 …………………………………………（128）
一、“大侦查机构”的改革………………………………（128）
二、联邦反贪局设立的构想 ……………………………（129）
第四节　本章小结 …………………………………………（131）
一、主体间的关系 ……………………………………（131）
二、评介 ………………………………………………（133）
三、俄罗斯与法、德、英三国检察监督的区别 …………（136）
第六章　欧盟侦诉主体 ……………………………………（138）
第一节　欧洲警察署 ………………………………………（139）
一、历史沿革 …………………………………………（139）
二、法律支撑 …………………………………………（142）
三、职责和任务 ………………………………………（143）
四、定位：服务型而非执法型机构 ……………………（144）
五、评述 ………………………………………………（145）
第二节　欧洲司法组织 ……………………………………（146）
一、历史沿革 …………………………………………（146）
二、法律支撑 …………………………………………（147）
三、职责和任务 ………………………………………（148）
四、定位：协调型而非执法型机构 ……………………（149）

五、评述 …………………………………………………………… (149)
第三节　欧盟联合侦查小组 ……………………………………… (150)
一、成立的背景 ……………………………………………… (151)
二、设立的难题 ……………………………………………… (151)
三、难题的“初步”解决 ……………………………………… (159)
第四节　欧洲检察官 ……………………………………………… (164)
一、概述 ………………………………………………………… (164)
二、《里斯本条约》生效后的继续研究 ……………………… (165)
三、争论点及解决 ……………………………………………… (168)
第五节　本章小结 ………………………………………………… (180)
一、欧盟范围内的侦诉主体发展评介 ……………………… (181)
二、欧盟侦诉主体改革的启示 ……………………………… (184)
第七章　比较与借鉴 ………………………………………………… (192)
第一节　成员国与欧盟的协调一致与相互影响 ……………… (192)
一、欧盟对成员国的影响：法律上的协调一致与
“欧洲化” ……………………………………………………… (192)
二、成员国对欧盟的影响：欧洲一体化的联邦或超
国家方向 ……………………………………………………… (194)
第二节　侦诉主体设置及其改革的基础、动力 ……………… (198)
一、侦诉主体设置的基础 …………………………………… (198)
二、侦诉主体改革的基础与动力 …………………………… (203)
第三节　侦诉主体的权力 ………………………………………… (211)
一、侦查主体的双重权力 …………………………………… (211)
二、审查起诉主体的多重权力 ……………………………… (214)
第四节　侦查主体间、侦诉主体间的关系 …………………… (215)
一、侦查主体间的关系 ……………………………………… (215)
二、侦诉主体间的关系 ……………………………………… (219)
第五节　对我国侦诉主体发展与改革的具体启示 …………… (224)
一、侦诉主体设置的启示 …………………………………… (224)
二、侦诉主体的权力与观念启示 …………………………… (228)
三、侦查主体、侦诉主体关系的启示 ……………………… (236)

第八章　结语：研究侦诉主体的三个维度 …………………………（243）
附录 1　附表和插图索引…………………………………………（245）
附录 2　欧洲主要国家和欧盟法律查询网站…………………………（248）
参考文献 …………………………………………………………（251）
后记 ………………………………………………………………（262）

第一章　导　　论

一、基本概念

（一）欧洲主要国家与欧盟概述

本书研究的对象主要涉及法国、德国、英国、俄罗斯与欧盟，其中法国、德国、英国、俄罗斯被归为“欧洲主要国家”。之所以将这些国家单独列出并作为本书研究的重点，是因为这些国家极具代表性。

国家本身具有典型性表现为：第一，法国、德国、英国是欧盟最为主要的三个成员国（英国有举行公投“脱离欧盟”的动向），俄罗斯虽然不是欧盟成员国（这也是书名不定为《欧盟及其主要成员国侦诉主体研究》的原因），但其作为联合国常任理事国，与法国、英国地位同等重要。第二，法国和德国是典型的大陆法系国家，亦是大陆法系的起源国；英国是典型的英美法系国家，更是英美法系的起源国；俄罗斯则通常被归入大陆法系，但苏联（社会主义法系）对中国的影响较大，故四个国家是两大法系（或多个法系）的典型代表，它们的法律制度对包括我国在内的世界上多数国家和地区产生了深远影响，凸显出辐射效应。

欧盟，是欧洲联盟的简称，其前身是欧洲共同体，起源于 1951 年 4 月 18 日签订并于 1953 年 7 月 23 日生效的《建立欧洲煤钢共同体条约》（Treaty establishing the European Coal and Steel Community，ECSC Treaty）。而真正意义上的欧盟诞生于 1992 年，因为 1992 年 2 月 7 日签订并于 1993 年 11 月 1 日生效的《建立欧洲联盟的马斯特里赫特条约》（Treaty of Maastricht on European Union，简称《马约》）正式将欧洲多个国家统一到欧盟当中。其后，《马约》经历了《阿姆斯特丹条约》（Treaty of Amsterdam）、《尼斯条约》（Treaty of Nice）以及《里斯本条约》（Treaty of Lisbon）等不同条约的多次修订，逐步丰富了欧盟这一新的世界增长极。相对于欧洲主要国家而言，欧盟实体显得更加年轻、更有活力。

研究欧盟，一方面是因为在研究了法国、德国、英国之后，欧盟在这些国家的地位和作用如何，即它们如何通过欧盟进行协调同样是值得深入研究的，这其中孕育了“一体化”的思想；另一方面，欧盟本身体现出来的特征也是比较有特色的，值得分析。

（二）侦诉主体概述

所谓侦诉主体，是指侦查主体和审查起诉主体，是侦查程序和审查起诉程序的主导者与承担者。虽然该提法并不多见，但“侦诉关系”、“侦诉一体化”等表达已司空见惯。显然，侦诉主体是“侦诉关系”、“侦诉一体化”中不可或缺的元素，离开了主体，就无法谈及“关系”与“一体化”。

单就主体而言，其至少有以下几种含义：第一，主体（main body）是指“事物的主要部分”，如房屋的主体（结构）、信件的主体等，此种定义与“事物的次要部分”相对应。第二，主体（subject/sujet）是指对客体有认识和实践能力的人，这是哲学上的定义，也是较为重要的定义，此时的主体是与客体（object/objet）相对的。[①] 显然，马克思主义视野下的主体主要指此种含义。第三，主体是指依法享有权利和承担义务的人。这是法学上的定义。例如，民法中的主体是指享有权利和负担义务的公民或法人。[②]

对这些定义，首先应该作以下说明：第二种含义和第三种含义简言之即为“主体是人”（语法上的“主谓宾”结构）。那么，这里的“人”应该如何理解才能与“主体”相对应呢？如果仅仅将“人”理解为“自然人”未免有失偏颇。所以我们应该思考，除了“自然人”之外，主体还应该包括哪些？可以从主体、客体与人、物的关系入手加以详释。

从表 1-1 来看，广义的主体和客体、狭义的客体既可指人，又可指物；狭义的主体则只能指人。在狭义的主客体关系界定下，主体还可

---

①薛建成等编译．拉鲁斯法汉双解词典［M］．北京：外语教学与研究出版社，2001：1875.

②中国社会科学院语言研究所词典编辑室．现代汉语词典［M］．2002 年增补本．北京：外语教学与研究出版社，2002：2506.

分为个体主体、群体主体、人类主体等，而其中的群体主体依据不同的标准又可以划分出多种主体范畴，典型的便是各种国家机关、机构乃至民间组织等。① 由此得知，应该将主体范畴作扩大化理解，其可延伸至“自然人”以外的国家机关、机构等，将后者视为“自然人”的集合体。这样一来，即可将主体理解为人员和机构范畴，很好地解决了只有人员才能作为主体、排除机构作为主体的问题。退一步讲，如果国家机关、机构不能作为主体，那么部分学者将人员（自然人）排除在外，仅认为国家机关是主体的观点显然是值得商榷的。②

表 1-1　广义、狭义的主客体与人、物的关系

	人	物
广义的主体	√	√
广义的客体	√	√
狭义的主体	√	×
狭义的客体	√	√

回归到侦诉主体，详细的定义应该这样下：侦诉主体指在侦查程序和审查起诉程序中，拥有侦查权和/或审查起诉权，主导侦查和/或审查起诉进行并对其结果有决定性的机关、人员。将机关和人员纳入侦诉主体范畴是妥当的。当然，这也意味着，在研究侦诉主体的过程中既要涉及侦诉机关，又要涉及侦诉人员。而定义中之所以说“拥有侦查权和/或审查起诉权”，是因为有的主体，如包括欧洲检察官在内的欧洲一些国家和欧盟的检察官既有侦查权又有审查起诉权，两权集于一身，这里应该有所区分。

还有一点需要指明，本书研究的侦诉主体的相关职能主要体现在侦查和审查起诉等审前阶段，但这并不意味着这些主体在审判程序以及后续的执行程序中无所作为。最典型的就是检察官作为审查起诉和法律监督主体，既在审判阶段支持自己的公诉并有权讯问被告人等，又在执行

①刘涛．刑事诉讼主体论［M］．北京：中国人民公安大学出版社，2005：34-35.

②有学者认为，应该区分侦查主体与侦查权主体，而“侦查权主体是特定的国家机关而非侦查人员”。如果这一论断正确，那么说明只认定人员为主体的观点是不正确的，因为不存在排除国家机关的侦查权主体。所以，主体不仅包括人员，还应包括国家机关等。

程序中负责执行部分刑罚或者监督其他执行机关执行刑罚。本书主要从侦查阶段和审查起诉阶段入手，来详细分析相关主体的配置、权力及相互关系。

二、研究目的

之所以选择欧洲主要国家和欧盟的侦诉主体进行研究，有以下几点原因，而这些原因中也蕴含了研究的目的。

其一，从落脚点——“主体”一词来看，它是诉讼程序中最为重要的一环，没有主体就没有程序。所以，研究主体是研究整个诉讼程序的起点，而侦诉主体更是整个刑事诉讼程序的基石，离开了侦诉主体，侦查程序和审查起诉程序将无法进行，更不用提审判程序和执行程序了。没有审前程序当然导致法律实施的“落空”。

其二，从修饰侦诉主体的词来看，它是研究的对象，即把侦诉主体限定在这些对象中。而正如上所述，这些研究的对象——欧洲主要国家（法国、德国、英国、俄罗斯）和欧盟很好地代表了两大法系和“混合”法系（欧盟中既有大陆法系国家，又有英美法系国家，所以其法律体系要兼顾两大法系的特征，表现出“混合”的性质，这里姑且如是命名），而这些国家和区域显然也是大多数专家和学者们较为青睐的对象。众所周知，从这些典型入手进行研究，才能推而广之，即从特殊到一般。

其三，这些国家和区域近些年来对侦诉主体的改革幅度不小，如法国和德国对预审法官制度的改革、英国对反严重欺诈办公室的改革、俄罗斯建立“统一侦查机关”、欧盟对欧洲检察官的设置等。而既然是改革，则成败皆有可能。我们既要梳理成功的经验，又要总结失败的教训，从而掌握能够为包括中国在内的世界上其他国家和地区所借鉴的丰富素材。他山之石，可以攻玉。

其四，从欧洲主要国家和欧盟关于侦诉主体的安排可以看出两大法系对侦查和审查起诉主体的设计模式，以及对“侦诉关系”的处理等问题的态度。我们在比较优劣的同时，也为梳理我国“侦诉关系”提供了范本。也就是说，除了侦诉主体本身的改革，由侦诉主体改革反映出来的诸如“侦诉关系”的调整等一系列问题亦能为其他国家和地区的改革提供一定的参考。

其五，研究侦诉主体需要从国（境）外角度入手，这是研究的横向坐标，古今中外作为研究的横轴是侦诉主体法治化、科学化的重要组成部分（见图 1-1）。

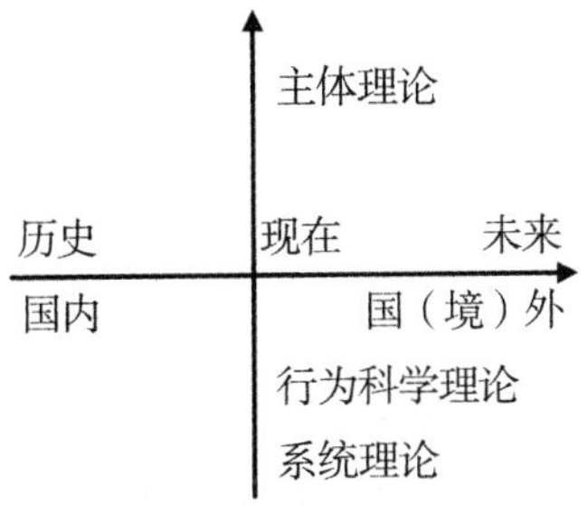

图 1-1　侦诉主体研究的横纵轴

当然，这些国家和区域内可以挖掘的内容较多，也绝不是本书能够全部体现的，本书仅择其要点（如主体本身的设计、主体的权力、主体间的关系等）进行梳理和比较，为我国亟待解决的一些问题提供思路与方向。

三、研究背景

笔者出版的前一本专著《侦查主体研究》提到，在法国，2014 年 1 月 1 日预审制度改革方案正式生效，即 2014 年 1 月 1 日实行预审合议制。然而，笔者于 2014 年 3 月 1 日查询最新公布的 2015 年 12 月 31 日（未生效）版本时发现，第 83 条等条文依然延迟生效，即延迟到 2015 年 1 月 1 日生效。这意味着实行预审合议庭制度的生效日期又往后推迟了一年（2013 年 12 月 29 日第 2013-1278 号法令第 129 条将 2007 年 3 月 5 日的第 2007-291 号法令第一章的生效日期延迟到八年后）。究其原因，可能是建立预审合议制的条件依然不具备，时机仍不够成熟。

而关于俄罗斯联邦“大侦查机构”的初步构建，进一步研究发现其不仅要建立联邦层面的“大侦查机构”，还要对侦查委员会等相关机构进行改革，优化权力配置。这是《侦查主体研究》一书尚未提及的。

至于欧盟，则针对欧洲检察官办公室出台了《关于建立欧洲检察官办公室的理事会规则》，对欧洲检察官办公室的具体组成、运作方式等进行了详细的说明。这是官方对欧洲检察官办公室的设计方案，是

《侦查主体研究》一书没有加以研究的。

也就是说，本书的研究背景有二：一是《侦查主体研究》一书出版后，一些国家的侦诉主体又有了新的发展或新的改革，值得进一步分析和研究；二是进一步剖析《侦查主体研究》一书中没有研究透彻的问题，在本书中充分展现这些国家和欧盟侦诉主体各具特色之处。

四、研究的创新点和难点

（一）创新点

毫无疑问，本书最大的创新点是内容新，而这主要体现在笔者充分利用自己的背景知识、外语条件，尽己所能全方位地收集与侦诉主体有关的外文原始材料，将这些“随时更新”的素材所涵盖的信息恰当地融入行文中，并合理地运用这些内容作为论据进行论证（分析、研究），使得论证的过程更加严密、更有说服力。例如，除了对每个国家的警察和检察官各自的变迁、职责等方面进行阐述外，还特别点出了这些国家和区域比较突出（有特色）的主体（制度）之改革，如法国预审法官和司法警察（地域制度）、英国的反严重欺诈办公室、俄罗斯的“统一侦查机关”、欧盟的联合侦查小组等。

各国最新的主体改革内容即为本书的创新点之一。而本书的创新点之二则是，通过分析这些国家及欧盟的侦查主体和审查起诉主体，总结它们在侦查制度、检察制度改革中遇到的问题、解决问题的方法以及尚未解决的难题，从主体这一新的视角来与我国侦诉主体的改革进行比较，吸收、借鉴一些有益的经验。

当然，这些都是基于各国和欧盟的法律条文形成的，所以本书的主要特色在于通过对法律文本的剖析，诠释法律文本背后隐藏的关于侦诉主体的内在本质。

（二）难点

本书采用并分析了大量的外文（法语、德语、英语、俄语）原始资料，且尽量就某一问题通过对照不同语种进行理解，但由于笔者本身的外语水平有限，加上不同语系、法系对某些问题的解释不同，难免会造成一定的误解，故翻译过来的资料未必能真实地再现原文之含义。而且将这些资料用在何处才能发挥它们最大的效用也不太好把握，这需要建立在对侦诉主体问题吃透的基础上，难度亦不小。

第二章 法国侦诉主体

1789 年 8 月 26 日法国颁布了《人权和公民权利宣言》(Déclaration des droits de l' homme et du citoyen，以下简称《人权宣言》)，这部《人权宣言》具有划时代的意义，因为它使得公民的权利得到了充分的保障。《人权宣言》由序言和正文 17 条组成，它从政权组织形式、刑法、刑事诉讼程序等不同方面规定了人权保障措施，体现了三权分立、罪刑法定、无罪推定等宪法、刑法和刑事诉讼法上的原则。

《人权宣言》开宗明义：在权利方面，人们生来是并且始终是自由和平等的。① 第 1 条便说明了宣言的“主要内容”，即宣言是围绕着“自由”和“平等”两个关键词“展开说明”的。具体到刑事诉讼程序方面，《人权宣言》第 7 条规定：除非在法律规定的情况下并且按其指定的方式，任何人不受控告、逮捕或拘留。② 这是刑事诉讼中的“程序法定”原则。第 9 条规定：任何人在其未被宣告为有罪之前都应被推定为无罪，即使认为逮捕必不可少，如为扣留其人身而采取不必要的措施都必须受到法律的严厉制裁。③ 这是刑事诉讼中的“无罪推定”原则和“必要性”原则。除此之外，与刑事诉讼有关的还有两点：其一为第 12 条——人与公民的权利之保障需要公立的力量。因此，这种力量是为全体公民之利益而不是为了这种力量的受托人之个人利益而建立

---

①Art. 1er, Les hommes naissent et demeurent libres et égaux en droits.

②Art. 7, Nul homme ne peut être accus, arrêté ni détenu que dans les cas déterminés par la Loi, et selon les formes qu' elle a prescrites.

③Art. 9, Tout homme étant présumé innocent jusqu' à ce qu' il ait été déclaré coupable, s' il est jugé indispensable de l' arrêter, toute rigueur qui ne serait pas nécessaire pour s' assurer de sa personne doit être sévèrement réprimée par la loi.

的。[1] 其二为第16条——权利没有保障和权力没有分离的社会，是没有宪法的社会。[2] 第12条所说的“公立的力量”在刑事诉讼中体现为参与刑事程序、代表“国家权力”的主体，在侦查以及提起公诉阶段则主要包括司法警察、检察官、预审法官等。

不言而喻，上述《人权宣言》之规定在侦查（预审）以及提起公诉阶段显得尤为重要，因为相对于审判程序，审前程序更容易侵犯公民的权利。所以，司法警察、检察官、预审法官必须依照“无罪推定”的思想，并依据“程序法定”和“必要性”原则进行刑事诉讼。

第一节　法国司法警察机构及其人员

一、司法警察机构

（一）法国“警察”的来源

在谈及法国司法警察机构的有关问题之前，先看看法国“警察”一词的来源。[3] 据法国内政部网站介绍，“警察”（police）一词先后经

---

①Art. 12, La garantie des droits de l' Homme et du Citoyen nécessite une force publique: cette force est donc instituée pour l' avantage de tous, et non pour l' utilité particulière de ceux auxquels elle est confiée.

②Art. 16, Toute Société dans laquelle la garantie des Droits n' est pas assurée, ni la séparation des Pouvoirs déterminée, n' a point de Constitution.

③这里顺带谈谈“公安”一词的来源。“公安”一词可能最早起源于法国大革命时期的“公共安全委员会”（le comité de sûreté générale, puis le comité de salut public），其任务是抓获“犯罪嫌疑人”（suspects）。据考察，法国曾经还存在一个国家安全总局（la direction générale de la sûreté nationale），其下设一个公共安全部门（sécurité publique）。但是发展到今天，法国的机构中似乎并没有什么“公共安全委员会”，而如果非要和“公安”扯上关系的话，那就是在国家警察总局内设了一个“公共安全中心局”（Direction Centrale de la Sécurité Publique, D. C. S. P.），主要负责“公民人身、财产以及国家机关的安全”。另外，暂且不说法国是否会把“公共安全”理解为“公安”，单看机构设置就会发现，这个机构仅仅是“国家警察总局”内设的一个部门，并不能代表整个国家的“警察”。也就是说，如果我们采用类比的方式来分析的话，法国的国家警察总局应该与我国的公安部类似，它们才是全国警察的“直接指挥者”。所以，我们国内所说的“公安”和“警察”（根据不同场合经常会混用）与国外的“公共安全”和“警察”的含义还是有一定区别的。See Ministère de l' Interieur. Histoire de Police Nationale[EB/OL]. http://www.police-nationale.interieur.gouv.fr/Presentation-generale/Histoire, 2014-03-01.

历了"polis"、"politeia"、"politia"、"pollice"、"police"等诸多词形的变化。"police"一词起源于拉丁语"politia"，而它本身又来源于希腊语"politeia"（意思是管理城市的艺术）——该词则来源于"polis"（意思是城市）。在古法语中，"police"意味着"管理"。而且在很长一段时间内，"警察"并未真正独立，他们与军队融为一体，直到1789年法国资产阶级革命推翻了国王路易十六的统治，建立了资产阶级政权，"警察"才正式从军队中分离出来，开始走上专门化的道路，"police"才逐渐有了现今"警察"一词的含义。① 不过，随着新的警察哲学及新的警务革命的到来，"police"一词的含义又有了新的扩展。简言之，其经历了一个由宽变窄，再由窄变宽的发展历程。②

也就是说，从历史发展来看，之前严格意义上的侦查主体较少或者根本就不（独立）存在。有两点可以佐证：第一，"police"一词一开始并没有"警察"之意（仅仅是"管理"）；第二，"警察"是从军队中分离出来的。概言之，"警察"是历史发展到一定阶段的产物，而侦查主体亦是应国家和社会之需要而"诞生"的。

（二）司法警察机构的变迁

通说认为，在法兰西第三共和国期间的"美好时代"（la Belle Epoque），机动部队（tigre）这一组织很可能是今天法国司法警察机构的前身。之后，在两次世界大战期间，司法警察部门不断增加，其职能也在逐步扩充。1944年11月16日的法令恢复了国家安全总局（la direction générale de la sûreté nationale），其仍属于国家内政部（rattachée au ministère de l'intérieur），包括四个较大的部门——司法警察部门（police judiciaire）、公共安全部门（sécurité publique）、一般情报部门（renseignements généraux）和国土监察部门（surveillance du territoire）。除此之外，还有一些行政部门。几经变迁，现在法国的司法警察属于国家警察总局掌管，而且还专门成立了一个"司法警察中心局"（Direction Centrale de la Police Judiciaire，D. C. P. J.），对全国的司法警察行使领导权。

①Ministère de l'Interieur. Histoire de Police Nationale［EB/OL］. http：//www. police-nationale. interieur. gouv. fr/Presentation-generale/Histoire，2014-03-01.

②王大伟．欧美警察科学原理——世界警务革命向何处去［M］．北京：中国人民公安大学出版社，2007：33.

“司法警察中心局”由若干个位于内政部的中央部门和12个地方部门组成，详解如下：

1. 在中央部门，司法警察中心局下设多个警察分局（sous-directions），包括刑事案件分局（la sous-direction des affaires criminelles）、经济与金融案件分局（la sous-direction des affaires économiques et financières）、技术与科学警察分局（la sous-direction de la police technique et scientifique）以及外部联系分局（la sous-direction des liaisons extérieures）等，而且每个分局也下设了不同的部门，如刑事案件分局就设有惩治匪盗抢劫中心处、惩治贩卖人口中心处、打击走私文物中心处等。其后，这些分局也有所调整，如现在的机构设置是：打击有组织犯罪和金融犯罪分局（la sous-direction de la lutte contre la criminalité organisée et la délinquance financière，SDLCODF）——专门负责预防和打击有组织犯罪和特殊犯罪，反恐分局（la sous-direction anti-Terroriste，SDAT）——专门负责预防和打击国家和国际恐怖主义，技术与科学警察分局（la sous-direction de la police technique et scientifique，SDPTS，这个分局没有变化），资源、评估与战略分局（la sous-direction des ressources，de l'évaluation et de la stratégie，SDRES）等。①

2. 至于地方部门，根据2003年4月24日《关于改革司法警察地域组织》的第2003-390号法令并经2009年8月24日第2009-999号法令调整，② 法国将地区警察局分为两大部分：一部分是“跨区域”的司法警察局（directions interrégionales de la police judiciaire），包括里昂、马赛、波尔多、里尔、第戎、奥尔良、雷恩、斯特拉斯堡、皮特尔角城9个司法警察局；另一部分是“本区域”的司法警察局（或称作“大区司法警察局”，directions régionales de la police judiciaire），包括阿雅克肖、凡尔赛

①Ministère de l'Intérieur. L'organisation et les structures de la direction centrale de la police judiciaire［EB/OL］. http：//www.police-nationale.interieur.gouv.fr/Organisation/Direction-Centrale-de-la-Police-Judiciaire/L-organisation-et-les-structures，2014-03-01.

②Décret n°2003-390 du 24 avril 2003 portant création des directions interrégionales de la police judiciaire et relatif à l'organisation des services territoriaux de police judiciaire de la police nationale，Décret n°2009-999 du 24 août 2009 portant suppression de l'antenne de police judiciaire de Saint-Martin et modifiant le décret n°2003-390 du 24 avril 2003 portant création des directions interrégionales de la police judiciaire et relatif à l'organisation des services territoriaux de police judiciaire de la police nationale.

2个司法警察局，当然“巴黎大区”司法警察局保持不变。[①] 这种跨区域的主体调整盘活了各司法警察局的警力资源，使其能被充分共享；同时还加强了司法警察之间的联系，使权限在横向上有所扩张。在某种意义上，这种司法警察地域组织的改革是机构的“合并”，当然，也加强了机构和人员相互之间的协作与配合。

（三）“大巴黎警察总局”的设立

法国是一个高度中央集权的国家，其政治、经济、文化以及外交等活动大多以巴黎为中心，这就决定了巴黎在这个国家的重要地位。所以，巴黎警察局在法国警察机构中发挥的作用不言而喻（学者们经常将其单独列出来进行讨论就是一例）。实际上，早在2009年7月23日，就有报道称法国将设立“大巴黎警察总局”，即把负责首都和近郊三省公共秩序的治安部队全部交由巴黎警察总局局长（Préfet de police de Paris）管理。而对于巴黎警察总局来说，只需要“协调治安和公共秩序权限”即可，因为巴黎警察总局在巴黎和近郊三省对消防大队、司法警察以及某些后勤单位已经拥有统管权。[②] 而就在第二天，即2009年7月24日，法国就颁布了相关法令（Décret n°2009-898 du 24 juillet 2009 relatif à la compétence territoriale de certaines directions et de certains services de la préfecture de police），成立了“大巴黎警察总局”（Préfecture de police de Paris）。[③] 此外，根据2012年10月15日的相关法令，成立了类似于大巴黎警察总局的“罗讷河口警察总局”（Préfecture de police des Bouches-du-Rhône）。[④] 一系列的调整证实了侦查主体由分到合是一种趋势，重新整

---

①Ministère de l'Intérieur. L'organisation et les structures de la direction centrale de la police judiciaire[EB/OL]. http://www.interieur.gouv.fr/sections/a_l_interieur/la_police_nationale/organisation/dcpj/organisation-structure-dcpj,2014-03-01.

②法新社．法国将设立“大巴黎警察总局”［EB/OL］．http://www.oushinet.com/172-1304-36542.aspx，2014-03-01.

③Décret n°2009-898 du 24 juillet 2009 relatif à la compétence territoriale de certaines directions et de certains services de la préfecture de police,http://www.legifrance.gouv.fr/affichTexte.do?cidTexte=JORFTEXT000020900024&fastPos=18&fastReqId=831374317&categorieLien=cid&oldAction=rechTexte.

④Décret n°2012-1151 du 15 octobre 2012 relatif à l'organisation et à l'action des services de l'Etat dans le département des Bouches-du-Rhône, http://www.legifrance.gouv.fr/affichTexte.do;jsessionid=389B89097EA90110536742AD2521D1D0.tpdjo09v_2?cidTexte=JORFTEXT000026498577&dateTexte=&oldAction=rechJO&categorieLien=id.

合现有的资源，将其优势最大限度地发挥出来，使主体达到一体化、协同化，这种司法警察地域组织的改革亦突出了权力的延伸，突破了公权的地域限制。

实际上，关于司法警察地域组织的改革从另一方面说明了：尽管法国是一个高度中央集权的国家，但在某种程度上，中央政府也不可避免地向地方政府做出了一些让步。概言之，法国警察管理体制的发展趋势是：由中央集中领导体制逐步地向分散权力、建立地方警察体制的模式发展。

综合来看，我们可以把法国内政部司法警察机构在该部中的地位（位阶）从表 2-1 中反映出来。

表 2-1　法国内政部司法警察机构（部分）概览

<table>
<tr><td rowspan="15">法国内政部司法警察机构</td><td rowspan="15">内政部</td><td rowspan="14">国家警察总局</td><td>综合情报中心局</td><td></td><td></td><td></td></tr>
<tr><td>公共安全中心局</td><td></td><td></td><td></td></tr>
<tr><td>边境监控中心局</td><td></td><td></td><td></td></tr>
<tr><td rowspan="11">司法警察中心局</td><td rowspan="9">中央部门（若干个）</td><td rowspan="3">打击有组织犯罪与金融犯罪分局</td><td>惩治非法贩运毒品中心处</td></tr>
<tr><td>惩治贩卖人口中心处</td></tr>
<tr><td>国家经济犯罪侦查队</td></tr>
<tr><td rowspan="2">反恐分局</td><td>国家打击国际恐怖主义部</td></tr>
<tr><td>国家打击分裂恐怖主义部</td></tr>
<tr><td rowspan="2">技术与科学警察分局</td><td>刑事案件档案中心处</td></tr>
<tr><td>司法鉴定中心处</td></tr>
<tr><td rowspan="2">资源、评估与战略分局</td><td>研究和前景预测部</td></tr>
<tr><td>联系与交流部</td></tr>
<tr><td rowspan="2">地方部门（12 个）</td><td>“跨区域”部门（9 个）</td><td>里昂、马赛、波尔多、里尔、第戎、奥尔良、雷恩、斯特拉斯堡、皮特尔角城</td></tr>
<tr><td>“本区域”部门（3 个）</td><td>阿雅克肖、凡尔赛、巴黎</td></tr>
<tr><td>内政部其他部门</td><td></td><td></td><td></td><td></td></tr>
</table>

二、司法警察

（一）司法警察的设置依据

法国《刑事诉讼法典》（Code de Procédure Pénale，CPP）第 15-1 条规定，本章第二节和第三节规定的司法警官和司法警员履行日常职能的部门或单位的种类，创建这些部门或单位的模式，以及其地域管辖标准，依司法部部长和有关部长提出报告并由最高行政法院（国家参事院）提出资政意见颁布法令后决定。①

这里需要说明的是，法国《刑事诉讼法典》由四部分组成——法律部分（Partie législative，即我们通常所说的《刑事诉讼法典》）、经国家参事院提出资政意见后颁布的法令部分（Partie réglementaire - Décrets en Conseil d' Etat）、未经国家参事院提出资政意见而颁布的法令部分（Partie réglementaire - Décrets simples）、部令部分（Partie Arrêtés），中间两个法令都属于条例（Partie réglementaire）。根据 2008 年 7 月 23 日第 2008-724 号法律修改的法国《宪法》第 34 条之规定，法律（la loi）规定的事项包括：有关确定重罪和轻罪以及与之相适应的刑罚；刑事诉讼程序；大赦；设立新的法院类型和司法官的地位。第 37 条规定，属于法律范围以外的事项具有条例性质（caractère réglementaire）。已经以立法形式（forme législative）出现的有关这些事项的文件，经咨询国家参事院（le Conseil d' Etat）的意见后，能以法令（décrets）的形式予以修改。而在本宪法生效后所制定的此类文件，除宪法委员会（le Conseil constitutionnel）宣布其依上述规定具有条例性质者外，不得以法令的形式予以修改。根据第 2008-724 号法律修改的法国《宪法》第 38 条之规定，政府为实施其政纲，要求议会授权它在一定期限内以政府法令（ordonnances）的形式对于通常属于法律范围的事项采取措施。上述政府法令经咨询国家参事院的意见后，由内阁会议（Conseil des ministres）予以制定。在期限届满后，政府法令中有

---

①Article 15-1 (Modifié par Loi n°2003-239 du 18 mars 2003-art. 8), Code de procédure pénale, Les catégories de Services ou unités dans lesquels les officiers et agents de police judiciaire visés aux sections II et III du présent chapitre exercent leurs fonctions habituelles, les modalités de création de ces services ou unités ainsi que leurs critères de compétence territoriale sont déterminés par décret en Conseil d' Etat pris sur le rapport du ministre de la justice et du ministre intéressé.

关立法范围的事项仅能由法律（loi）加以改变。根据第2008-724号法律修改的法国《宪法》第41条之规定，对于某些事项的争议（到底属于政府还是议会管辖），由宪法委员会裁决。[①]

由此看来，上述关于“地方部门”的调整通过法令（décrets）进行是合法的（合乎宪法与刑事诉讼法之精神）。而这也说明，通过法令来规定司法警察机构和司法警察（司法警官和司法警员）的相关事项具有较高的法律效力，它是《刑事诉讼法典》的授权，是法律当然的延伸。

（二）司法警察的组成

现代法国警察体系采取的是典型的大陆警察模式，其体制与英、美警察模式不同，是典型的欧洲中央集权的警察体制。在法国，警察虽然有国家警察（police nationale）和城市警察（police municipale）之分，但主要还是以国家警察为主。警察都归国家警察总局（la Direction Générale de la Police Nationale，D. G. P. N.）管理，而国家警察总局则隶属于法国内政部（le Ministère de l’Intérieur français），并受其垂直领导。除了警察之外，维护法国治安的另一支队伍是法国国家宪兵（gendarmerie），其归法国国防部（Ministère de la Défense）领导。所以通说认为，在法国，国家警察与国家宪兵构成“一文一武，文主城市，武主乡镇”的基本格局，意思就是国家宪兵主要负责小城市、农村和边境的警务，而国家警察的主要任务则是维护万人以上的大、中城市的治安、执行交通法规、打击和预防犯罪。[②] 但是现在的区别也并非当初那么明显。例如，根据法国《刑事诉讼法典》第16条之规定，在某些情况下，宪兵队军官及军士也可具有“司法警官”身份，也就是说，现

①Article 34 (Modifié par LOI constitutionnelle n°2008-724 du 23 juillet 2008 de modernisation des institutions de la Ve République (1) - art. 11), Article 37, Article 38 (Modifié par LOI constitutionnelle n°2008-724 du 23 juillet 2008 de modernisation des institutions de la Ve République (1)-art. 14), Article 41(Modifié par LOI constitutionnelle n°2008-724 du 23 juillet 2008 de modernisation des institutions de la Ve République (1)-art. 16), La Constitution: http://www. legifrance. gouv. fr/affichTexte. do? cidTexte = LEGITEXT000006071194 (2014年9月10日最后访问).

②张麟．国外警察制度［EB/OL］. http: //www. hsdcw. com/html/2013-7-9/556970. htm, 2013-07-09.

在的警察与宪兵更讲究的是“协调与合作”。①

关于司法警察的人员设置，根据法国政府立法网（legifrance）上公布的最新的法国《刑事诉讼法典》第一卷“提起公诉与预审”（Livre Ier：De l’exercice de l’action publique et de l’instruction）第一编“负责公诉及预审的机关”（Titre Ier：Des autorités chargées de l’action publique et de l’instruction）第一章“司法警察”（Chapitre Ier：De la police judiciaire）之规定，司法警察分为：1. 司法警官（Section 2：Des officiers de police judiciaire）；2. 司法警员（Section 3：Des agents de police judiciaire，包括助理司法警员）；3. 负责司法警察特定职责的有关官员与人员（Section 4：Des fonctionnaires et agents chargés de certaines functions de police judiciaire），每一部分的具体人员分别规定在第二节、第三节、第四节中（从篇幅来看，主要还是司法警官和司法警员两类主体）。值得注意的是，虽然 2009 年 8 月 3 日第 2009-971 号法律、2011 年 5 月 17 日第 2011-525 号法律、2012 年 3 月 14 日第 2012-354 号法律、2012 年 12 月 29 日第 2012-1510 号法律以及 2013 年 7 月 25 日第 2013-669 号法律对上述人员有所调整，但是总体而言，除了市长及其助理（les maires et leurs adjoints）外，其他人员只是具有司法警察“资格”（qualité），要想真正行使司法警察职权，还得是在特定条件下获得有关人员（如检察长）的授权或被指定分配（ils sont affectés）一定任务时才行。这是比较有特色的规定。

（三）司法警察的权力

司法警察的权力，或者说其总的职责是，查证违反刑事法律的行为、收集证据并查明行为人。法国《刑事诉讼法典》在详细规定司法警察的同时，也分别对不同级别的司法警察之权力进行了划分。

1. 司法警官：可以进行初步调查。在发生现行重罪和轻罪时，还可以对现场进行勘验、检查，扣押武器与工具，提取指纹、掌纹、拍照

①Article 16（modifié par Loi n°2003-239 du 18 mars 2003-art. 8，modifié par LOI n°2011-525 du 17 mai 2011-art. 156）2°Les officiers et les gradés de la gendarmerie，les gendarmes comptant au moins trois ans de service dans la gendarmerie，nominativement désignés par arrêté des ministres de la justice et de l’intérieur，après avis conforme d’une commission，Code de Procédure Pénale.

并对比提取的痕迹和线索，进行技术检验，搜查，对犯罪嫌疑人实行拘留等。①

2. 司法警员：协助司法警官履行职务，查证重罪、轻罪或违警罪并制作书面笔录，接受提供犯罪人及其同伙的线索、证据和信息的报告并制作笔录。司法警员无权决定拘留措施。②

3. 助理司法警员：协助司法警员、警官履行职务；向他们的上级报告其所知道的重罪、轻罪与违警罪；依领导者的命令对违反《刑法典》的行为进行查证并收集所有信息，以查明犯罪行为人；查证违反《公路法典》的违警罪并制作笔录。③

4. 负责司法警察特定职责的有关官员与职员：对有关犯罪可采取调查、查封等措施。

四类人员的资格不同，其权力范围有一定的区别，如表 2-2 所示。

---

①Article 17, Code de Procédure Pénale: Les officiers de police judiciaire exercent les pouvoirs définis à l' article 14; ils reçoivent les plaintes et dénonciations; ils procèdent à des enquêtes préliminaires dans les conditions prévues par les articles 75 à 78. En cas de crimes et délits flagrants, ils exercent les pouvoirs qui leur sont conférés par les articles 53 à 67. Ils ont le droit de requérir directement le concours de la force publique pour l' exécution de leur mission.

②Article 20 (Modifié par LOI n°2011-267 du 14 mars 2011-art. 114), Code de Procédure Pénale: Les agents de police judiciaire ont pour mission: De seconder, dans l' exercice de leurs fonctions, les officiers de police judiciaire; De constater les crimes, délits ou contraventions et d' en dresser procès-verbal; De recevoir par procès-verbal les déclarations qui leur sont faites par toutes personnes susceptibles de leur fournir des indices, preuves et renseignements sur les auteurs et complices de ces infractions. Les agents de police judiciaire n' ont pas qualité pour décider des mesures de garde à vue.

③Article 21 (Modifié par LOI n°2011-267 du 14 mars 2011-art. 113 (V), Modifié par LOI n° 2011-267 du 14 mars 2011-art. 115), Code de Procédure Pénale: Ils ont pour mission: De seconder, dans l' exercice de leurs fonctions, les officiers de police judiciaire; De rendre compte à leurs chefs hiérarchiques de tous crimes, délits ou contraventions dont ils ont connaissance; De constater, en se conformant aux ordres de leurs chefs, les infractions à la loi pénale et de recueillir tous les renseignements en vue de découvrir les auteurs de ces infractions, le tout dans le cadre et dans les formes prévues par les lois organiques ou spéciales qui leur sont propres; De constater par procès-verbal les contraventions aux dispositions du code de la route dont la liste est fixée par décret en Conseil d' Etat. Lorsqu' ils constatent une infraction par procès-verbal, les agents de police judiciaire adjoints peuvent recueillir les éventuelles observations du contrevenant.

表 2-2 法国司法警察的分类及职权

	分类	组成	职权
法国司法警察人员	司法警官	1. 市长及其助理； 2. 宪兵队军官及军士； 3. 在宪兵队至少已经服现役三年，由一委员会提出意见并经司法部部长与内政部部长以条例提名指定的宪兵； 4. 国家警察总监察、副总监察、总督察、各级警察局局长和警官； 5. 国家警察指挥部门的公职人员以及由司法部部长与内政部部长听取委员会意见后，以条例提名指定在该部门至少已工作三年的国家警察。	进行初步调查。在发生现行重罪和轻罪时，对现场进行勘验、检查，扣押武器与工具，提取指纹、掌纹、拍照并对比提取的痕迹和线索，进行技术检验，搜查，对犯罪嫌疑人实行拘留等。
	司法警员	1. 不具备司法警官身份的宪兵； 2. 不具备司法警官身份但有相应服务功能的国家警察，以及相应的公务员、警校学生（学员）。	协助司法警官履行职务。查证重罪、轻罪或违警罪并制作书面笔录，接受提供犯罪人及其同伙的线索、证据和信息的报告并制作笔录。司法警员无权决定采取拘留措施。
	助理司法警员	1. 不具备上述条件的有相应服务功能的国家警察； 2. 城市警员； 3. 符合一定条件的乡村治安员（警察）。	协助司法警官履行职务。向他们的上级报告所知道的重罪、轻罪与违警罪；依领导者的命令对违反《刑法典》行为进行查证并收集所有信息，以查明犯罪行为人；查证违反《公路法典》的违警罪并制作笔录。
	负责司法警察之特定职责的官员与职员	1. 工程师、区长、林木水道技术员与乡村治安员； 2. 行政部门与公用事业机构的公务员与工作人员（如海关人员、税务人员等）； 3. 经宣誓的特别保管人员。	对有关犯罪可采取调查、查封等措施。

第二节 法国检察机关及其人员

一、法国“检察官”术语的由来

在法国，“检察官”一词来自于古法语“地板”（le parquet），这一司法用语的意思是“小圈”（petit parc ou enclos）。两者有什么关系呢？这是法国法史学家争议之处，即“检察官”一词到底是起源于“parquet”还是“（petit）parc”呢？从现有的资料来看，一般认为“petit parc”似乎要早于“parquet”的出现。

公元9—11世纪，法兰西王国处于封建割据时期。当时，封建领主占有许多封建庄园（parc），并建立起“领主法院”（亦称“庄园法庭”）来对本领地内的农奴和居民行使司法审判权。它们通常设有总管来主持审判，还设有管家来告发，而现在所称的“检察官”便是由封建庄园的管家演变而来。此时，国王只能管辖王室领地（显然范围不大）以内发生的事宜。经过几个世纪的斗争，国家逐步统一，国王的司法权随之不断扩大，领主的司法权逐步削弱。[①] 审判在“司法宫殿”（当然也是国王宫殿）进行。后来“司法宫殿”（最早是在卡佩王朝出现）演变成了“国王审判庭”（Chambre）。在审理案件的过程中，整个审判大厅划出一个范围，设有不同坐席（属于法官、审判员和证人等人员），其中心是封闭的，且带有围栏，在围栏里由“国王的人”（les gens du roi）站在“地板”（parquet）上代表国家提起“诉讼”。所以从时间以及普适性上来看，“petit parc”的出现要早于“parquet”。不过“parc”除了代表“庄园”外，还有可能代表“小圈”，即“检察官”站在（庄园）法庭的“小圈”内行使“职能”。也就是说，国王的人可以进入他们的位置（parc）提出“诉讼”。

但是不论如何，两者还是有共同之处的，即“检察官”是站着行使“职能”（所谓“站着的司法官”——magistrats“debout”），与法

---

①张穹，谭世贵．检察制度比较研究［M］．北京：中国检察出版社，1990：1-3.

官坐着行使“职权”（所谓“坐着的司法官”——magistrats du siège）相对应。①

二、检察官最初职能的争议

另外，“检察官”（国王的人）最初的“职能”在学界也有争议。焦点在于：“检察官”起初到底是国王的律师还是国王的代理人？这两者是不同的。“国王的律师”（avocat du roi）行使的是民事方面的“职能”，而“国王的代理人”（procureur du roi）行使的是刑事方面的“职能”。前者孕育了民事检察制度，后者催生了刑事检察制度。② 如果从现在的角度来看，由于检察官主要是“为了适用刑罚”而提起公诉，所以说“检察官”最初的“职能”应该是刑事方面的，也即“检察官”最初应该是国王的代理人——当然这是一种猜想，有待于证实。

还是从西欧封建庄园谈起。理论上，大致有三类庄园法庭：民事法庭、男爵法庭和习惯法庭，前者用于维护庄园的秩序与和平，后两者则纯粹处理庄园事务。民事法庭主要是处理税收等民事方面的事宜，收取有关罚金，维护领主的私利，并且这种典型的庄园多存在于卢瓦河以北的法国（包括巴黎）。③

随着庄园经济的瓦解以及国家的统一，取而代之的则是“国王法庭”（如巴黎大法院）。“国王的律师”代替国王提起租税方面的诉讼，这明显带有“民事诉讼”性质，他是为国王的“私利”而履行“职能”。随着时间的推移，“检察官”作为“国王的代理人”也能为“社会”（公共）利益而对犯罪人进行侦查，提起刑事诉讼。所以概括起来，无论是坚持“起源一元论”还是坚持“起源二元论”的研究者，都应该清楚地看到：“检察官”的职权最初是（至少主要是）和民事诉讼相关（存在民事诉讼领域），但发展到后来却以提起刑事追诉为主。

---

①但在我国，情形大不相同。“站着”和“坐着”虽然只是形式上不同，但是背后反映出来的中国司法程序中的问题却值得深思。例如，检察机关是法律监督机关，在审判中不用起立。这种观念是将检察权凌驾于审判权之上的。

②樊崇义，吴宏耀，种松志．域外检察制度研究［M］．北京：中国人民公安大学出版社，2008：122.

③陈立军．秋季村规与中世纪村庄共同体的日常生活［J］．兰州学刊，2010，207（12）.181-185.

也就是说，“国王的律师”的出现不会晚于（只会同时或更早于）“国王的代理人”的出现。所以，“检察官”最早起源于“国王的代理人”的看法是值得商榷的。之后，在腓力普四世（1285—1314 年）时期，国王的律师和国王的代理人成了国家的官员，由此建立起来的检察官制度则被认为是现代意义上检察制度的起源。也就是学者们通常所说的：一般认为，检察官制度发源于 14 世纪的法国。随着法国大革命的进行以及社会的发展，法国制定出了一系列法律来规范检察官的职权。而现行的法国《民事诉讼法典》（Code de Procédure Civile）和《刑事诉讼法典》（Code de Procédure Pénale）等法律则较为完善地确立了法国民事检察制度和刑事检察制度。

法国本土之外的学者们的考察也可以帮我们分析“检察官”到底是起源于“国王的律师”还是“国王的代理人”。[①] 首先，在 13 世纪末，“国王的人”只是代其办理身上之事务（此时并没有后来意义上的“国家机关”性质），该事务仅限于其私事，后可代国王赴审判厅提起民事诉讼。然而，到了 14 世纪中叶，该制度蔓延于法国之全部，尤其是刑事案件，在一定情况下可提起诉讼。其次，再看该制度蔓延的原因。据日本学者之考究，原因有二：一为事实上之理由，二为法律上之理由。事实上的理由在于，随着战争之事越来越多，虽然有司法官吏，但数量少且无暇管理，超出了力所能及的范围，遂让“国王的人”代理其职，处理有关事务。他们随即“摇身一变”成了国家官吏，这就是后来“检察官”的雏形。法律上的理由在于，刑事诉讼方式之变更与王政状态之迁移。仅从刑事诉讼方式便可窥见一斑：由于之前法国采用的是“弹劾式”诉讼，除了极少数情况之外，一般都得被害人或其亲属提起，否则不能进行审判，这显然与“检察官”之刑事职权不能相容。直到后来采用了“纠问式”诉讼，“国王的人”才可以参与刑事诉讼，有了发展的空间。所以说，起初“国王的人”并没有刑事诉讼职能，直到后来才逐渐确立了该职能。虽然在论述该问题时，日本学者并没有区分“国王的律师”与“国王的代理人”（而是统称为“国王的代理人”），但这并不妨碍我们对“检察官”最初职能的梳理。也就

①后面的内容可参见［日］冈田朝太郎等口授，郑言笔述，蒋士宜编译．检察制度［M］．北京：中国政法大学出版社，2003：6-13.

是说，如果非要将他们区分为“国王的律师”和“国王的代理人”，显然，“国王的代理人”不可能早于“国王的律师”出现在封建时代。①

通过上面的分析，我们可以得出这样的结论：在论及检察制度的起源时，不能无视民事检察制度的产生与发展，而应该将民事检察制度和刑事检察制度的相关问题综合起来考察。另外，如果说刑事检察制度加快了检察制度的后续发展的话，那么民事检察制度对检察制度的产生、发展以及确立也功不可没，而其萌芽状态的作用更不可小觑。

三、检察机关及其人员设置

法国各级检察院的组成因其所在同级法院的管辖范围不同而有所区别。一般来说，在刑事领域，法国检察机关分为驻违警罪法院（tribunaux de police）检察院、驻轻罪法院（tribunaux correctionnels）检察院、驻重罪法院（cour d' assises）检察院、驻上诉法院（cour d' appel）检察院、驻最高法院（cour de cassation）检察院。可以说是基本按照刑事法院的设置来划分的。

驻违警罪法院检察院的检察人员包括大审法院（tribunal de grande instance，在审理刑事案件时即为轻罪法院）的共和国检察官，其职能是打击第五级违警罪；也包括在必要情况下可代替行使职能的法院所在地的警察（分）局局长、正/副督察等，其任务则是打击其他违警罪。②实际上，法国并不存在真正意义上的驻违警罪法院检察院，相关职能由驻轻罪法院（大审法院）检察院检察官（他也是违警罪法院检察官）等相关主体行使。驻轻罪法院检察院的检察人员除了包括一名共和国检察官（procureur de la République）外，按照该轻罪法院的重要性，还包括一名助理检察官（procureur-adjoint）或者/和多名副检察官（vice procureur）、检察官助理/代理检察官（substitut du procureur）等。代表驻重罪法院检察院的人被称作“总检察官”/“总律师”（avocat général）：他要么是总检察院的一员，要么是驻轻罪法院检察院的一员（总之，是上诉法院辖区内检察院的检察官）。驻上诉法院检察院的检

①另有资料介绍说，在法国大革命之前，“检察官”被称作“国王的人”，如像“国王律师”之类的称谓；而在旧制度的“巴列门”（parlement）里，则主要被称作“国王代理人”。

②Article 45，Article 46，Code de Procédure Pénale.

察人员包括一名总检察长（procureur général）以及多名总检察官/总律师（avocat général）和检察长助理/代理检察长，并且该检察院被称作“总检察院”（parquet général）。驻最高法院检察院有总检察长一名，首席总检察官/总律师长（premier avocat général）一名以及总检察官/总律师若干名。① 但是，该院并不具体提起公诉，它的角色是法国国务委

①对于名词的翻译，学者之间有所不同。例如，“procureur-adjoint”一词，有的学者将其翻译为“代理检察官”，有的学者则翻译为“助理检察官”；而将该词翻译成“代理检察官”的学者相应地把“substitut du procureur”理解成“助理检察官”，把“procureur-adjoint”翻译为“助理检察官”的学者则把“substitut du procureur”翻译成“代理检察官”，从而造成了一定的混乱。在《拉鲁斯法汉双解词典》中，“adjoint”的意思是助理的、副的，而举的例子是“adjoint au maire”——市长助理（本书在论述司法警察的组成时也提到过）；“substitut”在该词典中的意思为：［法］（上诉法院的）代理检察长，检察长助理；（省级法院的）代理检察长，检察长助理（这两处翻译参见薛建成等编译．拉鲁斯法汉双解词典［M］．北京：外语教学与研究出版社，2001：27，1868.）。所以笔者认为，将“procureur-adjoint”翻译为“助理检察官”，将“substitut du procureur”翻译成“代理检察官/长”或者“检察官/长助理”似乎更为合理——在较低级别的检察院，翻译为“××检察官”，在高级别的检察院里（如驻上诉法院检察院），由于有“général”这个词，所以将其翻译为“××检察长”。

另外，对于“avocat général”一词，上述词典第157页明确表明其特指（出席最高法院或上诉法院的）代理检察长、检察长助理（薛建成等编译．拉鲁斯法汉双解词典［M］．北京：外语教学与研究出版社，2001：157.）。这样就和“substitut du procureur”是一个意思了。但据现有资料来看，并没有将“avocat général”翻译成“代理检察长”或“检察长助理”的，而一般将其翻译为“总检察官”或者“总律师”。而正如前述，“avocat”一词即为“律师”之意，似乎应该译为“总律师”。但是，有的学者为了统一称呼，将“procureur général”、“avocat général”、“substitut général”翻译为“第一检察长”、“副检察长”、“检察官”，认为“avocat”并不是指真正的“律师”，而是司法官。但如果将“procureur général”翻译为“代理人总检察长”以及将“avocat général”翻译为“律师总检察长”的话，似乎能更好地在同一检察院中区分检察官的“刑事职责”与“民事职责”，也即这种翻译也许更为合理。所以说，不论是字典、词典，还是学者论著，对于一些词的理解存在争议在所难免。但只要能大体上进行把握，将道理言明即可，也不必太纠缠于词之间的翻译（正如法国学者勒内·达维在其著作《英国法与法国法：一种实质性比较》里提到的一样，“在许多情况下无法将法国、西班牙和德国法学家使用的术语译成英语；反过来，在欧洲大陆国家的语言中也找不到能够表达英国法最基本概念的词语”。所以说，两国之间的语言、法律文化差别可能会导致一些理解上的误区，一些外国词不能很好地用本国词表达出来，这是可以理解的。参见［法］勒内·达维．英国法与法国法：一种实质性比较［M］．潘华仿，高鸿钧，贺卫方译．北京：清华大学出版社，2002：50.）。这里提到了“avocat”一词，而之前对于“avocat”与“procureur”之争在这里可以这样看待：“avoacat”一直与“procureur”共同出现，说明它们之间还是存在着某种不可分割的渊源的。而且“avoacat”只出现在驻最高法院检察院以及驻上诉法院检察院中，说明其级别较高。

员会的“公众报告人”。[1]

四、检察机关及检察官的特性

综合来看，法国检察系统具有以下几个特点：[2]

（一）等级性

检察机关具有极强的等级性（hiérarchique）——检察机关的每一名成员都必须服从本级检察机关内部和上级检察机关的领导。

具体而言，较低级别的检察院服从总检察院的领导，后者则直接受司法部领导。另外，司法部部长对违反纪律的检察官有纪律惩戒权。按照旧制度，当对一个检察官实施纪律惩戒时，法国最高司法会议（Conseil supérieur de la magistrature）无权直接给出意见；而当对一名法官进行纪律惩戒时，最高司法会议却可以给出一定的建议。然而，法国在其后的司法改革中改变了这一做法，即最高司法会议可以对检察官进行纪律处罚。这表明，为了保证司法制度的统一性，最高司法会议的管辖权将及于法官和检察官，从而进一步加强了检察系统等级性色彩。

不过，这种等级性原则也有一些例外：如虽然根据法国《刑事诉讼法典》第 30 条以及第 36 条的规定，司法部部长可以命令总检察长、总检察长可以命令共和国检察官进行追诉，[3] 但总检察长、共和国检察官可以拒绝，这样显得“等级性”并非那么严格（而在同一检察院内部，下级服从上级的原则贯彻得就要严格些）。在没有遵守等级性情况下，检察官做出的实际行为是具有法律效力的。不过，他冒有受纪律制裁甚至被解雇的风险。还有一种例外，就是通常所说的“笔头上服从，口头上自由”原则（la plume est serve，mais la parole est libre），即等级性中的“服从”仅限于书面材料中（下级检察官在其书面意见中应该

---

①参见［法］贝尔纳·布洛克．法国刑事诉讼法［M］．罗结珍译．北京：中国政法大学出版社，2009：89-90；宋英辉，孙长永，朴忠根．外国刑事诉讼法［M］．北京：北京大学出版社，2011：190-191.

②关于“检察机关/检察官的特性”部分，主要参考了以下著作中的相关内容：［法］贝尔纳·布洛克．法国刑事诉讼法［M］．罗结珍译．北京：中国政法大学出版社，2009：91-95；樊崇义，吴宏耀，种松志．域外检察制度研究［M］．北京：中国人民公安大学出版社，2008：129-133；魏武．法德检察制度［M］．北京：中国检察出版社，2008：26-34；宋英辉，孙长永，朴忠根．外国刑事诉讼法［M］．北京：北京大学出版社，2011：189-190.

③Article 30，Article 36，Code de Procédure Pénale.

按上级检察官的指令办理)；而在诉讼程序中，其口头上是自由的（即言论自由，并且可以与书面材料有所不同)。

（二）独立性

所谓独立性（indépendence)，是指检察系统不仅独立于国家立法机关、行政机关以及审判机关，还独立于当事人。这是必要的，也是保证检察权能够合法、合理行使所必须遵循的。

说坐席司法官有独立性（法官裁判的独立性是相对于政府而言的）基本上没有什么理论难点，因为这被视为“理所当然”的事情。而对于立席司法官来说就存在一定的问题了：从等级上来说，他从属于行政机关，且其内部结构具有行政性质；而从逻辑上来说，他依附于司法部部长，所以他并不是独立的。然而这种依附性受到法律的限制，并且某些检察官有时也无须严格按照高级别检察官的指示办事。这样的解释似乎是不可靠的，因为有的检察官认为这仅仅是问题的一个方面：司法应该是一个“功能联合体”，而这种“独立性”仅被定格在某种人类特性的框架内。不过检察官也承认在某些方面他们确实是“独立的人”，并且有的检察官还说他们在“真正”的独立中受益。这恐怕也是政府反复强调要使自己与检察机关“断绝来往”的原因吧！2000 年法国两院曾对此项改革进行过投票，然而未得到大多数通过，计划被搁浅。不过总体来说，虽然法国司法部是检察机关的直接领导，它们具有行政隶属关系，但这种行政上的管理体制有一定的限制，这样就使得检察官在刑事诉讼中保持了起码的独立性。例如，虽然司法部部长可以指示检察长接受或调查某一案件，但不能就具体案件给出意见，不能要求检察长作出起诉或不起诉的决定。[①] 另一方面，虽然检察院是“驻××法院”的检察院，但这丝毫不影响其独立于法院。现代司法中“诉审分离”原则要求在刑事诉讼中，起诉机关与审判机关必须各自独立，互不干扰，更不能相互发出指令。它们应该严格按照法律的规定履行自己的职责。

于是，我们似乎可以这样理解：法国检察系统的等级性和独立性正好反映了检察官的双重属性——“行政性”和“司法性”。在行政体系

---

①Article 30（Modifié par LOI n° 2013-669 du 25 juillet 2013-art. 1），Code de Procédure Pénale：A cette fin，il adresse aux magistrats du ministère public des instructions générales. Il ne peut leur adresser aucune instruction dans des affaires individuelles.

上，低级别检察官服从高级别检察官，这是等级性的要求；在司法体系上，检察官不受其他部门干预，这又是独立性的体现。虽然对于检察官到底是只具有“行政性”或只具有“司法性”，还是具备双重性质尚有争议，但不可否认，这种类似情况也出现在我国——一种权力之争上——侦查权是“行政权”、“司法权”，还是两者兼具？所以无论是在法国，还是在中国，与其说这些争议是由“特殊性”引起的，还不如说是由“模糊性”引起的，并且可以预见，这种模棱两可的取向在短时间内不可能改变。

（三）不可分割性

所谓不可分割性（indivisible），是指在履行职责时，每一位检察官都代表着自己所在的整个检察院并且可以互换。只要不阻碍程序的进行，在实施公职行为时，同一检察院内有权限的检察官可以互相代替。也就是说，检察官是以整个检察院甚至以整个国家的名义进行刑事诉讼，而不是仅以个人的名义，这恐怕也是法国检察官被称为“共和国”（République）检察官的原因吧！但是这种“替代”在坐席司法官中是被禁止的，即在审判过程中，除有非常特殊之情形，一名法官不能被另一名法官所替代，否则审判无效（以违者论处）。这是检察官与法官的又一区别。造成这一特性的根本原因仍然是检察机关的“行政性”和审判机关的“司法性”。

（四）不承担责任性

不承担责任性（irresponsabilité），即检察官在刑事诉讼中，在符合法律的正常情况下具有“豁免权”，即检察官作为原告不会因败诉而承担诉讼费，也不会因在审判期间一些侮辱性的或诽谤性的言语而被起诉。但是，如果检察官行为与公用事业有关的话，根据国家追诉权可对其追诉。但这种追诉仅限在最高法院民事审判庭进行。

这种不承担责任性原则也适用于法官。实际上，这是“司法性”的共同特点——法官是典型的司法官，具有“司法性”。那我们能否这样说：一般情况下，和法官具有某些相同特点的典型属性即可归为“司法性”，而与其相去甚远的属性则不可归为“司法性”，应视情况归为“立法性”或“行政性”等其他属性，正如等级性和不可分割性总体上归为“行政性”，而独立性和不承担责任性总体上归为“司法性”一样？

五、检察官的权力

法国检察官是站着的司法官（有时也具有司法警察的某些权力），给人最初的印象当然是为了维护公共秩序对犯罪行为人提起公诉（action publique），代表着社会和公民的公共利益，被期待公平地适用法律。详细而言，在刑事领域，共和国检察官的职责是：对违反刑事法律的行为进行必要的追查和起诉，也可领导司法警官和警员进行犯罪调查；[①] 接受告诉（plainte）或告发（dénonciation）后，经过调查以决定是否发动公诉——要么发动公诉，要么适用有关规定实行替代公诉的程序（包括《刑事诉讼法典》第41-1条和第41-2条规定的赔偿性措施以及刑事和解等），要么归档不究（classer sans suite）[②] ——这种选择被称为“适时追究原则”（opportunité des poursuites，“检控酌情权”），也就是“起诉便宜原则”；以原告或者说以一方当事人的身份提起公诉；负责司法判决的执行等。

第三节　法国预审法庭及预审法官

一、预审法官——第一级预审庭

（一）预审法官的历史变迁：身份的转变

按照法国1801年起草、1808年11月16日颁布的《刑事审理法

---

①Article 41（Modifié par LOI n°2012-409 du 27 mars 2012-art. 4），Code de Procédure Pénale：Le procureur de la République procède ou fait procéder à tous les actes nécessaires à la recherche et à la poursuite des infractions à la loi pénale. A cette fin，il dirige l' activité des officiers et agents de la police judiciaire dans le ressort de son tribunal.

②Article 40-1（Modifié par Loi n°2004-204 du 9 mars 2004-art. 68），Code de Procédure Pénale：Lorsqu' il estime que les faits qui ont été portés à sa connaissance en application des dispositions de l' article 40 constituent une infraction commise par une personne dont l' identité et le domicile sont connus et pour laquelle aucune disposition légale ne fait obstacle à la mise en mouvement de l' action publique，le procureur de la République territorialement compétent décide s' il est opportun：1°Soit d' engager des poursuites；2°Soit de mettre en oeuvre une procédure alternative aux poursuites en application des dispositions des articles 41-1 ou 41-2；3°Soit de classer sans suite la procédure dès lors que les circonstances particulières liées à la commission des faits le justifient.

典》（Code d' instruction criminelle）之规定，预审法官具有高级司法警官的身份。根据1856年的一项法律，其成为预审法庭的第一级。

现行法国《刑事诉讼法典》取消了预审法官高级司法警官的身份，使其成为真正意义上的"司法官"。相关内容规定在第一卷"提起公诉及预审"第一编"负责公诉及预审的机关"第三章"预审法官"和同卷第三编"预审法庭"第一章"预审法官：一级预审庭"中。一百余条条文详细规定了预审法官的组成、权力、地位等。

（二）预审法官的权力

简言之，预审法官依照法律实施所有利于发现真相（不管嫌疑人是有罪还是无罪）的侦查行为。[①] 具体而言，可以实施的侦查行为（即相关的权力）包括：勘查、搜查、扣押和截留经电信渠道进行的通信（des transports, des perquisitions, des saisies et des interceptions de correspondances émises par la voie des télécommunications），询问证人（des auditions de témoins），讯问和对质（des interrogatoires et confrontations），签发执法凭证（des mandats，如逮捕令等），司法监督（du contrôle judiciaire），委托专家鉴定（de l' expertise）；等等。

二、上诉法院预审庭——第二级预审庭

上诉法院预审庭（la chambre de l' instruction）是现行法律中的"称谓"，其名称和职能随着法律的修正不断调整：之前的名称为上诉法院控诉庭，负责重罪案件的第二次预审，同时也进行司法审查和监督。而2000年6月15日的法律将这种情况改变了，即预审庭的主要职责是审查和监督，包括对预审法官的司法裁判之上诉作出新的裁判决定（如对先行羁押的上诉应当尽早并不迟于提出后的10日内作出裁判决定），以及对司法警官与警员活动的监督（du contrôle de l' activité des officiers et agents de police judiciaire）。当然，法国《刑事诉讼法典》还特地将上诉法院预审庭庭长单独列出，[②] 由其监督预审法官行使权力的

①Article 81（Modifié par LOI n° 2012 - 409 du 27 mars 2012 - art. 4），Code de Procédure Pénale：Le juge d' instruction procède, conformément à la loi, à tous les actes d' information qu' il juge utiles à la manifestation de la vérité. Il instruit à charge et à décharge.

②Articles 219 à 223，Pouvoirs propres du président de la chambre de l' instruction，Code de Procédure Pénale.

过程。

三、预审法官制度的改革

在法国侦诉主体这一范畴中，最值得深入研究的莫过于近年来预审法官制度的改革。自德国和意大利这些引进预审法官制度的国家相继废除了预审法官的侦查权以来，法国预审法官制度引来了更大的争议，尤其是被称为法国司法界的“切尔诺贝利”事件——乌特罗案（l' affaire d' Outreau）① 的发生，最终导致法国对预审法官制度进行了深入的改革。

（一）改革的理论分析

对预审法官的争论，无论是过去还是现在，也无论是主体因素还是非主体因素，聚集的焦点其实都在一个问题上：如何进行权力建构，也即如何将权力系统重新建立，尤其是预审法官权力的配置问题。因为主体因素中预审法官出现的问题和非主体因素中（整个法律制度）对预审法官的（权力）配置选择相互作用。当然，要想对系统进行重建，必须对权力（pouvoir）这一要素进行解构、剖析，然后对各种权力组成的结构进行重新构建。

在西方法治国家，权力分为立法权、行政权和司法权，每一种权力由不同的机构来行使。孟德斯鸠在著名的《论法的精神》（De l' esprit

---

①乌特罗位于法国北部——加来海峡大区（Nord-Pas-de-Calais）加来海峡省（Pas-de-Calais）。由于案件的“事实”发生地在此，故该案以“乌特罗案”命名。此案是一起对未成年人（儿童）进行性侵犯的刑事案件，其调查始于2001年。案件的预审法官法布西斯·布尔格对该案进行了“周密”的侦查：几个孩子将案件揭发出来并被他们的父母证实，由预审法官聘请的心理专家也肯定了孩子们供述的有效性。于是，许多涉嫌该案的人被拘留并接受进一步审查。他们中的18人因自由与羁押法官的“先行羁押”命令而受到监禁，被羁押了至少3年。其中一人在监狱中死于误服药物（也有报道称她是服药过量致死，亦有称她是自杀，对此尚存争议）。案件于2004年5月4日在圣奥梅尔（加来海峡省）重罪法院启动了审判程序，2004年7月2日进行了判决，判处7人无罪，10人有罪（例如，该判决认为巴达维·德拉夫妇犯有强奸、性虐待等罪，分别判处他们20年和15年的监禁，而判处他们的邻居6年和4年的监禁等）。这10人中有6人提出了上诉，上诉审在巴黎重罪法院进行。经过不断的核对和心理专家反复的论证之后，认为孩子们撒了谎，这样一来，严重削弱了控方的证据。于是，2005年12月1日，法院对被起诉者作出了无罪判决，结束了历时五年的法国司法界的“切尔诺贝利”事件。关于该案的具体过程，可参见 Christiane Besnier. La chronologie de l' affaire d' Outreau [J]. Droit et Cultures, 2008, 55 (1). 35-42.

des lois）中提到：从事务的安排（设计）上来说，为了防止滥用权力，必须通过权力制约权力。[1] 也就是说，制约权力必须靠权力（pouvoir-pouvoir）。具体到法国的刑事程序中，通过《刑事诉讼法典》之设计可以看出，权力被分为提起公诉的权力（追诉的权力）、预审的权力和审判的权力，分属的主体为检察官、预审法官和审判法官。虽然检察官和（预审、审判）法官同为“司法官”，前者是“站着的司法官”（magistrat debout/du parquet），后者是“坐着的司法官”（magistrat du siège），但是，仔细思考一番后会发现，法国的检察官、预审法官之权力未必仅仅是司法权，因为他们或多或少都会牵扯到侦查权，而侦查权又是一个极具争议的权力，到底是行政权还是司法权尚无定论，所以他们的权力性质自然也待定。

为了更好地厘清检察官、预审法官的权力性质，可以以侦查权为依托来进行分析。《刑事诉讼法典》中并没有把侦查程序单独列为一卷与法国“检警一体化”相关联，该法典在第一卷（提起公诉及预审）的第一编（负责公诉及预审的机关）中将“司法警察”作为一章加以阐述，意图是将“司法警察”归为“负责公诉”的机关，这样就可以把问题简单化——按照司法的被动性——司法警察机关和检察机关作为一个整体“主动”进行公诉，被视为行政机关，在此情况下行使的权力为“行政权”。这样一来，由于预审法官既可以“主动”侦查，又可以“被动”裁判，所以他具有“行政权”（指侦查权）和“司法权”（指裁判权）双重属性。孟德斯鸠曾说：司法权如果和行政权合二为一的话，法官就有压迫者的力量。[2] 而法国现在就是这种情形，所以有人称法国的预审法官是“共和国最厉害的人”，自然也是侦查阶段权力最大的人。两种权力的结合使得权力得不到很好的监督和制约，一旦滥用，后果无法预料，于是侦查阶段的错误“应运而生”。

从理论上来说，解决这种缺憾并进行权力重构，理想的途径有两条：要么废除预审法官，要么割裂预审法官行政权和司法权的联系，只赋予其司法权。对于第一条途径，论证的理由是：预审法官完全可以由

---

①Pour qu’on ne puisse abuser du pouvoir, il faut que, par la disposition des choses, le pouvoir arrête le pouvior.

②Si elle étoit jointe à la puissance exécutrice, le juge pourroit avoir la force d’un oppresseur.

法官取代，将预审法官审查和监督的权力转移给法官，由法官负责司法审查，同时将其侦查权交给检察官。预审法官侦查的权力转给检察官是因为由预审法官负责的案件不超过 10%，似乎没有必要再单独设置这样一个主体来负责某些案件的侦查，此其一；其二，事实上，检察官及其指挥的司法警察一直以来都是在诉讼中代表追诉一方，天然拥有侦查权，这是由两者之间的关系决定的，法官只负责审查行为的合法性和必要性即可。据一位比较刑事法学教授的调查，预审法官处理的案件比例在过去三十多年里不断下降，这使得预审法官的重要性受到质疑。而检察官（领导的司法警察）及其助理越来越多地进行案件的调查，所以权力衔接不是问题。第二条途径，预审法官可以保留，但是他不能再拥有侦查权，只能赋予其审查起诉权和监督权。这点可以从上述的上诉法院预审庭的主要职能变迁加以验证——既然预审庭都可以转变职能，为什么预审法官不可以呢？

实际上，无论取消预审法官与否，都是权力的一种博弈、一种再分配。综上来看，预审法官拥有的权力包括侦查权（亲自侦查权和指挥侦查权）、裁判权（公诉审查权和司法审查权），如图 2-1 所示。侦查权遭到两个选择的摈弃，因为它是导致权力混乱的“元凶”，是造成乌特罗案的“罪魁祸首”，被认为应该交由检察官行使。侦查权由预审法官配置给检察官，而这种“行政权”本身就是检察官（包括司法警察）固有的，预审法官没有必要干涉，也即选择②。而对于后项权力，取消预审法官派认为交由法官行使，保留预审法官派则认为由预审法官继续行使。不管怎样，“司法权”有且仅有一家能够行使——法院。只有这样，才能做到权力的合理分配，权力要素形成新的结构，权力系统中的“行政权”和“司法权”互不混淆也互不干预，也才能使各主体职能清晰、责任明确，进而遏制错案的发生。

我们这里可以作一个对比分析。由于英美法系的治安法官、大陪审团没有侦查权，所以没有讨论①和②的必要。而对于裁判权而言，英美法系是由法官行使的。但为了统一，可以这样认为：以美国为例，它没有预审法官，故可理解为裁判权“交其他现有法官或新设法官行使”，即在③与④之间选择了④。大陆法系以德国为例，在法律运行过程中也发现了预审法官存在的问题，于是废除了预审法官，将其权力分解，侦查权分给了检察官，裁判权分给了（侦查）法官（在“德国侦诉主体”

一章中会有详细说明），这种改革是最彻底的——彻底废除预审法官。

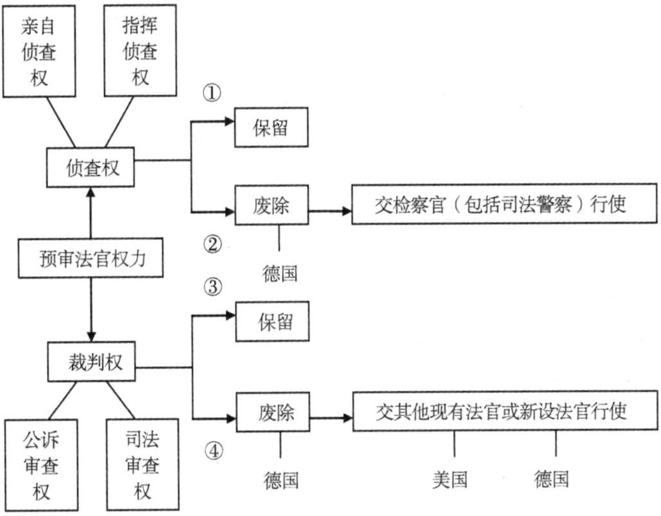

说明：把预审法官侦查权的保留与废除、裁判权的保留与废除看成四个“要素”（①、②、③、④）。由图可知有四种情况——A. ①③；B. ①④；C. ②③；D. ②④，即有A、B、C、D四种“结构”。显然，A是法国现行法的做法；B是法国历史上的做法（那时预审法官只有侦查权，无独立的裁判权，视为“废除”）；C是上述第二条途径；D是上述第一条途径（即德国现在的做法）。而这四种结构分别组成了不同的权力“系统”。权力“系统”能否有效运行，既要看“要素”，又要看“结构”。要素是活跃的，它的“废除”或“保留”对系统影响很大；而在要素相同的情况下，结构可以决定权力系统的本质。所以在一国的司法系统改革时，要素及其组合都是应该考虑的。

图2-1　法国预审法官权力系统演化

（二）改革的法律分析

法国2007年3月5日出台了第2007-291号法律——《加强刑事诉讼（程序）衡平法》（la loi n°2007-291 tendant à renforcer l'équilibre de la procédure pénale）。该法除了规定建立预审合议庭以及预审中心和预审法官共同审理（管辖）案件等事项外，还对乌特罗案中的错误之处进行了法律上的“反省”：包括对先行羁押制度的改革，加强对未成年人的保护，强化刑事程序的对抗性等。①

与预审法官制度有关并成为该法“闪光点”的是在某些大审法院建立了预审中心（pôle de l’instruction，与共同审理/管辖制度相配套），以及由此带来的一系列新变化，如管辖权问题：设有预审中心的预审法官对没有设立预审中心的司法区之重罪案件享有专属管辖权。也即，当案件较为严重或复杂时，启动“共同管辖”对其进行侦查。此时，设有预审中心的大审法院院长，或者在法院院长因故不能履行职责时替代院长的司法官，自案件侦查开始，指定负责侦查的预审法官并明确各自的角色/职责。在侦查程序中，按照负责侦查的预审法官的要求或者如果该法官同意，抑或根据公诉方的请求和当事人的要求，大审法院院长可以委派一名或数名预审法官（共同）审理。如果在没有设立预审中心司法区的预审法官先行受理了某起案件并开始侦查，而后发现案件应该转交给上述有专属管辖权的大审法院的预审法官，那么，为预审中心之利益，他应该告知预审中心，随后由预审中心管辖区域内的大审法院院长委派其他的预审法官负责侦查，并指定一名或多名预审法官（共同）审理。在共同审理（管辖）的情况下，所有预审法官在侦查中相互配合，负责侦查的预审法官协调整个程序。该预审法官有权将材料提交给自由和羁押法官；按指令自由审查事项；提出侦查终结的意见和作出侦查终结的裁定，并且这种意见和裁定应该由共同审理的多名预审法官签名。②

为了进一步加强法律的衡平性，2007 年法律还将“合议制”引入，使得法国《刑事诉讼法典》的许多法条随之发生了变化，不仅和上述预审中心的设立相配套（一些涉及管辖权的法条中的“预审法官”改成了“预审中心”），而且还建立了与上述“共同”审理（cosaisine）制度极其相似的“合议庭”（collégiale）审理（一些法条的“预审法

---

①Loi n°2007-291 du 5 mars 2007 tendant à renforcer l’équilibre de la procédure pénale(1):http://www.legifrance.gouv.fr/affichTexte.do;jsessionid=B7F21BC8EDA06BF4B445C81EA4AF20A3.tpdjo02v_3?cidTexte=JORFTEXT000000271253&dateTexte.

②Article 83-1 (Modifié par Loi n°2007-291 du 5 mars 2007-art. 7, Modifié par LOI n°2009-526 du 12 mai 2009-art. 136) et Article 83-2(Créé par Loi n°2007-291 du 5 mars 2007-art. 7, Modifié par LOI n°2009-526 du 12 mai 2009-art. 136), Code de procédure pénale: http://www.legifrance.gouv.fr/affichCode.do;jsessionid=B7F21BC8EDA06BF4B445C81EA4AF20A3.tpdjo02v_3?idSectionTA=LEGISCTA000006167421&cidTexe=LEGITEXT000006071154&dateTexte.

官”改为“预审合议庭”，原来由预审法官行使的职权现改为由预审合议庭行使）制度。具体来说，将现行的《刑事诉讼法典》第 83 条改为：法院院长，或者在法院院长因故不能履行职责时替代院长的司法官，得为每一起案件指定由三名预审法官组成的预审（合议）庭（collégiale de trois juges d’instruction）开展侦查，且其中一名职位最高的司法官行使协调法官（juge coordonnateur）之职责。该合议组织行使本法规定的预审法官的各项特权：决定（对犯罪嫌疑人）实行审查、对有律师协助的证人实施审查、实行司法监督、向自由和羁押法官提出申请、提出终结侦查意见以及作出终结侦查裁定（如不移送起诉裁定）。这些决定均由该合议庭作出。预审法官的其他职权，可以委托合议庭内的一名预审法官完成。①

表面上看，上述法律的规定反映了改革的初衷，而这一系列的改革确实对平衡预审法官的权力起到了很好的功效，但实际情况呢？虽然进行了如是改革，但仍有不尽如人意之处——包括各种主观和客观之负面评价和现实：第一，因设立预审中心而带来的变化似乎并没有涉及预审法官权力的“实质性”（substantive）改变，即侦查权和裁判权都没有废除，而且都是“形式上”（formelle）的变革。第二，虽然法律提到了侦查权力并作出了设计，希望用“司法权”制衡“行政权”，但这种权力的配置未必能够从根本上解决问题。虽然用合议庭的形式进行侦查在人员数量上可能占优，但毕竟是同一类主体行使权力，这样又沦为了形式主义。② 这种“新”的方式可能对错案的纠正起到了一定的作用，但是否能称得上最佳解决方案还有待进一步观察。第三，《加强刑事诉讼（程序）衡平法》第 30 条明确指出，该法的第一章（即“建立预审合议制的规定”这一章）于 2010 年 1 月 1 日生效，这使得本来设计好的“合议制”又推迟了几年，立法者是否考虑到改革的“渐进性”？首

---

①Article 1，Chapitre Ier：Dispositions instaurant la collégialité de l’instruction，Loi n°2007－291 du 5 mars 2007 tendant à renforcer l’équilibre de la procédure pénale （1）：http：//www. legifrance. gouv. fr/affichTexte. do？cidTexte＝JORFTEXT000000271253&fastPos＝17&fastReqId＝1831915537&categorieLien＝id&oldAction＝rechTexte. 上述部分是在翻译法国政府立法网公布的法国《刑事诉讼法典》等法律条文基础上形成的。

②这种“合议制”在法国历史上早已存在。如曾经的“轻罪法庭合议庭”，虽然决策是由三名法官共同作出，然而该合议庭的另两名法官都听从于预审法官，故这种“合议”流于形式。

先建立预审中心并采取“共同审理”的方法进行改革“试点”，待时机成熟后再推广“合议制”，毕竟“预审中心”、“共同审理”与“合议制”在机构、机制运行上有相互依赖性。而且在有了预审中心名单以及预审中心建立了犯罪信息资料库等之后，合议制应该能够更有效地运行。不过，就在2007年法律（该法规定于2010年，即2007年法颁布的三年后开始实行合议制）颁布的两年后，法律有所变化：2009年5月12日第2009-526号法律第136条将“三年”改为“四年”，即本来在2010年1月1日就应该实行的合议制，又延期了一年（2011年1月1日生效）。① 无独有偶，2010年12月29日第2010-1657号法律第163条再次将生效时间推迟——之前的“四年”又改为“七年”，即至少要等到2014年1月1日才能实行合议制。② 这是否说明，立法者认为建立合议制的条件仍然不成熟，还需要时间进行探究？③ 或者说，是否建立合议制还不一定，即情况不甚明朗？因为这期间可能发生其他变化。④ 从目前来看，最大的变化就是法国总统的更换：从萨科奇到奥朗德——这种改变是实质意义上的，因为国家执政党（从人民运动联盟为首的

---

①Article 136，LOI n°2009-526 du 12 mai 2009 de simplification et de clarification du droit et d’allègement des procédures（1）：A la première phrase du premier alinéa du II de l’article 30 de la loi n°2007-291 du 5 mars 2007 tendant à renforcer l’équilibre de la procédure pénale，le mot：《troisième》est remplacé par le mot：《quatrième》.

②Article 163，LOI n°2010-1657 du 29 décembre 2010 de finances pour 2011（1）：A la première phrase du premier alinéa du II de l’article 30 de la loi n°2007-291 du 5 mars 2007 tendant à renforcer l’équilibre de la procédure pénale，le mot：《quatrième》est remplacé par le mot：《septième》.

③其实，法国国民议会就乌特罗案成立的调查委员会（commission d’enquête）所作的报告已经指出，一旦建立合议制，必定要求相应的配套措施能够跟上，这其中就包括建立多个预审中心：建立预审中心以省为单位，每个预审中心由一个或几个（由三名法官组成的）团体（合议庭）构成，以上诉法院的等级和人口标准（5万人为限）来分配，还必须改进和设立预审联合（公共）秘书处。为尽快适应这种变革，应增加预审法官和书记员的数量。参见Assemblée Nationale，Rapport N°3125，le 6 juin 2006（Au nom de la commission d’enquête chargée de rechercher les causes des dysfonctionnements de la justice dans l’affaire dite d’Outreau et de formuler des propositions pour éviter leur renouvellement）.

④这种反复在法国历史上也存在：1985年法律规定设立“预审合议庭”，其任务是就羁押事由作出裁判，但这一法律未实施就被废止。1987年法律又设立“先行羁押申请庭”，其采取合议制，然而这一改革一开始就被推迟，直至后来又作出了新的规定，即实际上也未实施。参见［法］贝尔纳·布洛克．法国刑事诉讼法［M］．罗结珍译．北京：中国政法大学出版社，2009：403. 这种“做法”是否会重新回来？法国最终是否真的会实行“合议制”？只有等待时间去揭晓。

右翼政党到左翼社会党）也发生了更迭，而两党的执政理念、方式方法皆有不同，政治对法律的影响有多大，届时可能揭晓。

果然，笔者在 2014 年 3 月 1 日查询最新公布的法国《刑事诉讼法典》版本（2015 年 12 月 31 日生效）时发现，第 83 条等条文依旧延迟生效，即推迟到 2015 年 1 月 1 日生效，这意味着生效日期又往后推迟了一年。究其原因，原来 2013 年 12 月 29 日第 2013-1278 号法令第 129 条将 2007 年 3 月 5 日的第 2007-291 号法令第一章的生效日期延迟到八年后。① 可见，法国预审法官制度的改革一波三折。所以对于“拿破仑遗产”② 的命运，在 2015 年 1 月 1 日前尚不明朗。

不过，笔者在 2015 年 1 月 20 日修改书稿时又查询了《刑事诉讼法典》条文，没有变化。这是否意味着有关条款已然生效？不过，其实际运作如何，同样需要实践检验。但不论其最终改革的方向为何、所依赖的法律生效与否，预审法官制度的革新始终关系到法国刑事程序的整体走向。法国学者普遍认为，预审法官制度体现出来的浓厚的大陆法系色彩已经不能适应法治国家的法律要求，转型才是唯一出路。上述加强对席辩论、预审公开等改革，已经在某种程度上走向对抗制诉讼模式。无论是权力系统内部的权力与权力的博弈，还是权力系统外部的权利（如辩护权）与权力的平衡，都是为了更好地解决系统功能问题。

法国司法改革任重而道远，但我们若能从另一个视角来看，会发现法国司法改革的“反复性”也不失为一种“经验”：其改革总体来说是循序渐进的、阶段性的，这样取得的效果反而较好。法国法律的“不激进性”导致了改革步伐的缓慢性，而一旦大幅度修改某种制度，似乎会忽视实践中无法较快适应新制度之可能，反倒会出现一些波动。对比而言，我国 1997 年“侦审合一”改革过于激进，并未充分考虑到侦查程序是刑事诉讼程序的一部分，牵一发而动全身，进而导致整个诉讼

---

①Article 129，LOI n°2013-1278 du 29 décembre 2013 de finances pour 2014（1）：Le chapitre Ier entre en vigueur le premier jour de la huitième année suivant la date de publication de la présente loi.

②预审法官是法国 1808 年公布的《刑事审理法典》的产物，而这部法典是拿破仑时期制定的（当然还有著名的 1804 年《民法典》）。《刑事审理法典》中的很多法条现在都已经被修订，但包括预审法官行使预审职能（含侦查权）等少数规定依旧未变。所以说，预审法官是拿破仑时代遗留下来的，是“拿破仑遗产”。

程序运行不畅。这也说明，改革必须在考察所处大环境下并进行充分论证后才可循序渐进地进行，不可贸然前行，否则会走向败退。虽然我国的“预审”不能和其他国家，如法国、德国、意大利的“预审（制度）”作同样解释，但就改革的步伐而言，可作些许借鉴。法国并不像德国、意大利“激进式”地废除预审法官的“侦查权力”（且还改名为“侦查法官”），而是通过引入“合议制”、设立“预审中心”确立“共同”审理以及“合议庭”审理等措施逐步优化预审（制度），虽然也饱受争议，但循序渐进的做法就与我国“贸然”侦审合一、德意两国废除预审法官侦查权不同。而事实证明，无论是我国的侦审合一还是德、意两国废除预审法官，都太过突然，没有遵循事物的发展规律，所以导致问题不断：就目前德、意两国情况而言，废除了预审法官之后的改革也并未达到预期的目标，仍然存在很多问题。因为在废除前，并没有解决好“配套措施”等问题。①

第四节　本章小结

一、主体内部的关系

就司法警察机关而言，前文已提到，其属于一个行政性质的部门。而行政性意味着“服从”，上级领导下级，显然，其内部是领导与被领导之关系。例如，根据法国《国家警察职业道德准则法令》（Code de Déontologie de la Police Nationale）第 19 条的规定，国家警察和指挥他们的行政管理部门在以“司法警察”的名义履行职责时，要接受上级

①要想废除某一项制度，之前必须建立相应的“配套措施”，否则这类改革就会面临失败的危险。如法国要想废除预审法官制度的话，必须考虑“检察官的中立性问题”、“检察官对司法警察的控制问题”、“辩护权的保障问题”、“控辩双方侦查阶段的对抗问题”等。参见施鹏鹏．不日而亡——以法国预审法官的权力变迁为主线［J］．中国刑事法杂志，2012，139（7）．127.

机构、行政监察部门以及国家警察总监察的监督。① 而就司法警察本身而言，司法警员和助理司法警员的权力受到司法警官的限制，他们受司法警官领导——确切地说，是协助司法警官，司法警员无权决定拘留措施而司法警官可以决定便是一例。

就检察机关而言，其本身具有某些行政色彩。虽然有等级性（下级接受上级的领导)，但并不十分严格，“笔头上服从，口头上自由”就是等级性的例外。显然，其等级性的严格程度不及司法警察机关。不过，下级检察官还是在某种程度上受到上级的限制，这点毋庸置疑。

而至于预审法官，其作为预审法庭的第一级，理应受到预审法庭的第二级——上诉法院预审庭的限制，当然包括上诉法院预审庭庭长的监督。

同样是权力的“受限”，三大机构的情形略有不同。司法警察和检察官是受到“领导”且司法警察的等级性更为严格；预审法官是受到“监督”——不同的“措辞”是由三大机关性质不同导致的：司法警察机关是纯粹的行政机关，检察机关是带有某些司法性的行政机关，预审法官作为预审法庭的一级显然属于司法机关。也就是说，在行政机关内部，上下级通常是领导与被领导之关系；在司法机关内部，上下级通常是监督与被监督之关系。反过来，内部关系如何也可以从某种程度上反映出该机关的性质。例如，在预审法庭第一级，虽说新法规定“由三名预审法官组成的预审（合议）庭行使侦查权，且其中一名职位最高的司法官行使协调法官职责”，但这并不意味着该名职位最高的司法官能够“领导”其他两名预审法官，有关决定还是需要靠三人单独作出(上述提到协调法官都签名了，其他预审法官会不签名吗？但这并非“领导”效应，可能是“影响”效应)。

而且，这种“领导”与“监督”的区别也体现在其他不同的主体之间。

---

①Article 19（Modifié par Décret n° 2001－709 du 31 juillet 2001－art. 5），TITRE III：Du Contrôle de la Police，Code de déontologie de la police nationale：Outre le contrôle de la chambre de l' instruction，qui s' impose à eux lorsqu' ils accomplissent des actes de police judiciaire，les personnels de la police nationale et les autorités administratives qui les commandent sont soumis au contrôle hiérarchique et au contrôle de l' inspection générale de l' administration et，s' agissant des seuls personnels de la police nationale，également à celui de l' inspection générale de la police nationale.

二、主体间的关系

（一）检察官与司法警察

简言之，检察官与司法警察的关系是典型的领导与被领导或曰监视/监管与被监视/被监管关系。这点体现在《刑事诉讼法典》相关规定中。

1. 第12条规定，司法警察受共和国检察官的领导（direction）。[①] 根据2009年8月3日第2009-971号法律第2条新增的《刑事诉讼法典》第12-1条之规定，在某一具体刑事案件诉讼中，共和国检察官可以自由地选择司法警官的组成人员，[②] 这从另一个侧面进一步限制了司法警察的“实时”权力。

2. 第13条规定，在每一个上诉法院管辖范围内，司法警察受上诉法院检察长的监管（surveillance）。[③]

3. 第16条规定，除市长及其助理以外的其他司法警官，要想取得司法警官资格，必须由上诉法院检察长对他们进行授权。[④]

4. 第19条规定，司法警官应该毫不延迟地向共和国检察官报告其所知的重罪、轻罪和违警罪。[⑤] 第19-1条则规定，在对经授权办案的司法警官作出任何晋级决定时，要考虑有关检察官对其的评语（la no-

①Article 12, Code de Procédure Pénale: La police judiciaire est exercée, sous la direction du procureur de la République, par les officiers, fonctionnaires et agents désignés au présent titre.

②Article 12-1 (Créé par LOI n°2009-971 du 3 août 2009-art. 2), Code de Procédure Pénale: Le procureur de la République et le juge d' instruction ont le libre choix des formations auxquelles appartiennent les officiers de police judiciaire.

③Article 13 (Modifié par LOI n°2009-971 du 3 août 2009-art. 3), Code de Procédure Pénale: La police judiciaire est placée, dans chaque ressort de cour d' appel, sous la surveillance du procureur général et sous le contrôle de la chambre de l' instruction conformément aux articles 224 et suivants.

④Article 16 (Modifié par Loi n°2003-239 du 18 mars 2003-art. 8, Modifié par LOI n°2011-525 du 17 mai 2011-art. 156), Code de Procédure Pénale: Les fonctionnaires mentionnés aux 2° à 4° ci-dessus ne peuvent exercer effectivement les attributions attachées à leur qualité d' officier de police judiciaire ni se prévaloir de cette qualité que s' ils sont affectés à un emploi comportant cet exercice et en vertu d' une décision du procureur général près la cour d' appel les y habilitant personnellement.

⑤Article 19, Code de Procédure Pénale: Les officiers de police judiciaire sont tenus d' informer sans délai le procureur de la République des crimes, délits et contraventions dont ils ont connaissance.

tation）。①

5. 第 38 条规定，司法警官和司法警员受检察长的监视。②

6. 第 41 条规定，共和国检察官领导在其法院管辖区内的司法警官和司法警员的行为/活动。③

7. 第 54 条规定，在发生现行重罪的情形下，得到通知的司法警官应该立即报告共和国检察官。④

8. 第 68 条规定，共和国检察官来到现场后，司法警官的管辖权终止。共和国检察官可完成司法警察可实施的所有行为，亦可指令司法警官完成。⑤

也就是说，法国《国家警察职业道德准则法令》和《刑事诉讼法典》等法律（法令）具体地规定了司法警察权力的“限制”问题。司法警察权力之受限可以从两方面来说：一方面，司法警察的权力受到内部级别上的限制；另一方面，司法警察的资格和权力受到共和国检察官的限制。从共和国检察官可以实施司法警察所有的行为或指令司法警官实施行为可知，法国是典型的“检警一体”国家，其对检察官和司法警察的设计是：在刑事诉讼程序中，检察官处于绝对的领导地位，司法警察不仅要向检察官报告现行犯罪，就连其自身的晋升都受到检察官的影响。可以说两大主体虽属不同系统，但在具体的程序中紧密相连。

---

①Article 19-1（Créé par LOI n°93-2 du 4 janvier 1993-art. 2），Code de Procédure Pénale：La notation par le procureur général de l' officier de police judiciaire habilité est prise en compte pour toute décision d' avancement.

②Article 38，Code de Procédure Pénale：Les officiers et agents de police judiciaire sont placés sous la surveillance du procureur général.

③Article 41（Modifié par LOI n° 2012-409 du 27 mars 2012-art. 4），Code de Procédure Pénale：A cette fin，il dirige l' activité des officiers et agents de la police judiciaire dans le ressort de son tribunal.

④Article 54（Modifié par LOI n° 2010-768 du 9 juillet 2010-art. 1），Code de Procédure Pénale：En cas de crime flagrant，l' Officier de police judiciaire qui en est avisé，informe immédiatement le procureur de la République，se transporte sans délai sur le lieu du crime et procède à toutes constatations utiles.

⑤Article 68，Code de Procédure Pénale：L' arrivée du procureur de la République sur les lieux dessaisit l' officier de police judiciaire. Le procureur de la République accomplit alors tous actes de police judiciaire prévus au présent chapitre. Il peut aussi prescrire à tous officiers de police judiciaire de poursuivre les opérations.

（二）预审法官与司法警察

预审法官与司法警察的关系为监督与被监督的关系，与检察官和司法警察之间的关系不同。

1.《刑事诉讼法典》第 12-1 条规定，预审法官亦有该项权力。

2.《刑事诉讼法典》第 13 条规定，在每一个上诉法院管辖范围内，司法警察亦受上诉法院预审庭的监督（contrôle）。

3. 第 14 条规定，在正式侦查开始后，司法警察接受预审法庭的委派并按其指引办案。①

4. 第 81 条规定，如果预审法官不能亲自进行全部的预审活动，按照第 151 条和第 152 条（委托查案）规定的条件和限制，委托司法警官实施一切必要的侦查行为。②

5. 第 224~230 条规定，预审法庭对司法警官和司法警员的诉讼活动进行监督。③

由此观之，预审法官对司法警察而言更多的是监督（contrôle），而检察官对司法警察则多是领导与指挥（direction）。两者的用词不同，体现出了含义的差别：领导与指挥意味着关系更加紧密，这是基于“检警一体”的环境。例如，在第 229 条中，明文规定预审法官对司法警官或司法警员所作的决定，由检察长负责通知司法警察隶属的主管机关。④ 由检察长通知而并非由预审法官直接通知主管机关，可见两者之间关系的差异。

（三）检察官与预审法官

关于检察官与预审法官的关系，在下列法条中有所体现：

---

①Article 14, Code de Procédure Pénale: Lorsqu' une information est ouverte, elle exécute les délégations des juridictions d' instruction et défère à leurs réquisitions.

②Article 81 (Modifié par LOI n° 2012-409 du 27 mars 2012-art. 4), Code de Procédure Pénale: Si le juge d' instruction est dans l' impossibilité de procéder lui-même à tous les actes d' instruction, il peut donner commission rogatoire aux officiers de police judiciaire afin de leur faire exécuter tous les actes d' information nécessaires dans les conditions et sous les réserves prévues aux articles 151 et 152.

③Articles 224 à 230, Du contrôle de l' activité des officiers et agents de police judiciaire, Code de Procédure Pénale.

④Article 229 (Modifié par Loi n° 2000-516 du 15 juin 2000-art. 83), Code de Procédure Pénale: Les décisions prises par la chambre de l' instruction contre les officiers ou agents de police judiciaire sont notifiées, à la diligence du procureur général, aux autorités dont ils dépendent.

1. 废除第 72 条部分条款：预审法官在现场时，共和国检察官以及司法警官将案件的管辖权让予预审法官，[1] 而保留了：共和国检察官和预审法官同时在场时，共和国检察官可以要求预审法官开展侦查活动。[2]

2. 第 80 条规定，预审法官只有根据共和国检察官的立案侦查意见书方可开始侦查。[3]

3. 第 185 条规定，共和国检察官有权针对预审法官或自由和羁押法官的任何裁定向预审庭提出上诉。[4]

检察官与预审法官同为司法官，在刑事诉讼程序中应该类似于平行关系，但似乎检察官的职能更加广泛。首先，按照之前的规定，预审法官在现场时，共和国检察官的管辖权应该让予预审法官。但现在删除此项规定，是否意味着两者有同等地位，而并非预审法官要优于检察官？其次，预审法官只有根据共和国检察官的立案侦查意见书方可开始侦查，可见侦查与否主动权在检察官。再次，共和国检察官针对预审法官的裁定有权向预审庭提出上诉，这是一种监督权。最后，其他条款也或多或少地规定了检察官在正式侦查后不可替代的地位，包括一些文书的传递，甚至在某些程序的展开中起到了决定性作用。

这些都说明了在侦查过程中，以检察官为主（导向）的权力机制已初具雏形——或许为预审法官制度的改革奠定了基础。

（四）三者之间：权力的分配（见表 2-3）

以预审法官的权力范围为视角，延展至司法警察和检察官。首先，预审法官可以委托相关事项给司法警察，但包括截留电信通信、签发执

---

①罗结珍译．法国刑事诉讼法典［M］．北京：中国法制出版社，2006：65.

②Article 72（Modifié par Loi n°99-515 du 23 juin 1999-art. 13），Code de Procédure Pénale：Lorsque le procureur de la République et le juge d' instruction sont simultanément sur les lieux，le procureur de la République peut requérir l' ouverture d' une information régulière dont est saisi le juge d' instruction présent，par dérogation，le cas échéant，aux dispositions de l' article 83.

③Article 80（Modifié par Loi n°2007-291 du 5 mars 2007-art. 6），Code de Procédure Pénale：Le juge d' instruction ne peut informer qu' en vertu d' un réquisitoire du procureur de la République.

④Article 185（Modifié par LOI n°2011-525 du 17 mai 2011-art. 156），Code de Procédure Pénale：Le procureur de la République a le droit d' interjeter appel devant la chambre de l' instruction de toute ordonnance du juge d' instruction ou du juge des libertés et de la détention.

法凭证等在内的部分事项不可委托；其次，由于司法警察分为司法警官、司法警员和助理司法警员，而司法警员和助理司法警员的权力不及司法警官，故在讨论三大主体的权力时，以司法警官为例，方能充分体现司法警察之权力；再次，基于检察官的权力覆盖了司法警察的权力，[①] 故预审法官委托给司法警察的事项，检察官当然能实行；最后，司法警察不能为之的某些事项，不代表检察官也不能为之，如签发通缉令（《刑事诉讼法典》第 70 条）。[②]

表 2-3　法国刑事程序中受委托查案的三大主体权力比较

权　力	司法警官	检察官	预审法官
勘查	√	√	√
搜查	√	√	√
扣押	√	√	√
截留电信通信	×	×	√
询问证人	√	√	√
讯问与对质	×	×	√
签发执法凭证	×	√	√
司法监督	×	×	√

我们得出的结论是：检察官与司法警察是领导与被领导关系，预审法官与司法警察是监督与被监督关系，而检察官与预审法官是平行关系，但其中也不乏相互监督之意味。不过，这些关系是在特定语境下形成的，一旦主体身份有所改变，关系就可能变得有所不同。我们可以通过表 2-4 和图 2-2 来进一步诠释三者之间的关系。

①Article 41（Modifié par LOI n°2012-409 du 27 mars 2012-art. 4），Code de Procédure Pénale：Il a tous les pouvoirs et prérogatives attachés à la qualité d' officier de police judiciaire prévus par la section II du chapitre Ier du titre Ier du présent livre，ainsi que par des lois spéciales.

②Article 70（Modifié par Loi n°2004-204 du 9 mars 2004-art. 86 JORF 10 mars 2004 en vigueur le 1er octobre 2004），Code de Procédure Pénale：http://www.legifrance.gouv.fr/affichCodeArticle.do;jsessionid=B9772CC4EEAB9DD810A1E71CB325D169.tpdjo17v_3?idArticle=LEGIARTI000006575106&cidTexte=LEGITEXT000006071154&dateTexte=20140610.

表 2-4　法国刑事程序中三大公权力主体关系

		检察官		预审法官	
		侦查主体	审查起诉主体	侦查主体	裁判主体
司法警察		领导/被领导	监督/被监督	监督/被监督	监督/被监督
检察官	侦查主体	—	—	平行	监督/被监督
	审查起诉主体	—	—	监督/被监督	相互监督

首先，当检察官与预审法官同为侦查主体（身份）时，司法警察在执行任务过程中的不同阶段受他们的领导或监督——在正式侦查之前受共和国检察官的领导，在正式侦查之后受预审法官的监督，而检察官与预审法官则是平行关系。其次，当检察官作为审查起诉主体出现的时候，应该作为一个监督者，此时他与司法警察是监督与被监督关系，而与作为侦查主体的预审法官也是监督与被监督关系，与作为裁判主体的预审法官则是相互监督关系。

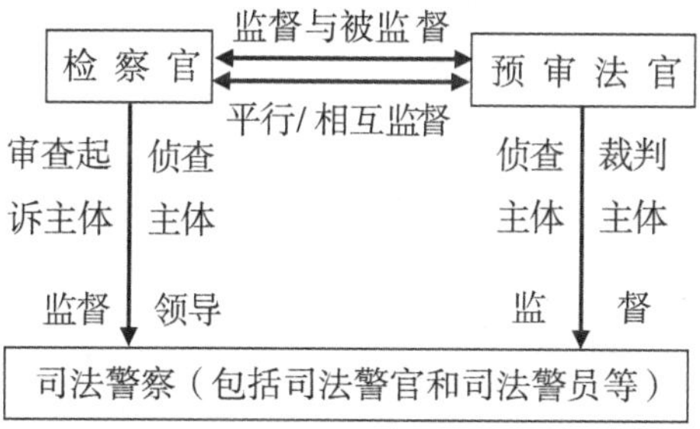

图 2-2　法国侦查程序中公权力主体关系

三、评介

本章主要围绕主体的配置、主体的权力及主体的关系这些基本面上的内容对欧洲主要国家——法国的侦诉主体进行了研究。

就主体配置而言，法国保留了预审法官，这就使得侦查主体有三个：司法警察、检察官和预审法官，于是导致权力在这三大主体间进行了分配。然而由于检察官和预审法官并不是纯粹的侦查主体（检察官还是审查起诉主体、预审法官还是裁判主体），所以存在着不同种类权力集于一身之情形，尤其是裁判权和侦查权两大冲突的权力为预审法官共有导致其饱受诟病。因此，体现出的主体间的关系较为复杂，身份不同，关系也就不同。

当然，法国正在对其独具特色的预审制度进行改革，我们拭目以待。

第三章　德国侦诉主体

德国的侦诉主体主要包括警察机关（警察）、检察机关（检察官）以及在废除预审制度之前的预审法官。为了体现承续性，本章也研究了现行的侦查法官。

第一节　德国警察

由于德国是联邦制国家，所以警察也分为联邦警察和州警察。我们这里要重点讨论的是联邦警察。

一、德国联邦警察的历史变迁

根据 1951 年 3 月 16 日的联邦法律，西德成立了联邦边境守备队（Bundesgrenzschutz，BGS），其成为第二次世界大战后西德第一个联邦警察组织，也是现阶段德国联邦警察的前身。1956 年 7 月 1 日，从联邦边境守备队中分离部分人员组成联邦国防军（Bundeswehr）。随后，于 1976 年 1 月 8 日和 9 日通过法律组成了联邦边防警察并于 1998 年 1 月 1 日对其进行了重组。这期间也通过了《联邦警察法》（Bundespolizeigesetz，BPolG，1994 年 10 月 19 日颁布、11 月 1 日生效）。2005 年 6 月 30 日颁布的新法案将联邦边防警察重新命名（grenzpolizeilichen），但相关的职责和权力未有较大改变。2008 年 3 月 1 日，联邦警察相关机构进行了重组（Neuorganisation der Bundespolizei），设置了：（1）联邦警察总部（作为一个联邦机构位于波茨坦）；（2）9 个大区联邦警察局；（3）1 个联邦防暴警察局；（4）联邦警察学院的 5 个教育和培训中心；（5）大区联邦警察总部和联邦警察办事处。[①]

①http://www.bundespolizei.de/DE/06Die-Bundespolizei/Historie/historie_node.html.

所以，现今的德国联邦警察机构可以简化为三大部分：（1）位于波茨坦的联邦警察总部（Bundespolizeipräsidium in Potsdam）；（2）多个大区联邦警察局（Bundespolizeidirektion）；（3）位于吕贝克的联邦警察学院（Bundespolizeiakademie in Lübeck）。当然，联邦警察总部又下设不同的部门，如（1）评估部门；（2）安全部门；（3）打击犯罪部门；（4）国际事务及欧盟合作部门；（5）信息和交流中心；（6）警察技术和物资管理部门；（7）法律和人力资源部门；（8）财政预算、组织以及医疗和技术安全部门等。①

二、德国联邦刑事警察的历史变迁

德国联邦刑事警察（Bundeskriminalamt，BKA）是联邦的侦查警察，其总部位于黑森州的州府威斯巴登，并在柏林和梅肯海姆等地设有分支机构。1946 年 1 月 1 日在汉堡成立了“英国占领区的刑事警察局”（Kriminalpolizeiamt für die Britische Zone）。1949 年 5 月 23 日，根据《德意志联邦共和国宪法》第 73 条第 1 款第 10 项和第 87 条第 1 项之规定，建立了联邦刑事警察。1951 年 3 月 8 日颁布并于 3 月 15 日生效的《建立联邦刑事警察局法》是针对联邦刑事警察的专门立法。根据联邦政府法令，1951 年 10 月 31 日“英国占领区的刑事警察局”作为汉堡分支并入联邦刑事警察。1969 年 9 月 19 日，修订过的《建立联邦刑事警察局法》规定联邦总检察长有权责成联邦刑事警察开展侦查活动。1997 年 7 月 7 日颁布并于 8 月 1 日生效的新的《联邦刑事警察局法》（Bundeskriminalamtgesetz，BKAG）是在修改原有的《关于联邦刑事警察局以及联邦与各州刑事事务合作的法律》（Gesetz über das Bundeskriminalamt und die Zusammenarbeit des Bundes und der Länder in kriminalpolizeilichen Angelegenheiten）的基础上出台的，这也是现在德国联邦刑事警察机构设置、警务人员权力等的法律依据。②

在联邦刑事警察的发展历程中，其组织机构不断变化，分与合从未停止。例如，1986 年 1 月 1 日成立的扫毒部门于 1994 年 11 月 1 日被并入新的部门——打击有组织和一般犯罪部门，而该部门又于 2006 年 1

---

①http://www.bundespolizei.de/DE/06Die-Bundespolizei/Organisation/organisation_node.html.

②http://www.bka.de/nn_194538/EN/TheBKA/History/history_node.html.

月 1 日更名为打击严重和有组织犯罪部门。从目前来看，联邦刑事警察的组织机构至少包括：（1）国际合作部门；（2）国家安全部门；（3）打击严重和有组织犯罪部门；（4）保护部门；（5）联邦刑事警察和州刑事警察领导人工作小组；（6）执法学习和培训部门；（7）法庭科学部门；（8）信息技术部门；（9）联邦和行政事务部门等。这些部门在一名局长和两名副局长的领导和管理下运作。①

德国联邦刑事警察局是联邦内政部的一个下属机构，其依照联邦宪法和专门的法律行使职权。总体而言，其任务是与联邦其他警察力量、联邦各州以及外国安全部门一起，建立一个安全、自由、民主的欧洲。为此，它必须协调联邦、州警察（尤其是州的刑事侦查部门）和国外侦查机构之间的合作；收集和分析犯罪信息，并管理国际刑警组织中所有重要犯罪和犯罪人的资料库；侦查国际有组织犯罪、财政或经济犯罪和其他涉及国家安全的犯罪；反恐怖主义；保护宪法机构成员和联邦证人。同时，它也是欧洲警察署、国际刑警组织的德国中心局。②

三、联邦警察与联邦刑事警察的关系

从字面上来看，似乎联邦刑事警察属于联邦警察的一部分，联邦刑事警察从属于联邦警察，正如包括我国在内的多数国家和地区一样——刑事警察是警察的一种，实则不然。

首先，从法律名称上看，存在《联邦警察法》和《联邦刑事警察局法》，如果联邦刑事警察属于联邦警察，为什么出台两部法律分别规定呢？而如果是一般法和特别法的关系，那么内容上也应该有所体现。

其次，从法律内容上看，《联邦警察法》在组织机构部分并未提及联邦刑事警察，只是在第 9 条“利用其他联邦机构的支持”（Verwendung zur Unterstützung anderer Bundesbehörden）中提到，联邦刑事警察局依据《联邦刑事警察局法》第 5 条履行其保护职能，在联邦警察局的指导下进行。而这里的“其他”，意味着两者分属不同系统。另外，从《联邦刑事警察局法》相关规定来看，除了第 5 条外，虽然不少地方涉及联邦警察，但也大多只是说可适用《联邦警察法》的规

①http://www.bka.de/nn_195534/EN/TheBKA/OrganisationChart/organisationChart_node.html.
②http://www.bka.de/nn_195536/EN/TheBKA/Tasks/tasks_node.html.

定，如其规定在防止国际恐怖主义威胁而采取的手段（数据收集的权力）、保护宪法机关人员及证人等情形下可参照《联邦警察法》的相关条款进行。也就是说，两部法律关于组织机构的规定中并未相互提及。而如果《联邦刑事警察局法》是特别法，法条中应该要提及此项事宜。所以，法律内容上也无法体现一般法和特别法的关系。而如果觉得从法律上引申出来的上述两项解释似乎有些牵强的话，那么从下面的第三点和第四点则可以完全揭示二者并不是一般和特殊之关系。

再次，从德国联邦内政部的结构来看，确实有联邦警察和联邦刑事警察两个下属部门，即从两者的归属来看，它们同属于内政部，是内政部下属的两个不同部门，即联邦刑事警察直接隶属于内政部，而非联邦警察总部。

最后，两者的许多机构以及功能确实有相似之处，故部分领导人和专家建议或要求将两者合而为一，优化资源，统一行动。[①] 而这也恰恰证明了，如果联邦刑事警察属于联邦警察，何来将两者合而为一之说？

所以，无论从正面还是反面进行论证，也不论是从法律还是法理进行探讨，都说明了德国的联邦警察和联邦刑事警察不属于同一个体系，但法律规定某些权力的行使还是可以相互参照的，而它们之间的合并或许是趋势。这便是两者的区别和联系之所在。当然，两者的区别与联系还体现在它们的权力上。

四、联邦警察和联邦刑事警察的权力

对联邦警察而言，《联邦警察法》规定其拥有的权力（Befugnisse）分为一般权力和特别权力，包括数据的收集（Datenerhebung）、数据的处理和运用（Datenverarbeitung und Datennutzung）、拘留（Gewahrsam）以及搜查（Durchsuchung）等。[②]

对联邦刑事警察而言，《联邦刑事警察局法》第 2 节规定了其权力，也是其任务：国际合作（Internationale Zusammenarbeit），为将来进行刑事诉讼程序而开展执法和数据存储工作（Strafverfolgung und Dat-

---

①Bundesministerium des Innern. Signale für eine neue Sicherheitsarchitektur（Zusammenfassung des Berichts der Kommission “Evaluierung Sicherheitsbehörden”）［R］. Berlin，9. Dezember 2010.

②http://www. gesetze-im-internet. de/bgsg_1994/index. html.

enspeicherung für Zwecke künftiger Strafverfahren），防止国际恐怖主义的威胁（Abwehr von Gefahren des internationalen Terrorismus），保护宪法机构成员（Schutz von Mitgliedern der Verfassungsorgane），保护证人（Zeugenschutz）等。[①]

由此看来，它们的确有相似之处，保护宪法机构成员、保护证人等职责较为接近，在对数据的收集、处理和运用方面颇为相同，这也是将它们进行合并的理由之一。[②]

除了《联邦警察法》和《联邦刑事警察局法》外，联邦警察和联邦刑事警察的权力还集中体现在德国《刑事诉讼法》（Strafprozeßordnung，StPO）第二编“第一审程序”（Zweites Buch——Verfahren im ersten Rechtszug）的第二章“公诉之准备”（Zweiter Abschnitt——Vorbereitung der öffentlichen Klage）中。但是《刑事诉讼法》并没有区分联邦警察和联邦刑事警察，而是以“警察机关和人员”（Die Behörden und Beamten des Polizeidienstes）这一统称代替。

例如，该法第 163 条第（1）款[③]规定了警察总的职责：警察机关和人员应该毫不延迟地采取所有措施侦查犯罪行为，防止真相被隐藏。为此，他们可以请求以及在紧急情况下命令所有的公共机构提供信息，还可以在没有其他法律条文特别限制其权力的情况下开展任何侦查行为。具体表现在有权力采取讯问被指控之人（第 163a 条）、查明身份（第 163b 条）、拘留（第 163c 条）、电脑辅助搜索（第 163d 条）等一系列的侦查措施。

此外，联邦意义上的警察机构还包括联邦宪法保卫局（Bundesamt für Verfassungsschutz，BfV）[④] 等，但它的职能仅限于某一个领域，且有的机构并无刑事诉讼意义上的警察权力，故不单独讨论。

---

①http://www.gesetze-im-internet.de/bkag_1997/index.html.

②綦甲福，赵彦，朱宇博等．德国情报组织揭秘［M］．北京：时事出版社，2013：312.

③德国联邦司法部在线法律网站（http：//www.gesetze-im-internet.de/）上公布的《刑事诉讼法》的条文形式是如此，故以原条文的形式，即第××条第（×）款进行分析（而不采用通常的第××条第×款的形式），下同。此外，如无特别说明，本章内引用的德国联邦之法律，皆为最新版本，可通过上述网站进行查询。

④关于联邦宪法保卫局的详情，可参见联邦宪法保卫局网站（http://www.verfassungsschutz.de/）。

第二节　德国检察院

一、《法院组织法》的规定：概览

德国虽有《检察机关之组织及职务执行办法》（OrgStA），但它不是我们理解的狭义上的法律，只是类似于行政性文件。也就是说，德国并没有专门的、狭义上的法律来规定检察制度（如没有专门的《检察机关组织法》等）。相反，《法院组织法》作为专门规定法院相关事宜的法律，却规定了检察机关的部分内容。在《法院组织法》（Gerichtsverfassungsgesetz，GVG）或称《司法法》第十章"检察机关"（Staatsanwaltschaft）这一部分，从第 141 条至第 152 条详细规定了检察机关的设置情况、人员组成、性质、权力配置、监督等各项内容。

在每一个法院（法检合署）都设有检察官：在联邦检察院，设有一名联邦总检察长和一名或多名联邦检察官；在州高等检察院，设有一名或多名检察官；在地方检察院，设有一名或多名检察官或主任律师——这种设置与法国相比明显简单得多（称谓没那么复杂）。如果某个检察院有多名检察官，受到最高等级官员（检察长）委派的检察官以其名义完成安排事项，但不需要给出特别委托的证据。州高等检察院和地方检察院中的最高等级官员（检察长）可以接手其管辖区内所有检察官的任务，亦可将这些任务委托给有权限的其他检察官，但主任律师的权力范围仅限于地方检察院。检察院的官员必须服从其上级的官方指示。联邦司法部部长对联邦总检察长和联邦检察官、州司法部部长对本辖区内所有的检察官、州高等检察院和地方检察院最高级别官员（检察长）对本辖区内的所有检察官都有监督和领导（Aufsicht und Leitung）的权力（上下级位阶）。联邦总检察长和联邦检察官是公务员身份，他们必须由联邦司法部提议并经联邦参议院同意，最后由总统任命。①

由此看来，说该法是《法院组织法》，是因为德国同法国一样亦实行"法检合署"，即检察院设置在法院中，故对于法院组织而言其必定

①http：//www.gesetze-im-internet.de/gvg/BJNR005130950.html#BJNR005130950BJNG001200666.

涉及检察院组织，只是检察院在行使职权时独立于法院。说该法是《司法法》，但又规定检察官不能实施司法性质的行为，也不能被委派去监督法官的行为，似乎有矛盾。实际上，法律虽然未将检察院视为严格意义上的司法机关，但其本身的特征又不得不体现出某些司法性，所以也被一些学者归为广义上的司法机关。这样一来，将其与法院合并统一规定到《司法法》中亦未尝不可。而这种机构设置在一起却归属不同系统的情况在类似国家并不罕见。

二、《刑事诉讼法》的规定：权力

基于检察官既是侦查主体，又是审查起诉主体，检察官的权力理所当然地分为侦查权和审查起诉权，这些权力来源于德国的《刑事诉讼法》。

（一）侦查权

根据《刑事诉讼法》第160条第（1）款之规定，一旦检察机关得知有犯罪嫌疑（不论是通过犯罪信息系统还是其他方式），就必须开展对事实真相的侦查。① 第 160 条第（2）款规定，检察机关不仅要收集有罪证据，还要收集无罪证据，并且要确保有丢失可能的那些证据之采集。根据第 161a 条第（1）款之规定，证人和专家有义务在传唤后到检察院提供关于事实或意见的证词。当然，检察官的权力还及于上述警察机关和人员之权力，如拘留、电脑辅助搜索等。此外，该法的第一编亦规定了不少措施：第 81a 条的身体检查、第 81c 条的检查其他人员、第 87 条的勘验尸体、第 98 条的命令扣押、第 98b 条的配对和传输数据、第 99 条的邮件扣押、第 100b 条的命令拦截电信、第 105 条的命令搜查、第 110b 条的使用秘密侦查员、第 111 条的命令建立道路检查点（设卡）、第 127 条的暂时逮捕、第 131 条的拘捕令等，（在特定/紧急情况下）可由检察官（和他的辅助人员）实施。

（二）审查起诉权

根据《刑事诉讼法》第 170 条之规定，对于侦查终结的案件，其有不同的处理方式——（1）提起公诉：第（1）款规定，如果侦查阶段的结果提供了足够的理由提起公诉，检察官应该制作起诉书提交给有

①本书中关于德国《刑事诉讼法》法条的翻译，在原文网站（http：//www. gesetze-im-internet. de/stpo/index. html）的基础上（Neufassung der Strafprozeßordnung vom 1. 2. 1877 RGBl. S. 253 durch Art. 9 d. G v. 12. 9. 1950 I 455；Vollzitat："Strafprozeßordnung in der Fassung der Bekanntmachung vom 7. April 1987（BGBl. I S. 1074，1319），die durch Artikel 2 des Gesetzes vom 24. September 2013（BGBl. I S. 3671）geändert worden ist"；Stand：Neugefasst durch Bek. v. 7. 4. 1987 I 1074，1319，uletzt geändert durch Art. 2 G v. 20. 6. 2013 I 1602；Hinweis：Änderung durch Art. 1 G v. 26. 6. 2013 I 1805（Nr. 32）textlich nachgewiesen，dokumentarisch noch nicht abschließend bearbeitet，Änderung durch Art. 2 G v. 2. 7. 2013 I 1938（Nr. 34）textlich nachgewiesen，dokumentarisch noch nicht abschließend bearbeitet，Änderung durch Art. 3 G v. 4. 7. 2013 I 2182（Nr. 36）ist berücksichtigt，Änderung durch Art. 7 G v. 28. 8. 2013 I 3313（Nr. 52）textlich nachgewiesen，dokumentarisch noch nicht abschließend bearbeitet，Änderung durch Art. 8 G v. 31. 8. 2013 I 3533（Nr. 55）textlich nachgewiesen，dokumentarisch noch nicht abschließend bearbeitet，Änderung durch Art. 2 G v. 24. 9. 2013 I 3671（Nr. 58）textlich nachgewiesen，dokumentarisch noch nicht abschließend bearbeitet）还参考了：德国《刑事诉讼法》的英译本，详见 http://www. gesetze-im-internet. de/englisch_stpo/index. html（German Code of Criminal Procedure：original translation by Brian Duffett and Monika Ebinger；translation updated by Kathleen Müller-Rostin—Version information：The translation includes the amendment（s）to the Act by Article 2 of the Act of 22. 12. 2011）；李昌柯译．德国刑事诉讼法典［M］．北京：中国政法大学出版社，1995；［德］托马斯·魏根特著．德国刑事诉讼程序［M］．岳礼玲，温小洁译．北京：中国政法大学出版社，2004.

管辖权限的法院；（2）终止程序：第（2）款规定，除了第（1）款能提起公诉的案件外，其他案件应该作出终止程序的裁定。结合《刑事诉讼法》的其他条文，我们可以得知：检察机关在审查起诉上有自主权，这不仅体现在它相对于警察、犯罪嫌疑人、被害人甚至是法官拥有相当程度的自我掌控权（这当然是专门机关负责专项事宜的表现），还体现在强制起诉原则被越来越多的例外所侵蚀，这就导致起诉变得不那么“强制”了，给其留下了自由裁量的空间，这尤其体现在“有条件不起诉”上。

实际上，《刑事诉讼法》第 152 条就分两款言明了检察机关的权力：第（1）款规定，检察机关有权提起公诉；第（2）款规定，除非法律有特别规定，否则在有足够的事实依据的情形下，检察机关有义务针对所有的可诉的刑事犯罪采取行动。

第三节　德国侦查法官

一、法律分析

在现行的《刑事诉讼法》中，出现“侦查法官”（Ermittlungsrichter）一词的只有第 169 条和第 304 条两个法条共计四处。第 169 条第（1）款规定，根据《法院组织法》第 120 条，一审法院是州高等法院的情形下，在审前程序中，所在地法院的法官职责可以由州高等法院的侦查法官完成。如果由联邦总检察长指挥侦查时，法官职责由联邦法院①的侦查法官完成（根据联邦法院的职能划分，其由 12 个民事庭即“Zivilsenate”，5 个刑事庭即“Strafsenate”，其他审判庭即“Übrige Senate”，6 名侦查法官“Ermittlungsrichter I”、“Ermittlungsrichter II”、“Ermittlungsrichter III”、“Ermittlungsrichter IV”、“Ermittlungsrichter V”、

①由于德国法院系统有不同体系，故联邦法院也有不同称谓，包括联邦宪法法院（Bundesverfassungsgericht）、联邦行政法院（Bundesverwaltungsgericht）、联邦财政法院（Bundesfinanzhof）、联邦劳动法院（Bundesarbeitsgericht）、联邦社会法院（Bundessozialgericht）等。如无特别说明的话，本章中涉及的联邦法院是指普通法院体系中的联邦法院，而此处的联邦法院则意味着普通法院体系中的联邦最高法院。

"Ermittlungsrichter VI"，大审判庭即"Große Senate"等组成[①]）。第（2）款规定，对某一案件有管辖权限的州高等法院的侦查法官可以命令侦查人员在其他法院辖区内实施侦查行为。第304条第（5）款规定，对联邦法院和州高级法院的侦查法官作出的决定，只有在涉及逮捕、临时移送、扣押、搜查或者第101条第（1）款规定的措施[②]时才准许抗告。

在《刑事诉讼法》中，多次提到法官可以展开调查，而涉及侦查法官的仅有两条，那么是否可以得出以下两点结论呢？第一，能够进行调查的并不是侦查法官，而是一般的法官，这既说明侦查法官改革后地位明显下降，也说明德国的法官有自主调查权，尚未完全脱离职权主义色彩。第二，侦查法官虽仅设置在州高等法院或联邦法院，但其管辖范围显然覆盖到全州或联邦。不过，一般法官和侦查法官在某些情形下似乎区别不大，只是在一审法院级别较高时规定可以由侦查法官行使法官职责。而实际上，侦查法官是否通常就是相关法院负责刑事事项的法官？联邦法院给出了答案。在2010年出版的一本英文版册子中提及。除了在审判庭中的任务外，联邦法院的6名法官还作为侦查法官（as investigating judges）履行职责。他们（尤其是）在恐怖组织形式的犯罪、叛国罪等严重案件的侦查程序中对总检察长申请的诸如审前羁押的事项作出司法决定［参见《司法法》[③] 第142a条第（1）款］。[④] 这说明，侦查法官并不是专职的，而是兼职的，从而证明其本身也是一般的法官，只是职责和任务多了一项而已。

综上来看，我们可以这样认为：侦查法官只是法官的特殊形式，是

---

①关于联邦法院的组织结构（Organigramm des Bundesgerichtshofs）可详见其官方网站（http://www.bundesgerichtshof.de/DE/BGH/AufgabeOrganisation/Organisationsplan/organisationsplan_node.html）以及对应的组织结构图（http://www.bundesgerichtshof.de/SharedDocs/Downloads/DE/DerBGH/organigramm.pdf?_blob=PublicationFile）。

②第101条第（1）款又涉及其他条款：第98a条；第99条；第100a条；第100c~100i条；第110a条；第163d~163f条。措施包括：自动对比和传输个人数据，扣押邮件，拦截电信，对私人住宅的私人对话进行监听和录音，对私人住宅外的非公共场所的对话进行监听和录音，拍照，监听移动电话，卧底侦查，电脑辅助搜索，发布查缉通告等。

③册子中的英文是"Judicature Act"，这说明还是有称《法院组织法》为《司法法》的。

④The Federal Court of Justice, published by the Federal Court of Justice, Karlsruhe, 2010: http://www.bundesgerichtshof.de/SharedDocs/Downloads/EN/BGH/brochure.pdf?_blob=publicationFile.

在侦查阶段行使法官裁判权的实体，并没有实质上的调查权；反倒是在检察院提起公诉后，一般的法官能够针对起诉书中提到的具体行为和相关人员展开调查和作出裁判。[①] 既然如此，还有必要设置专门的侦查法官吗？这个疑问暂且搁置。我们可以通过词源分析重新理解侦查法官。

二、词源分析

侦查法官，德语为“Ermittlungsrichter”、英语为“Investigating Judge”。刑事诉讼法设置侦查法官的目的是保障公民的基本权利，使其不受严重影响其权利行为的损害。例如，当执法者实施诸如搜查居民住宅、监控通信等相关措施之前，需要得到他的令状授权。

实际上，侦查法官一开始并不是对应着“Ermittlungsrichter”这个词的，而是对应着另一个词——“Untersuchungsrichter”。后者是（死因）裁判官之义。德国在1975年废除预审法官制度之前（1974年12月9日颁布并于1975年1月1日生效的《刑事诉讼法修正第一草案》废除了法院的先前侦查程序——Voruntersuchung[②]），刑事诉讼法将负责调查死因的法官称为（死因）裁判官，他是一个调查者，类似于侦查员，故得此名。而该词如果用在今天显然就不那么确切了，因为制度的废除意味着该法官的职责从调查死因逐步向对检察官采取的侦查措施实行司法审查转变，即侦查权的废除使得该法官不再“侦查”。所以，在司法审查事项中其又被称为“Haftrichter”。[③] 当然，如果我们非要通过翻译来对其加以区别的话，可作以下处理：将“Untersuchungsrichter”翻译为“预审法官”，一来是沿用被引进国——法国的称谓，二来可以认为其存在于有预审程序的特定时代；将“Ermittlungsrichter”翻译为“侦查法官”，因为无预审程序后，“预审”一词不再使用。当然，不少学者认为如此称谓仍有歧义。

---

①参见德国《刑事诉讼法》第155条第（1）款。

②［德］克劳斯·罗克辛．德国刑事诉讼法［M］．吴丽琪译．台北：三民书局，1998：724.

③See “Ermittlungsrichter”，http：//de.wikipedia.org/wiki/Ermittlungsrichter.

表 3-1　德国侦查阶段法官名称与主要职责的变化

《刑事诉讼法》不同时期	名　称	主要职责
存在预审法官制度时期	Untersuchungsrichter	负责侦查包括死因在内的事项
废除预审法官制度时期	Ermittlungsrichter	负责司法审查事项

也就是说，在刑事诉讼法废除预审法官制度，严格来说，是废除（从法国引进的）预审法官的侦查权后，仅将司法裁判权留给了侦查法官。虽然废除的目的是“促使程序迅速进行”，但毕竟产生了其他影响：避免了法国式的预审法官权力过大、权力交织的弊端，将侦查权配置给或曰“归还”给检察官和警察，厘清了侦查权和裁判权的区别。改革之初备受推崇，不过随着时间的流逝，新的问题浮出水面，体现在两个方面：其一，如上所述，是否有必要保留“侦查法官”。如果保留，“侦查”法官这一名称是否还需要修改？其二，废除预审法官制度后是否影响了整个刑事诉讼程序，相关的衔接制度是否已经建立？

实际上，虽然现行法律早已无预审法官一说，但包括侦查法官在内的一般法官实际上在刑事诉讼各个阶段，包括侦查阶段仍（保留）有调查权（侦查权），但为了不必要的争议，在侦查阶段仅有一个法条提到侦查法官。即便如此，一般法官在侦查阶段仍拥有调查权之“职责”，即虽然法律不提侦查法官只提侦查职责，但仍掩盖不了其职权主义的本质。

第四节　本章小结

一、主体间的关系

主体间的关系仍然先从基本法条之规定进行概览，然后在“评介”部分进行详释。

（一）检察官与警察

根据《刑事诉讼法》第 159 条第（1）款之规定，如果有迹象表明某人是非正常死亡或者找到无名尸体，警察和市政当局有义务立即通知检察机关或所在地法院。第 161 条第（1）款规定，检察机关可以自行开展侦查，也可要求警察机关及其人员进行侦查。此时，检察机关及其人员应当遵守检察机关的要求和命令，可以要求所有当局提供信息。第163条第（2）款规定，警察机关及其人员应当毫不延迟地将记录提供给检察机关。

（二）检察官和侦查法官

《刑事诉讼法》第151条规定，法庭调查以提起公诉为条件。

根据《刑事诉讼法》第162条第（1）款之规定，如果检察机关认为有必要进行法庭调查，可以向相应的所在地法院提出申请。第（2）款规定，法院应结合案件情况审查该侦查申请是否为法律所允许。

《刑事诉讼法》第165条规定了紧急情况下的司法行动：在紧急情况下，即便没有检察官的申请，法官也可以实施必要的调查行为。当然，第167条规定，在此情况下，检察官被赋予进一步处置的权力，即后续侦查、审查起诉等工作由检察官负责。一来说明，法官可以在某些情形下依职权展开调查，类似预审法官的痕迹依旧存在。二来则说明，严格贯彻由检察官进行起诉的原则是审判职能、审查起诉职能、侦查职能相互区别的基本保障。[①]

（三）警察与侦查法官

同样，《刑事诉讼法》第163条第（2）款规定，如果有必要展开司法调查，警察机关及其人员应当毫不延迟地直接将记录提供给所在地法院（法官）。

（四）三者之间

《刑事诉讼法》第163d条规定，电脑辅助搜索的命令只能由法官下达，但在紧急情况下，检察机关及其辅助人员（《法院组织法》第152条）也可以发布命令。不过，一旦检察机关或其辅助人员发布了该项命令，检察机关必须毫不延迟地得到法官的司法确认。

二、评介

下面以“部分侦查措施的决定主体”为例，展开此部分的论述。

从表3-2中我们可以看出：(1)（侦查）法官对所有的措施都有决

---

①宋英辉，孙长永，朴宗根．外国刑事诉讼法［M］．北京：北京大学出版社，2011：266.

定权；（2）检察官在紧急情况下可以决定绝大部分措施的实施，当然，其后要受到法官的审查，但即便在紧急情况下也不能颁发逮捕令，其为（侦查）法官专属权力；（3）如果将警察作为检察院的辅助机构（有学者认为根据《刑事诉讼法》和《法院组织法》的相关规定，“绝大多数的警察都是检察官的附属官员”且“各州的法律规定了哪类警察是检察院的附属官员”,[①] 如“德国每一个州都依法任命担任辅助人员的警官的级别”;[②] 但也有学者认为应该将有权采取强制措施的主体分为法官、检察官、检察院的辅助机构、警察和所有公民，如果按照这种表述，警察显然不属于检察院的辅助机构[③]），在紧急情况下，有时可以作出与检察官类似的决定或是命令（关于检查身体、验血及建立道路检查点/设卡的决定/命令等），但有时也不可作出与检察官类似的决定或是命令（关于扣押邮件及发布查缉通告的决定/命令等）。

---

①此种观点参见［德］托马斯·魏根特．德国刑事诉讼程序［M］．岳礼玲，温小洁译．北京：中国政法大学出版社，2004：50（包括该页的脚注 112）．

②［荷］皮特·J. P. 泰克编．欧盟成员国检察机关的任务和权力［M］．吕清，马鹏飞译．北京：中国检察出版社，2007：116.

③相关表述参见宋英辉，孙长永，朴宗根．外国刑事诉讼法［M］．北京：北京大学出版社，2011：307. 对此，笔者认为，此处的表述存在一定的问题，因为在后续的解释中，其又分为了法官、检察院以及它们的辅助机构、不属于检察院辅助机构的警察、公民，而结合托马斯·魏根特教授的观点，我们应该可以得出这样的结论：警察也分为属于检察院辅助机构的警察和不属于检察院辅助机构的警察，对于这两者可以实施的强制措施不同，这点体现在《刑事诉讼法》法条中，如第 111e 条（扣押）单独提到检察院的辅助机构（Ermittlungspersonen der Staatsanwaltschaft）、第 111 条（建立道路检查点）提到检察院及其辅助机构（Staatsanwaltschaft und ihre Ermittlungspersonen）；第 127 条（暂时逮捕）提到检察院和警察机关的官员（Die Staatsanwaltschaft und die Beamten des Polizeidienstes）。也就是说，对于扣押和建立道路检查点的措施之命令，在紧急情况下，只有属于检察院辅助机构的警察才能作出，不属于检察院辅助机构的警察不能作出；而暂时逮捕则是包括属于检察院辅助机构的警察和不属于检察院辅助机构的警察都能作出。故，无论是学者的解释还是立法的措辞，都说明了警察的分类影响着权力的实施，即回归到主体的资格问题。这点当然类似于法国的司法警察类型和级别不同其权力亦有差异。

表 3-2 德国部分侦查措施的决定主体及法条依据

侦查措施	（侦查）法官	检察官	警察	《刑事诉讼法》
检查身体、验血	√	√	√	第 81a 条
检查（犯罪嫌疑人之外的）其他人员	√	√	√	第 81c 条
命令扣押	√	√	√	第 98 条
配对和传输数据	√	√	×	第 98b 条
扣押邮件	√	√	×	第 99、100 条
拦截与录制电信	√	√	×	第 100a、100b 条
建立道路检查点（设卡）	√	√	√	第 111 条
扣押	√	√	√	第 111c、111e 条
逮捕令	√	×	×	第 114 条
发布查缉通告	√	√	×	第 163e 条

结合上述表格和有关分析，以及前述的法条部分，我们可以就德国的侦诉主体及其相互间的关系展开进一步说明和讨论。

关于德国警察，其权力总体来说是扩张的，这体现在两个方面——一是立法者本意为“警察机关及其人员应该毫不延迟地采取所有措施侦查犯罪行为，防止真相被隐藏”，即在紧急情况下采取行动，防止证据灭失。但很快，法律进一步规定，“警察机关及其人员可以在没有其他法律条文特别限制其权力的情况下开展任何侦查行为”，即法律无相反规定即可为，这显然是对警察权力的扩张。二是如果我们将警察视为检察官的“辅助人员”，那么上述检察官之侦查权中包括暂时逮捕在内的一些措施警察亦可为之。①

关于德国检察官制度，我们必须明确两点：第一，它是受法国大革命影响并从法国引进的，这也印证了上一章的结论——近代检察官制度起源于法国；第二，检察官也是从法官职能中分离出来而成立的新主

①［德］托马斯·魏根特．德国刑事诉讼程序［M］．岳礼玲，温小洁译．北京：中国政法大学出版社，2004：50-51.

体。而之前这一分离并不彻底，因为检察官和预审法官同时享有侦诉阶段的控制权，直到 1975 年的法律将预审法官的控制权废除，才使得检察官成为侦诉阶段真正意义上的主导者和决定者。① 而如此一来，检察官便成为审前阶段最有权力的人。首先，他能对警察行使领导权，而且一些警察无法实施的侦查行为，检察官可以实施，典型的便是发布查缉通告；其次，他向侦查法官申请调查，如果不是非法要求，侦查法官应当都会同意。不过，其权力还是受到了一定的限制——在实施某些侵犯公民权利的行为时，需要得到侦查法官的授权。但是，作为审前程序的另一个主体——警察也并非毫无权力，而且这种权力在他们自己看来甚至具有一定的独立性，典型的体现在上述《刑事诉讼法》第 163 条第（1）款。②

关于侦查法官也有两个问题值得认真分析、甄别：（1）侦查法官的由来。到底是废除预审法官的侦查权，留有裁判权并将其称作“侦查法官”，还是废除整个预审法官制度，侦查法官从一般法官的职责中独立出来并被称作“侦查法官”?③（2）侦查法官到底是不是行使裁判权的一般法官?④ 现在看来，的确是这样。在侦查阶段，相关令状由侦查法官颁发；在诉讼程序的其他阶段（审查起诉或审判等阶段），相关令状由审判法官颁发。⑤

关于相互间的关系，显然，法律与实践呈现出相互分离或者说背离的特征。法律上一开始将侦查权赋予预审法官、检察官、警察，其中预审法官占主导地位，检察官次之；在废除了预审法官（侦查权）后，侦查权仅在检察官和警察中分配，而理论上，检察官的权力大于警察，且基于“检警一体”模式，检察官可以对所有案件开展侦查、采取措

---

①参见宋英辉，孙长永，朴宗根．外国刑事诉讼法［M］．北京：北京大学出版社，2011：282；［荷］皮特·J. P. 泰克编．欧盟成员国检察机关的任务和权力［M］．吕清，马鹏飞译．北京：中国检察出版社，2007：114.

②［荷］皮特·J. P. 泰克编．欧盟成员国检察机关的任务和权力［M］．吕清，马鹏飞译．北京：中国检察出版社，2007：115-117.

③［德］托马斯·魏根特．德国刑事诉讼程序［M］．岳礼玲，温小洁译．北京：中国政法大学出版社，2004：40.

④［德］托马斯·魏根特．德国刑事诉讼程序［M］．岳礼玲，温小洁译．北京：中国政法大学出版社，2004：43.

⑤参见德国《刑事诉讼法》相关条文的表述。

施。但在实践中却呈现出相反的态势：警察的权力扩张之后，其权力几乎等同于检察官，而且能够采取一开始只能由检察官采取的相当一部分措施，故警察在侦查实践中占据主导地位。而且，如果在侦查过程中两大机构人员的意见发生冲突而又必须立即作出决定，则以警察机关的意见执行。[①] 当然，这既是法律的不断发展引起的，也是法律与实践相脱节所不可避免的情形。不过，基于审查起诉权牢牢地掌控在检察官手中，警察不得对案件作出最终裁决——警察既不能认为侦查阶段的结果提供了充分的理由就自行提起公诉，也不能因为理由不充分或者其他原因就撤销案件——这恐怕是最有控制力的手段了。至于侦查法官，总体而言，是一个控制权力的主体，表现在具体侦查措施的授权上，即事前需要得到审批或者在紧急情况下事后得到确认，否则检察官和警察自行实施的某些行为就归于无效。

如此说来，德国审前阶段公权力主体的功能有了如表 3-3 所示的一个演变：

表 3-3　德国审前阶段公权力主体的功能演变

警　察	检察官	预审法官	侦查法官
侦查再次之	侦查次之，垄断审查起诉	侦查占主导	
侦查次之	侦查占主导，垄断审查起诉，裁判次之		裁判占主导
侦查占主导	侦查次之，垄断审查起诉，裁判次之		裁判占主导

虽然说侦查法官的裁判在审查起诉前占主导地位，但在一些情况下由检察官预先实施某些行为然后得到法官的事后认可之情形（如在紧急情况下现行实施之情形）大量存在，在某种程度上削弱了侦查法官的裁判主导地位。也就是说，例外成了惯例，惯例反倒成了例外。不过，诸如审前羁押（《刑事诉讼法》第 112 条）等特殊措施，必须由法

①［荷］皮特·J. P. 泰克编．欧盟成员国检察机关的任务和权力［M］．吕清，马鹏飞译．北京：中国检察出版社，2007：117.

官颁发令状方可实施，没有例外。

从另一个角度来看，我们还必须知道德国刑事证据制度上的这样一种规定：并非所有不按照法律进行的程序都是无效的，其获取的证据并非都要被排除。这样的一种观点被法院承认后，将会对警察或检察官的权力产生重大的影响，无形之中又将两者的权力扩大化了。申言之，以警察为例，其权力的确不及检察官和（侦查）法官，即一些措施警察不能自行实施（即使在紧急情况下亦如此）。不过，一旦其越权行使，也不会引起当然无效的后果，其所得的证据并不当然地被排除——典型的便是德国学者提到的某些情形，如即使警察（紧急情况下）未经（侦查）法官或检察官的授权展开监听（《刑事诉讼法》第100a条和第100b条之规定），最后法院也不必然排除监听之结果，而是权衡利弊之后才下定论，[①] 这显示了警察侦查权的一种变相扩张，这种扩张也得到了裁判官的承认。而且在实践中，警察的权力被不断放大：根据学者们的相关调查，绝大多数案件的侦查是由警察机关自行开展的，这无疑扩大了《刑事诉讼法》第163条第（1）款规定的基本权力。

综上来看，讨论的核心自始至终都围绕着“主体”、“行为”和“证据”三大要素，而实际上，它们可以被串联起来，它们之间有内在的联系。其一，主体通过职权或被授权而实施的合法行为，其获得的证据一般合法，但在审判阶段却不一定被法官采纳；相反，未能依职权或不经授权就不能实施却实施了的不合法行为，证据获得是不合法的，但是这些证据在审判阶段不一定被法官排除。这实际上是德国证据法上的证据禁止理论，包括证据取得禁止（Beweiserhebungsverbot）和证据使用禁止（Beweisverwertungsverbot），此时证据的排除与否和法官主导的理念密切相关。其二，证据是刑事诉讼的关键所在，侦查主体必须靠证据说话，其收集证据的目的在于将罪犯绳之以法，审查起诉主体亦如此，而证据必须靠法律规定的行为来进行收集，离开了行为，证据也就无法被发现（见图3-1）。

---

①［德］托马斯·魏根特．德国刑事诉讼程序［M］．岳礼玲，温小洁译．北京：中国政法大学出版社，2004：126-127.

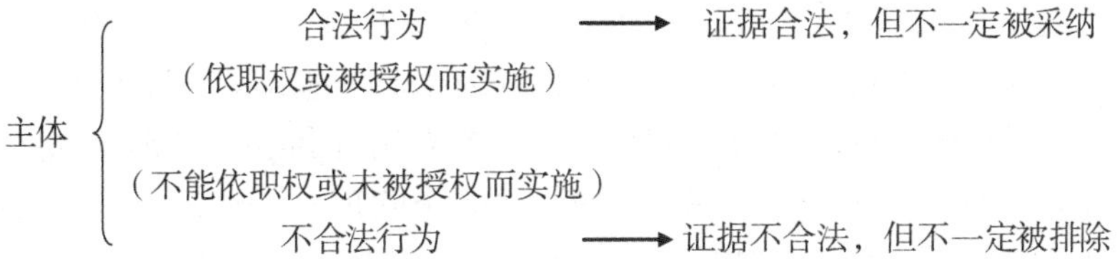

图 3-1　主体与行为、证据的关联

这里还有一点需要单独提出来：一人身上有多重权力及职能是包括法国、德国、奥地利等在内的许多大陆法系国家刑事诉讼法律制度的典型性特征。[①] 而且，警察、检察官和预审法官（侦查法官）三大主体都存在这样的特征。

警察、检察官、侦查法官是侦查阶段、审查起诉阶段存在的三大公权力主体，是侦诉阶段三大职能——侦查职能、审查起诉职能、裁判职能的依托，离开了主体，职能没有保障，程序无法进行。三大职能是固定的，分配却是不确定的，某一项职能在一个国家不同的时期可能分配给一个或两个甚至更多的主体。这里，我们以检察官为例：在无检察官制度之前，侦查由警察承担，即侦查职能只分配给一个主体；在构建检察官制度后，侦查由警察和检察官共同承担，即侦查职能分配给了两个主体。但是，问题出现了：检察官既是审查起诉的主体，又是侦查的主体，权力交织、职能混乱。实际上，我们忽略了这样的一个事实：即便建立检察官制度，其主要的任务并不在于分担警察的侦查，并不在于承担侦查职能，即不在于国家又新成立了一个侦查主体（机关），而是在于“控审分离”或曰“审检分立”之目的。虽然检察官的侦查权和审查起诉权等权力从全能型的纠问式法官功能中分离出来，可以说是继承了法官的部分权力，[②] 但我们不能形成本末倒置的观点，认为检察官的出现主要是多了一个侦查主体，即便法律有所体现，尤其是大陆法系国家的法典，但实际上，警察仍在侦查中占主导地位。这表面看来是法律与实践的冲突，实则恰恰体现了主体的发展规律，检察官的主要任务在

---

①[德] 托马斯·魏根特．德国刑事诉讼程序［M］．岳礼玲，温小洁译．北京：中国政法大学出版社，2004：23.

②[荷] 皮特·J. P. 泰克编．欧盟成员国检察机关的任务和权力［M］．吕清，马鹏飞译. 北京：中国检察出版社，2007：114.

于“监督”，不仅要“监督”法官，还要“监督”警察，让其回归到主要功能——审查起诉或者说监督，方为改革的基础。[①] 无独有偶，在调整检察院和警察部门的关系时，德国的立法者和学者也都深思熟虑，不仅发布了《重新确定警察局—检察院关系的指导原则》，还建议检察院内部设置专门的部门对警察局的侦查权进行监督并加强警察向检察官报告案件进展等相关情况的义务。[②] 这样的调整是值得大陆法系国家学习的。

三、法、德两国侦诉主体比较

第二、三章讨论了法国和德国侦查主体和审查起诉主体的相关事宜，包括机构的设置、权力的配置以及相互关系等。作为大陆法系最为重要的两个国家，它们在这方面有何异同呢？这里仅以检察机关（检察官）为例暂作一个简单的比较（见表3-4），详细的内容可参见本书第七章“比较与借鉴”。

表3-4　法、德两国检察机关（检察官）比较

检察机关/检察官	法国	德国
起　源	发源地	引进国
地　位	当事人/原告	并非当事人/原告
角　色	侦查程序的主导者	侦查程序的主导者
性　质	不十分明确（司法、行政机关?）	司法机关
权　力	广泛的侦查权、审查起诉权	广泛的侦查权、审查起诉权

表面上看，两国检察机关/检察官的区别仅体现在地位和性质上：在法国，检察官相当于当事人/原告，而德国并非如此；法国检察机关的性质不十分明确，但德国确定为司法机关。而两者的区别实际还体现在角色和权力上：虽然同为侦查程序的主导者，并拥有广泛的侦查权，

---

①曾正一．侦查法制专题研究［M］．桃园：台湾“中央警察大学”出版社，2006：123-124.

②可参见：宋英辉，孙长永，朴宗根．外国刑事诉讼法［M］．北京：北京大学出版社，2011：285；［荷］皮特·J.P. 泰克编．欧盟成员国检察机关的任务和权力［M］．吕清，马鹏飞译．北京：中国检察出版社，2007：116.

但由于法国在侦查阶段还存在着第三个侦查主体——预审法官（一个拥有侦查权的主体），故法国检察官作为侦查程序的主导者或许并不像德国检察官作为侦查程序的主导者那样属于严格意义上的实质主导者。而由于预审法官分担了部分侦查权，所以法国检察官“广泛”的侦查权并没有德国检察官侦查权那么广泛。这足以证明一点：侦查阶段主体越多，尤其是能够进行侦查的主体越多，关系就越复杂，甚至越混乱。因为权力是固定的，多一个主体分担不仅牵扯到每个主体分担哪一部分的问题，还涉及这些主体的关系在侦查权这一问题上如何处理好的问题。

第四章　英国侦诉主体

第一节　英国警察

一、英国现代意义上“警察”的起源及历史回顾

在探讨英国“警察”时，多数学者都会从《都市警察法》入手。它不仅属于英国，更是现代意义上关于“警察”的第一部法律，具有里程碑的意义，对其他国家现代警察的建立具有一定的指引和借鉴作用。

（一）《都市警察法》

在英国，真正意义上被世人广泛认可的“警察”（区别于“治安员”，Constable）概念始于 1829 年的《都市警察法》（Metropolitan Police Act，1829 Chapter 44 10 Geo 4）。当然，该法最初有 44 条，现在多数已被新的法律所废止，仅剩第 1 条、第 4 条、第 5 条、第 10 条、第 11 条、第 12 条、第 22 条共 7 条。

《都市警察法》的序言指出，该法是为改进都市和都市附近警察制度而颁发的。“近段时间以来，财产犯罪数量在都市和都市附近不断增长。加上个人雇佣的不适应、数量的稀少、权力范围的有限等原因，地方建立的守夜人已经不足以预防和调查犯罪。权宜之计是以一个新的和更有效的警察制度（system of police）替代守夜人，并组建一个警务办公室来领导和管控整个新的警察制度。”① 《都市警察法》第 1 条指出，国王可以为都市和周边地区建立一个新的警察办公室，并任命两名领导

①Introductory Text, Metropolitan Police Act 1829, http://www.legislation.gov.uk/ukpga/Geo4/10/44/introduction.

者管理该办公室。国王为威斯敏斯特市建立一个新的警察办公室是合法的。[①] 第 4 条规定，威斯敏斯特和米德尔塞克斯、萨里、肯特的一部分合并成一个区，被称作“大都会警区”（the metropolitan police district）。整个区的警察力量受上述的领导者指挥。[②] 这便是最初英国“警察制度/体系”的雏形。

1829 年，理查德·梅恩爵士（Sir Richard Mayne）认为，建立一个有效的警察体系最重要的目标是预防犯罪。如果犯罪发生，就应当调查和惩罚犯罪者。是否保护了生命和财产，是否维持了公共秩序和减少了犯罪，是衡量成功与否的重要标准。为了达到目标，需要公众的支持与合作，这便要看警察受到尊重的程度。英国现代警务最重要的原则之一是警察寻求社区的帮助并融入社区。[③]

（二）英国“警察”及其机构的变迁

1829 年，内政大臣罗伯特·比尔爵士（Sir Robert Peel）任职期间，第一部《都市警察法》通过，其成为现代警察制度初步建立的功臣。都市警察力量的建立，说明新的力量取代了伦敦地区的“守夜人”。当然，即便在都市警察区，仍有在都市警察办公室控制之外的警察力量（机构），它们源于 18 世纪，包括“弓街跑探”（Bow Street Runners）、治安法官控制下的治安员（Police Office Constables）、海警或河警（the Marine or River Police）。1839 年，这些机构并入了都市警察力量（大都会警队，Metropolitan Police Force）。同年，伦敦警察厅（the City of London Police）建立，但至今仍是一个独立的机构。[④]

1. “弓街跑探”。“弓街跑探”（又译“鲍街警察”）被认为是伦敦职业警察的鼻祖，其于 1749 年由亨利·菲尔丁创立，最初只有 6 人。“弓街跑探”是公众对他们的昵称，与“抓贼者”（thief-takers）的区

---

①Section 1，Metropolitan Police Act 1829，http://www. legislation. gov. uk/ukpga/Geo4/10/44/section/1.

②Section 4，Metropolitan Police Act 1829，http：//www. legislation. gov. uk/ukpga/Geo4/10/44/section/4.

③MET. Histroy of policing ［EB/OL］. http：//content. met. police. uk/Site/historypolicing，2014-03-10.

④MET. The Metropolitan Police how it all began ［EB/OL］. http：//content. met. police. uk/Article/The-Metropolitan-Police-how-it-all-began/1400015336362/1400015336362，2014-03-10.

别在于，他们是“正式”的，依托于弓街治安法官办公室。他们并非巡逻警察，其职责是送达令状或者在得到治安法官的授权后逮捕犯罪者，抑或出国逮捕刑事罪犯。①

2. “治安员”。“治安员办公室”（the office of the constable）在英国起源于1066年的诺曼征服（the Norman Conquest），其职责是维护国王的军备、保护个人住所的安全。随着时间的推移，其职责范围有了一定的变化，逐渐有了收集证据等权力。正如大法官布雷克顿（Henry de Bracton）所言，“治安员”记录其所看但不能判断，即只能涉及事实事项而非裁判和法律事项。他（们）是法庭的“眼睛”和“耳朵”，寻找证据并记录事实以便法官作出正确的裁判。1285年，国王爱德华一世（King Edward I）颁布了《温彻斯特法规》（Statute of Winchester），又称《温顿法规》（Statute of Winton）——诺曼征服和《都市警察法》之间的首部规范国家治安的法律，正式确认了“治安员”的法律地位和法律任务，即预防城镇和高速路上的违法犯罪。② 他们后来的继承者——“教区治安员”（parish constables）出现在17世纪，他们开始是由教友选举出来的，后来由治安法官（justices of peace/magistrates）任命。

具体而言，《温彻斯特法规》第6条规定：每百户中必须选出两名治安官来进行保卫工作，他们由法官任命。③ 以无偿教区治安员（unpaid parish constables）为组成部分的系统持续到了19世纪。在伦敦都市区，直到1829年的《都市警察法》颁布才创立了都市警察；④ 在伦敦以外区域，1839年的《县警察法》（County Police Act）建立了县警察部队。至此，所有的县都拥有了各自不同的专职警察队伍。也就是在此时，“治安员”一词的含义发生了变化：其并非指所有的现代意义上的“警察”，而仅指其中的一部分——最低级别的警察力量和警察才被称作“治安员”。⑤

---

①See “Bow Street Runners”, http://en.wikipedia.org/wiki/Bow_Street_Runners.

②See “Statute of Winchester”, http://en.wikipedia.org/wiki/Statute_of_Winchester.

③See “Statute of Winchester”, http://en.wikisource.org/wiki/Statute_of_Winchester.

④Stephen Inwood. A History of London [M]. New York: Carroll & Graf Publishers, 1998. 591.

⑤See “United Kingdom of Constable”, http://en.wikipedia.org/wiki/Constable#United_Kingdom.

此外，1921 年《利物浦公司法》（Liverpool Corporation Act）首创了“公园警官”（Parks Constable）特别办公室，伦敦皇家公园的特别立法保留了该办公室。但是，皇家公园警察部队于 2001 年解散，英国皇家警察宣布就职，成为其继承者。所以，虽然某些地方仍有“皇家公园警察部队”之称谓，但是他们属于整个警察部队，并非专门一个类别的警察部队。①

3. 海警或河警。海警，有时也被称为“泰晤士河警察”（the Thames River Police），专门用于对付盗窃和抢劫停靠在“伦敦池”（the Pool of London，实际上是指伦敦桥下的泰晤士河河段）和泰晤士河下游、码头的船只等犯罪。之后，其逐渐演变成大都市警察海洋警务（治安）部门。②

4. 苏格兰场。上校查尔斯·罗文（Colonel Charles Rowan）和理查德·梅恩（Richard Mayne，即后来的梅恩爵士）组织和设计了“新警察”。两人拥有一座私人住宅，在白厅广场 4 号，住宅后面正对着“庭院”（courtyard）。这即为大都市警察局的地址，被称为“苏格兰场”（Scotland Yard）。虽然该词的出处并不十分明朗，但上述解释在不同时期产生了共鸣，得到了承认：第一，该地址是联合王国合并之前苏格兰国王的住处，抑或苏格兰国王和/或其大使访问英格兰时的住处，所以简称“苏格兰”，其后归克里斯托弗·雷恩爵士（Sir Christopher Wren）使用，称作“苏格兰场”。第二，白厅广场 4 号背对着的一个庭院，被称为“大苏格兰庭院”，其位于名为“苏格兰场”的街道上。而这条街道中世纪时是归属于一个叫“斯科特”（Scott）的人，即是他的土地（land），故该街命名为“苏格兰场”（两个单词相加并去掉一个“t”）。

1890 年，大都市警察局总部迁到维多利亚路堤（Victoria Embankment），后人称其为“新苏格兰场”（New Scotland Yard）；1967 年，为了迎合更大的和更现代化的总部建设之要求，再次对办公场地进行了迁

---

①See “Liverpool Parks Police History Timeline”, http://www.liverpoolparkspolice.co.uk/parks-police-history.htm.

②See “Marine Police Force”, http://en.wikipedia.org/wiki/Marine_Police_Force.

移，即移至百老汇 10 号，该地亦被称作“新苏格兰场”。[1]

5. 现阶段警察。英国现阶段并没有一支统一的警察队伍，这当然与我们通常所说的“英国”之全称是“大不列颠及北爱尔兰王国”有关。从全称上看，英国分为英格兰、苏格兰、[2] 威尔士、北爱尔兰四部分，每一部分都有自己的警察队伍。根据 1856 年的《郡市警察法》(County and Borough Police Act)，英国很快建立了四种类型的警察部队，即大都会警察、伦敦市警察、郡警察和城市警察，[3] 其设置的体制各不相同。例如，大都会警察直属内政部，而郡警察和城市警察则直属地方当局。[4]

在这种模式下，最著名的也最值得研究的莫过于“伦敦”警察。这里的“伦敦”警察有两层含义：一是“大都会”警察，即上述《郡市警察法》中划分的“大都会警区”的警察；二是“伦敦市”警察，即仅负责伦敦市治安的警察。“大都会警察厅”由多个部门组成，虽然每个部门的关注点不同，但都是为了确保大都会是世界上最安全的地方而服务的。这些部门包括：空中支援部门（Air Support Unit）、反恐指挥部（Counter Terrorism Command）、虐待儿童调查指挥部（Child Abuse Investigation Command）、信息中心（Directorate of Information）、打击有组织和经济犯罪部（Organised & Economic Crime）、打击凶案和严重犯罪指挥部（Homicide and Serious Crime Command）、资源中心(Resources Directorate)、打击团伙犯罪指挥部（Gang Crime Command）等。[5] 就“伦敦市”警察而言，为了使伦敦成为一个居住、工作和旅游

①See “Scotland Yard”, http://content.met.police.uk/Article/Scotland-Yard/1400015476700/1400015476700.

②2013 年 3 月 21 日，英国苏格兰政府首席部长萨蒙德宣布，苏格兰将于 2014 年 9 月 18 日举行独立公投，以决定苏格兰是否脱离英国独立。2014 年 9 月 19 日，苏格兰独立公投计票结果公布，有 55.8%、共 1877252 名选民对独立说“不”。2014 年 9 月 21 日，苏格兰地方政府首席部长萨蒙德接受英国天空卫视新闻台采访时，指责英国政府欺骗苏格兰民众，扬言“独立计划继续，苏格兰可能在不经公投的情况下宣布脱离英国”。具体参见“苏格兰独立公投”(http://baike.baidu.com/view/12098919.htm?fr=aladdin)。

③Sir Maurice Sheldon Amos. British Justice: An Outline of the Administration of Criminal Justice in England and Wales [M]. London: Longmans Green for the British Council, 1944. 17.

④程汉大，李培锋．英国司法制度史［M］．北京：清华大学出版社，2007：423.

⑤See “Branches of the Metropolitan Police Service”, http://www.met.police.uk/about/branches/.

安全的地方，其分为五个中心指向不同方面：服务（Services）、犯罪侦查（Crime Investigation）、打击经济犯罪（Economic Crime）、情报和信息（Intelligence and Information）、统一警务（Uniformed Policing）。①

通过对英国不同阶段的“警察”含义、机构和职责范围及其变迁的分析，我们得知：(1) 从《温彻斯特法规》来看，维护社会治安的任务已然从普通的公众（如“十户联保制”中的居民）转到专门的人员身上，这正体现了“侦查”主体从业余到专业的发展轨迹。由专门人员负责侦查，有利于职业的发展和社会秩序的稳定，专事由专人来办理符合规律。(2)“警察”本身的词义在不断变化，“警察”管理的范围越来越宽泛，“警察”权力也越来越大。有的“警察”机构（部门）已经合并，有的“警察”机构（部门）则不断扩张，机构的合与分是根据时代的发展而作出的决定，因时制宜。(3) 还有一点值得注意：虽然“苏格兰场”是警察总部的代名词，但是它只负责维持大伦敦地区（即上述的“大都会警区”）的治安，而伦敦市本身的治安由伦敦市警察维持。这看似矛盾的规定却又有其合理之处。由此，我们可以引申出这样的结论：与伦敦类似，一些国家首都（如巴黎）的警力是单列出来的，他们自我管理、自我控制，这当然有利于提高警察执法的效率，便于对某些突发状况作出迅速的反应。而这些国家首都的警力无疑肩负着维持国际大都会的治安秩序之职责，保障这些国际大都会的金融中心地位。而就机构本身的设置而言，也对其他国家的警力调配和设置提供了范例。

二、英国警察的权力：《警察与刑事证据法》

如果将1829年作为现代警察的起始点的话，那么《都市警察法》就是现代意义上的第一部警察法。但是，这第一部警察法的中心意旨在于“预防犯罪”（见上述梅恩爵士语），即警察的主要权力是“预防犯罪”。但就现阶段而言，警察权力的重心应当是“打击犯罪”，这点毫无疑问——虽然学者们对“预防犯罪”和“打击犯罪”的关系讨论得较多，但就侦查主体而言，任务重点显然是“侦查”，即“打击”。所

①See “Departments of the City of London Police”, http://www.cityoflondon.police.uk/about-us/departments/Pages/default.aspx.

以，这里要研究的是另一部重要的法律，因为它系统地规定了警察打击犯罪的权力。

1984年10月颁布的《警察与刑事证据法》(Police and Criminal Evidence Act) 序言中指出：该法对警察的权力和责任、警察的拘留、刑事证据、警察纪律、对警察的投诉等作出了相关规定。[①] 从体系来看，该法合计122条，分为十一个部分。前面五个部分都是规定警察之权力，分别为拦截和搜查权（Powers to Stop and Search），进入、搜查和扣押权（Powers of Entry，Search and Seizure），逮捕（Arrest），拘留(Detention)，讯问和待遇（Questioning and Treatment of Persons by Police)。第六部分是实施细则——总论（Codes of Practice—General)。第七、八部分是刑事程序中的书证（Documentary Evidence in Criminal Proceedings）和刑事程序中的证据——总则（Evidence in Criminal Proceedings—General)。第九、十部分是警察投诉和纪律（Police Complaints and Discipline)、警察——总则（Police—General)。第十一部分则是杂项和补充事宜（Miscellaneous and Supplementary)。[②] 第六部分是实施细则的总论，因为还有配套的8个实施细则（分则），即《实施细则A》到《实施细则H》（Codes of Practice—A-H)。此外，还有多次修改的与《警察与刑事证据法》相关的法令。

结合《警察与刑事证据法》及其实施细则和法令，英国警察的主要权力包括以下几项：

（一）拦截和搜查权

《警察与刑事证据法》第1条“警察拦截和搜查人员、车辆权”(Power of constable to stop and search persons，vehicles etc.）规定，为寻找被盗物品或违禁品，警察可以搜查任何人、任何车辆以及车辆上的任何东西，同时也能为搜查之目的扣押任何人、任何车辆。当然，实施上述行为是有条件的，即警察有合理的理由（reasonable grounds）通过这

①See “Introductory Text”, http://www.legislation.gov.uk/ukpga/1984/60/introduction.

②See “Police and Criminal Evidence Act 1984”, http://www.legislation.gov.uk/ukpga/1984/60/contents.

些行为可能找到被盗物品或违禁品。[1] 第 2 条[2]和第 3 条[3]规定了与第 1 条搜查相关的权力以及搜查时记录的责任等。第 4 条“道路检查”(Road check) 规定，为确定车辆上是否载有犯罪行为人（道路交通违法者除外）以及违法行为的目击者，或欲实施犯罪的行为人，或在逃的犯罪行为人，警察有权进行道路检查。[4] 第 5 条“搜查记录和道路检查报告”(Reports of recorded searches and of road checks) 规定，每年的年度报告都应该包含上述第 3 条和第 4 条所实施行为的相关信息。[5] 第 6 条[6]和第 7 条[7]则规定了其他执法人员（Statutory undertakers）和本部分的补充说明（supplementary）。

（二）进入、搜查和扣押权

《警察与刑事证据法》第二部分规定的此项权力被分为几个部分，即搜查令（Search warrants，第 8～16 条）、没有搜查令的进入和搜查(Entry and search without search warrant，第 17～18 条)、扣押等(Seizure etc.，第 19～22 条)、补充规定（Supplementary，第 23 条)。

就“搜查令”部分而言，第 8 条“治安法官授权进入和搜查场所权”(Power of justice of the peace to authorise entry and search of premises) 规定，警察向治安法官申请搜查令，当治安法官相信其所称的“合理的理由”(如某场所很可能对侦查犯罪有实质性的价值，某物品很有可

①Section 1, Power of constable to stop and search persons, vehicles etc., http://www.legislation.gov.uk/ukpga/1984/60/section/1.

②Section 2, Provisions relating to search under section 1 and other powers, http://www.legislation.gov.uk/ukpga/1984/60/section/2.

③Section 3, Duty to make records concerning searches, http://www.legislation.gov.uk/ukpga/1984/60/section/3.

④Section 4, Road checks, http://www.legislation.gov.uk/ukpga/1984/60/section/4.

⑤Section 5, Reports of recorded searches and of road checks, http://www.legislation.gov.uk/ukpga/1984/60/section/5.

⑥Section 6, Statutory undertakers etc., http://www.legislation.gov.uk/ukpga/1984/60/section/6.

⑦Section 7, Part I—supplementary, http://www.legislation.gov.uk/ukpga/1984/60/section/7.

能是相关证据等）之时才颁发令状授权进入和搜查场所。[①] 第9~14条则分别规定了进入的特别条款以及相关词语（如“有法律特权的物品”、“个人记录”、“特别程序材料”等）的含义。[②] 第15条规定的“搜查令—保障”（Search warrants—safeguards）[③] 和第16条规定的“令状的执行”（Execution of warrants）[④] 从法律制度上对搜查的“正当程序”进行了界定：既保障了搜查令得以顺利实施，又保护了被搜查人员的人身、财产等权利。

就“没有搜查令的进入和搜查”而言，第17条“为逮捕等目的而进入”（Entry for the purpose of arrest etc.）规定，警察可以为执行逮捕令、逮捕某人而进入和搜查任何场所。[⑤] 第18条“逮捕后的进入和搜查”（Entry and search after arrest）规定，如果警察有合理理由怀疑被逮捕之人所占有的或控制的场所里有证据，可以进入和搜查。进入搜查后，可以扣押任何相关证据。[⑥]

就“扣押等”部分而言，第19条“一般扣押等权力”（General power of seizure etc.）规定了警察扣押一般物品的权力，[⑦] 与之对应的是第20条“扣押计算机信息的延伸权”（Extension of powers of seizure to computerised information）之规定：警察能扣押以电子形式存储信息的

---

①Section 8，Power of justice of the peace to authorise entry and search of premises，http：//www. legislation. gov. uk/ukpga/1984/60/section/8.

②Section 9，Special provisions as to access；Section 10，Meaning of “items subject to legal privilege”；Section 11，Meaning of “excluded material”；Section 12，Meaning of “personal records”；Section 13，Meaning of “journalistic material”；Section 14，Meaning of “special procedure material”，http：//www. legislation. gov. uk/ukpga/1984/60/part/II.

③Section 15，Search warrants—safeguards，http：//www. legislation. gov. uk/ukpga/1984/60/section/15.

④Section 16，Execution of warrants，http：//www. legislation. gov. uk/ukpga/1984/60/section/16.

⑤Section 17，Entry for purpose of arrest etc.，http：//www. legislation. gov. uk/ukpga/1984/60/section/17.

⑥Section 18，Entry and search after arrest，http：//www. legislation. gov. uk/ukpga/1984/60/section/18.

⑦Section 19，General power of seizure etc.，http：//www. legislation. gov. uk/ukpga/1984/60/section/19.

计算机。[1] 第 21 条[2]和第 22 条[3]则规定了获取和复制、扣留等后续权力。

就“补充规定”而言，第 23 条界定了“场所的含义”（Meaning of premises etc.），即本法中所称的“场所”包括任何地方，尤其包括车辆（vehicle）、船只（vessel）、飞机（aircraft）等。[4]

（三）逮捕权

《警察与刑事证据法》第 24 条“无证逮捕：警察”（Arrest without warrant：constables）规定，警察在某人即将实施犯罪、正在实施犯罪、有合理理由怀疑其即将实施犯罪、有合理理由怀疑其正在实施犯罪之时，可以进行无证逮捕。警察有合理理由怀疑犯罪已经实施，其可以无证逮捕有合理理由被怀疑有罪之人。合理的理由包括：为确定有问题之人的名字，预防有问题之人给他人或自己造成人身伤害、遭受人身伤害、造成财产损失或毁坏、继续实施犯罪，保护儿童或其他易受伤害之人免遭有问题之人的伤害，迅速和有效地侦查有问题之人的犯罪行为等。[5] 第 24A 条“无证逮捕：其他人”（Arrest without warrant：other persons）规定，除警察外的其他人也可以无证逮捕正在实施可诉之罪的人或者有合理理由怀疑即将实施可诉之罪的人。如果犯罪已经实施，除警察外的其他人可以无证逮捕有罪之人或者有合理理由怀疑有罪之人。合理的理由包括：预防有问题之人给自己或他人造成人身伤害、遭受人身伤害、造成财产损失或毁坏等。[6]

也就是说，英国无证逮捕的适用主体是警察和其他人，且适用程序

---

①Section 20, Extension of powers of seizure to computerised information, http://www.legislation.gov.uk/ukpga/1984/60/section/20.

②Section 21, Access and copying, http://www.legislation.gov.uk/ukpga/1984/60/section/21.

③Section 22, Retention, http://www.legislation.gov.uk/ukpga/1984/60/section/22.

④Section 23, Meaning of premises etc., http://www.legislation.gov.uk/ukpga/1984/60/section/23.

⑤Section 24, Arrest without warrant: constables, http://www.legislation.gov.uk/ukpga/1984/60/section/24.

⑥Section 24A, Arrest without warrant: other persons, http://www.legislation.gov.uk/ukpga/1984/60/section/24A.

（如逮捕时机、合理的理由等）不尽相同。此外，该法第 26 条、[①] 第 27 条、[②] 第 28 条[③]分别规定了无证/令逮捕权的撤销、特定犯罪人的指纹采集、逮捕的信息披露等事宜。第 30 条以及其后的第 30A 条、第 30B 条、第 30C 条、第 30CA 条、第 30CB 条、第 30D 条[④]详细规范了保释事宜。第 32 条"逮捕后的搜查"（Search upon arrest）规定，警察在警察局之外的地方逮捕某人后，有合理的理由相信该人对自己或他人有危险，可以进行搜查。[⑤]

（四）拘留权

《警察与刑事证据法》第四部分的拘留分为两个部分，分别为"拘留——条件和持续时间"（Detention—conditions and duration）和"拘留——其他事项"（Detention—miscellaneous），我们关注的重点在拘留的具体条件和期限上。

第 34 条"警察拘留的限制"（Limitations on police detention）规定，除非有本部分的特别规定，否则不得将被逮捕之人拘留。羁押官员（custody officer）有权决定是否进行拘留。除非存在拘留期间需要进一步侦查等情形，否则羁押官员应当决定无保释放（release without bail）。[⑥] 第 35 条"指定警察局"（Designated police stations）规定，每个警区的警察负责人（the chief officer of police）应当指定该区域的部分

---

①Section 26, Repeal of statutory powers of arrest without warrant or order, http://www.legislation.gov.uk/ukpga/1984/60/section/26.

②Section 27, Fingerprinting of certain offenders, http://www.legislation.gov.uk/ukpga/1984/60/section/27.

③Section 28, Information to be given on arrest, http://www.legislation.gov.uk/ukpga/1984/60/section/28.

④Section 30, Arrest elsewhere than at police station; Section 30A, Bail elsewhere than at police station; Section 30B, Bail Under section 30A: notices; Section 30C, Bail under section 30A: supplemental; Section 30CA, Bail under section 30A: variation of conditions by police; Section 30CB, Bail under section 30A: variation of conditions by court; Section 30D, Failure to answer to bail under section 30A, http://www.legislation.gov.uk/ukpga/1984/60/part/III.

⑤Section 32, Search upon arrest, http://www.legislation.gov.uk/ukpga/1984/60/section/32.

⑥Section 34, Limitations on police detention, http://www.legislation.gov.uk/ukpga/1984/60/section/34.

警察局用于扣留被逮捕之人。[1] 第 36 条“警察局的羁押官员”（Custody officers at police stations）继续规定，在每个指定的警察局里都应该配有一名或多名羁押官员，其由上条中的警察负责人或其他能够领导的警察负责人指定。[2] 第 37 条“起诉前羁押官员的责任”（Duties of custody officer before charge）规定，羁押官员应当查明是否有足够的证据起诉被逮捕之人：如果认为没有证据进行起诉，那么应当立即释放（无论保释与否）；如果有合理理由相信拘留是必需的，能够通过讯问保全证据，那么就应该继续拘留。[3] 针对羁押官员的拘留，检控主任（the Director of Public Prosecutions）起到了一定的监督作用，体现在第 37A 条、第 37B 条。第 37A 规定，为确定羁押官员如何处置被逮捕之人和向其传递信息，检控主任可以发布并适时修订指引。[4] 第 37B 规定，羁押官员应当适时地将指引中确定的具体信息传递给检控主任。检控主任根据侦查的信息决定是否有足够的证据起诉：如果有足够的证据，其应当决定是否需要起诉以及如果起诉应以何种罪名起诉；如果没有足够的证据，其应当决定不起诉或者虽有足够的证据但不应被起诉。[5]

第 40 条“警察拘留的复查”（Review of police detention）规定，应当定期地审查警察对被逮捕之人和被起诉之人以及被逮捕但未被起诉之人的拘留情况。审查的实施主体为“审查官员”（review officer）。就审查的时期而言，第一次审查时间不得晚于首次拘留后六小时，第二次审查不得晚于第一次审查后九小时，随后审查的间隔时间不得超过九小时。[6] 当然，审查可以采取电话等方式进行。[7] 第 41 条“不起诉时拘留

---

①Section 35, Designated police stations, http://www.legislation.gov.uk/ukpga/1984/60/section/35.

②Section 36, Custody officers at police stations, http://www.legislation.gov.uk/ukpga/1984/60/section/36.

③Section 37, Duties of custody officer before charge, http://www.legislation.gov.uk/ukpga/1984/60/section/37.

④Section 37A, Guidance, http://www.legislation.gov.uk/ukpga/1984/60/section/37A.

⑤Section 37B, Consultation with the Director of Public Prosecutions, http://www.legislation.gov.uk/ukpga/1984/60/section/37B.

⑥Section 40, Review of police detention, http://www.legislation.gov.uk/ukpga/1984/60/section/40.

⑦Section 40A, Use of telephone for review under s. 40, http://www.legislation.gov.uk/ukpga/1984/60/section/40A.

的期限限制”（Limits on period of detention without charge）规定，如果不被起诉，警察拘留某人的时间不得超过二十四小时。拘留的时间分不同情形起算：以被拘留之人到达警察局之时或者被逮捕后的二十四小时中较早的一个时间起算；如果在英格兰和威尔士之外被逮捕，以被带到英格兰或威尔士对其进行侦查的警区之时或者进入英格兰和威尔士之后的二十四小时中较早的一个时间起算；到警察局自首或者虽未被逮捕但同警察到警察局时，以及被警察在警察局逮捕的，以在警察局逮捕之时起算。[①] 第 42 条“继续拘留的授权”（Authorisation of continued detention）规定，警司（the rank of superintendent）及其以上级别的官员[②]有合理的理由相信虽未起诉但有必要保全犯罪证据或通过讯问获取犯罪证据、正认真和迅速开展侦查等情况存在之时，他有权在拘留到期后再延长三十六小时。同时，他有义务通知继续拘留之人并记录其拘留之情形。当然，在作出决定之前，其应当给被拘留之人或代表律师机会对拘留作出相关陈述。[③] 第 43 条“延长拘留证”（Warrants of further detention）及第 44 条“延长拘留证的期限”（Extension of warrants of further detention）规定，警察提供信息并宣誓进行申请时，治安法院认为其所称的合理理由可以成立，便可颁发继续拘留证。[④] 但期限不得超过三十六小时或者初次拘留后的九十六小时。[⑤]

在拘留权这一部分提到了多个主体及其职责（权力），涉及了刑事诉讼中的三大机关。在警察机关中，涉及羁押官——负责管理羁押，警

①Section 41，Limits on period of detention without charge，http：//www. legislation. gov. uk/ukpga/1984/60/section/41.

②在英国，警察按警衔划分共有九级，分别是警察局局长（Chief Constable）、副警察局局长（Deputy Chief Constable）、助理警察局局长（Assistant Chief Constable）、高级警司（Chief Superintendent）、警司（Superintendent）、高级督察（Chief Inspector）、督察（Inspector）、警长（Sergeant）、警员（Constable）。按此条文，警司、高级警司、助理警察局局长、副警察局局长和警察局局长都有作出延长拘留的权力，而高级督察、督察、警长、警员则不拥有该项权力。

③Section 42，Authorisation of continued detention，http：//www. legislation. gov. uk/ukpga/1984/60/section/42.

④Section 43，Warrants of further detention，http：//www. legislation. gov. uk/ukpga/1984/60/section/43.

⑤Section 44，Extension of warrants of further detention，http：//www. legislation. gov. uk/ukpga/1984/60/section/44.

察负责人——负责指定该区域的部分警察局用于扣留被逮捕之人，审查官——负责审查拘留的情况，警司及其以上级别的官员——负责决定是否延长拘留期限；在检察机关中，涉及检控主任——负责根据侦查的信息决定是否有足够的证据起诉；在法院中，涉及治安法官——负责决定是否颁发继续拘留证。权力的实施依靠的是主体，不同的权力赋予不同的主体是权力相制衡原则的体现，多个主体除了相互配合外，还应当相互制约。显然，主体与权力是不可分割的，英国警察的拘留权就是在不同的主体“掌控”下构建起来的。主体为构建英国警察的拘留制度体系提供了坚实的保障。

关于英国警察的拘留权的实施、监管等情形，如表 4-1 所示。

表 4-1　英国警察拘留权的相关主体及其职责

主　体		职责（权力）
序　列	具体主体	
警察机关	羁押官	管理羁押
	警区的警察负责人	指定警察局以扣留被逮捕之人
	审查官	审查拘留的情况
	警司及其以上级别的官员	决定是否延长拘留的期限
检察机关	检控主任	根据侦查的信息决定是否起诉
法院	治安法官	决定是否颁发继续拘留证

（五）讯问权

本部分是《警察与刑事证据法》条文最多的部分，足见其重要性。因为除了讯问，还包括犯罪嫌疑人的权利等各类事项之安排。第 60 条“讯问的录音”（Tape-recording of interviews）规定，内政大臣有义务颁布警察在警察局里讯问犯罪嫌疑人录音的实践准则。[1] 第 60A 条“讯问的录像”（Visual recording of interviews）规定，内政大臣有义务颁布警

①Section 60，Tape-recording of interviews，http：//www. legislation. gov. uk/ukpga/1984/60/section/60.

察在警察局里讯问犯罪嫌疑人录像的实践准则。[①] 而《实施细则 C》则详细规定了讯问的具体条件、时间、笔录制作等事宜。[②]

虽然关于讯问的事项是从程序上来规制的，并未过多涉及如何讯问、讯问的方法（侦查的方法）等，且包括警察的讯问权在内的上述各项权力经过 2003 年的《刑事司法法》（Criminal Justice Act 2003）、2006 年的《警察和司法法》（Police and Justice Act 2006）、2009 年的《警务/治安与犯罪法》（Policing and Crime Act 2009）等多部法律的修改，但是这些仍然是最为基本的警察权力。不过，这部法律使得原来较为分散的警察各类权力有了明文规定，终于得到了统一，在此基础上，还实现了权力与权力、权力与权利的平衡，从犯罪嫌疑人的角度规范了各类权力的实施，是一部较完备的限定警察权力的法律。

第二节　英国检察机关及检察官

在第二章中提到，一般认为，检察制度发源于 14 世纪的法国。也有学者认为，大陆法系的检察制度起源于法国的说法或许更为确切。因为就英美法系而言，其检察制度的发源地是英国。英国检察制度从无到有、从单一到系统，经历了曲折而漫长的过程，而英国检察官演变的历程之特殊性更是值得研究。

一、英国检察机关的变迁

（一）概述

英国检察机关，是英国主要的公诉机关（public prosecuting authority），它并非英国政府的一个部级部门，而是由公诉专员（the Director of Public Prosecutions，DPP）领导，其内部人员通常被称为“皇家检察官”（the Crown Prosecution）亦可简称检察官。它有两大主要职责：承担大部分刑事犯罪的起诉工作——决定犯罪嫌疑人是否面临刑事起诉

---

①Section 60A，Visual recording of interviews，http：//www. legislation. gov. uk/ukpga/1984/60/section/60A.

②李温．英国警察法历史发展与当代改革研究［M］．哈尔滨：黑龙江人民出版社，2009：102-104.

（如果起诉则在治安法院和刑事法院实施检控）以及在刑事诉讼过程中向警察和其他侦查机构提供法律咨询、提出法律建议。

值得注意的是，英格兰和威尔士总检察长（the Attorney General for England and Wales）除了在涉及国家安全（national security）或其他需要其同意方可进行的一些案件外，其对起诉行为没有实质性的影响力——这意味着大部分的具体案件由检察官独立负责，并不受总检察长的影响。但尽管如此，总检察长仍然要对检察官的行为进行监督并向议会负责。①

（二）现代起诉职能主体的变迁

众所周知，在历史上的很长一段时期内，英格兰是没有警察和起诉机构的，此时，被害人以自己的名义或聘请律师代表自己来进行"私人诉讼"（private prosecution）是唯一的起诉途径（the only route to prosecution）。随着 1829 年现代警察的成立与组建，他们承担了对犯罪嫌疑人起诉的任务。

1880 年，约翰·莫尔爵士（Sir John Maule）被任命为第一任公诉专员。起初，其职权仅仅是决定非常少的疑难案件和重要案件的起诉与否，而且一旦授权起诉，案件就会被转交给财政部律师（顾问）。警察则继续负责其他大多数案件。1962 年，皇家委员会建议警察应当设立单独的起诉部门，以免同一名警察既承担侦查职能又进行起诉活动。但是，皇家委员会的建议并未被所有警察采纳，所以 1978 年又重新成立了一个委员会，由西里尔·菲利普爵士（Sir Cyril Philips）领导。1981 年的报道指出，英格兰和威尔士的刑事司法系统遭受三大批评，分别是：警察不应既侦查犯罪又起诉，不同的警察使用不同的标准起诉，警察让太多不可能判处有罪的案件进入法庭，故建立一个单独的、统一的起诉机构负责英格兰和威尔士所有案件的公诉势在必行——而这个机构便是皇家检察署（Crown Prosecution Service）。1983 年发布的白皮书是 1985 年《犯罪起诉法》（the Prosecution of Offences Act）的前身，该法成立了在公诉专员领导下的皇家检察署，其合并了原来在警察起诉部门中的一些机构。新法于 1986 年生效，这意味着皇家检察署从 1986 年开

①See "Crown Prosecution Service", http://en.wikipedia.org/wiki/Crown_Prosecution_Service.

始正式运转。①

现代承担起诉职能的主体的变迁历程可简略地用图 4-1 表示。

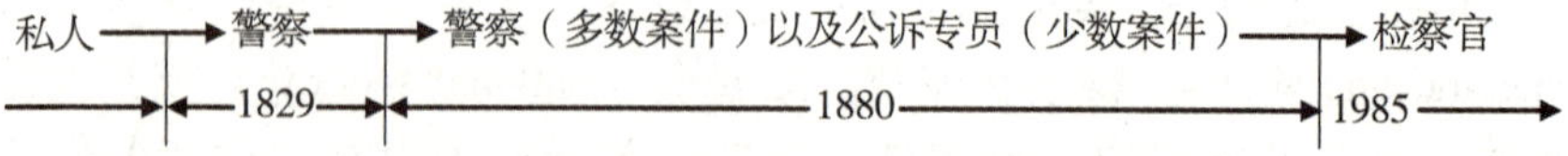

图 4-1　英国现代承担起诉职能的主体的变迁

值得说明的是，之所以说“现代”起诉职能主体，是因为在“现代”之前，历史上除了私人承担起诉职能外，还存在大陪审团等其他不同的主体承担起诉职能，所以，以“现代”为起点的起诉主体范围仅限定于上述几大主体。

（三）现代检察机关

1985 年的《犯罪起诉法》序言中指出，该法为英格兰和威尔士建立了皇家检察署。② 然后，该法的第一部分重点阐明了与之相关的组成和功能（Constitution and functions of Service）等。例如，第 1 条“皇家检察署”（the Crown Prosecution Service）规定，皇家检察署由公诉专员（the Director of Public Prosecutions，皇家检察署的领导）、首席皇家检察官（the Chief Crown Prosecutors）和由公诉专员任命的其他人员组成。公诉专员应当将英格兰和威尔士划分为不同的区域，每个区域任命一位皇家检察官作为该区域内的首席皇家检察官。③ 第 2 条“公诉专员”（the Director of Public Prosecutions）规定，公诉专员由总检察长（the Attorney General）任命。④ 第 3 条“公诉专员的职能”（Functions of the Director）第（1）款规定，公诉专员依据本法或其他法律在总检察长的监督下（the superintendence of the Attorney General）履行职责。⑤

---

①CPS. History of CPS［EB/OL］. https：//www. cps. gov. uk/about/history. html，2014-03-23.

②See “Introductory Text”，http：//www. legislation. gov. uk/ukpga/1985/23/introduction.

③Section 1，The Crown Prosecution Service，http：//www. legislation. gov. uk/ukpga/1985/23/section/1.

④Section 2，The Attorney General，http：//www. legislation. gov. uk/ukpga/1985/23/section/2.

⑤Section 3（1）：The Director shall discharge his functions under this or any other enactment under the superintendence of the Attorney General.

二、英国检察官的权力

（一）公诉专员的权力

1985 年的《犯罪起诉法》第 3 条第（2）款从整体上概括了公诉专员的权力，即负责承接从警察、移民官员等处转交过来的刑事案件；给警察提供处理与犯罪有关的任何事项的建议；以控方身份参加法庭庭审。①

此外，《犯罪起诉法》还特别赋予了公诉专员以下一些权力：第一，在提起某项刑事诉讼时，虽然公诉专员在此时可能并未负责，但其仍然可以在后续的任何阶段接管该项诉讼（参见第 6 条）。② 第二，在公诉专员告知治安法官他提起了刑事诉讼时，法官应当按照法定时间、法定方式或特殊案件中总检察官指示的时间和方式向公诉专员传递法律规定的每一个与程序相关的文件，如保证书、起诉书等（参见第 7 条）。③ 第三，公诉专员还应当颁布皇家检察官法则以指导他们在任何案件中决定是否应当提起诉讼程序或者已经提起诉讼程序时是否应当终止，或者以什么罪名进行诉讼；以指导他们在任何案件中考虑向治安法院陈述适合个案的审判方式（参见第 10 条）。④

由此看来，《犯罪起诉法》是一个指导性的法律，更多涉及的是公诉专员的权力。至于皇家检察官的权力，正如上述，由公诉专员颁布具体的皇家检察官法则进行规范，而这一法则即《皇家检察官守则》（the Code for Crown Prosecutors）。

（二）皇家检察官的权力

在皇家检察署的官方网站上对《皇家检察官守则》有个简单的介绍。《皇家检察官守则》是一个公开的文件，由公诉专员颁布，目的是为皇家检察官设置基本原则以便对案件作出正确的决定。网站上特别提

---

①Section 3，Functions of the Director，http：//www. legislation. gov. uk/ukpga/1985/23/section/3.

②Section 6，Prosecutions instituted and conducted otherwise than by the Service，http：//www. legislation. gov. uk/ukpga/1985/23/section/6.

③Section 7，Delivery of recognizances etc. to Director，http：//www. legislation. gov. uk/ukpga/1985/23/section/7.

④Section 10，Guidelines for Crown Prosecutors，http：//www. legislation. gov. uk/ukpga/1985/23/section/10.

示了两点：一点是“是否有足够的证据起诉被告”？当决定是否有足够的证据起诉时，皇家检察官必须考虑在法庭上使用的证据是否可靠（reliable）、是否可信（credible）。皇家检察官必须确定有足够的证据来支持“定罪的现实预期”（realistic prospect of conviction）。另一点是皇家检察官向法院起诉案件符合公共利益（public interest）吗？一般情况下，起诉应被提起，除非检察官确定公共利益相比起诉更应当优先满足。申言之，检察官考虑的是证据是否充分（sufficient），如果证据充分，则是否需要为公共利益而起诉。①

2013年1月颁布的《皇家检察官守则》是该守则的第17版。其“总则”（General Principles）部分指出，决定起诉或者建议法庭外处理是影响犯罪嫌疑人、被害人、证人和公众切身利益的，这一步必须给予极大的关注（with the utmost care）。检察官的职责是确定行为人是否受到起诉、是否需要将犯罪者带到法官面前。这些决定应当确保公平（fair）、公正（impartially），并确保正确地适用法律。② 为此，检察官应当是独立（independent）和客观的（objective）。这意味着，检察官在作出决定时，应该不受犯罪嫌疑人、受害人、证人的宗教、民族、出生、性别、疾病、年龄、信仰、政治意见之影响，也不应该受来源于其他途径的不当（improper）或过度（undue）的压力之左右。检察官应当时刻为司法利益而不仅仅为将犯罪嫌疑人定罪之目的。

1. 提供咨询（advice）——诉前程序（pre-charge）

检察官可以向警察和其他侦查人员提供关于讯问计划和证据要求等方面的建议，帮助其进行诉前程序，而这通常会发生在比较复杂或不常见的一些案件中。与此同时，警察也可以向检察官寻求帮助，以获得关于犯罪嫌疑人犯罪意图、整体性的侦查策略等方面的咨询意见。

2. 决定是否起诉（the decision whether to prosecute）——审查案件（review）

检察官固有的重要权力即为审查起诉权：决定是否起诉某人，如果起诉，应当以何罪起诉。正如上述，《皇家检察官守则》要求检察官回

①CPS. The Code for Crown Prosecutors[EB/OL]. https://www.cps.gov.uk/publications/code_for_crown_prosecutors/, 2014-03-22.

②See “General Principles”, https://www.cps.gov.uk/publications/docs/code_2013_accessible_english.pdf.

答两个问题：是否有足够的证据获取有罪的判决？起诉是否符合公众利益？这两个问题必须按照顺序考虑，即如果没有足够的证据，那就不用考虑是否符合公众利益。如果没有足够的证据起诉，检察官将会决定不采取进一步行动或者要求警察进一步调查以收集更多的证据——但也有例外，即在特殊情况下，即便没有足够的证据获取有罪判决，检察官亦会提出指控，这适用于进一步的证据很快能够获得（如法医报告的结果）以及犯罪嫌疑人犯有严重罪行且如果起诉很可能被法庭拒绝保释等情形。如果有足够的证据起诉，但起诉并不符合公众利益，检察官应当决定不采取进一步行动或给予犯罪嫌疑人警告等替代性措施。

当然，决定是否起诉是在案件审查的基础上实施的。检察官审查警察或其他侦查人员移交过来的案件，这是一个持续的过程，而检察官也应当考虑情形的变化。可能的话，在检察官变更指控或者终止案件时，应告知侦查人员。在检察官有审查起诉权的案件中，其应当决定侦查终结后的案件是否起诉，所有的可用证据被审查后是否足以支持起诉。

举证阶段（the evidential stage）。该阶段需要检察官回答的问题是：证据在法庭上能使用吗？即检察官考虑特定证据的可采性——证据可靠（正确和完整）吗？证据可信吗？①

公共利益阶段（the public interest stage）。守则提出了 7 个问题来指引检察官，以便在公共利益和起诉中权衡利弊。第一，犯罪很严重吗？犯罪越严重，需要起诉的可能性就越大。第二，犯罪嫌疑人罪责轻重如何？罪责越重，需要起诉的可能性就越大。第三，受害者是什么情况？受害者越容易受到伤害，需要起诉的可能性就越大。第四，犯罪嫌疑人犯罪时未满 18 岁吗？犯罪嫌疑人年纪越小，需要起诉的可能性就越小。第五，犯罪对社会的影响程度如何？犯罪对社会的影响程度越大，需要起诉的可能性就越大。第六，起诉符合比例原则吗？检察官应当考虑投入与产出的比例，投入包括所花费的人力、费用等，产出包括成功起诉的可能性、符合社会公益的程度等。越符合比例原则，需要起诉的可能性就越大。第七，消息来源需要保护吗？起诉不应损害消息的来源、国际关系和国家安全。消息来源（国际关系、国家安全）越需

---

①See "The Evidential Stage of the Full Code Test", https://www.cps.gov.uk/publications/docs/code_2013_accessible_english.pdf.

要保护，需要起诉的可能性就越小。①

3. 准备开庭与庭审（preparing for the court hearings）

皇家检察官还有一项职能，即在接手案件后，需要向被告方展示材料，以便为案件起诉到法庭做充分准备。而没能够开示证据等案件处理不当的情形发生就会导致法庭判被告无罪或在上诉时撤销有罪判决（这足见程序的重要性），故开庭前的准备十分必要。

而庭审则是前述各项工作的“验收”阶段。在庭审中，检察官为了证实被告有罪，必须提出起诉意见、询问证人、讯问被告、总结陈词等。

4. 提出上诉（appeals）

被告对有罪判决或量刑提出上诉时，皇家检察官在考虑上诉情况后决定是否提出相反意见。如果决定提出，应提供相关的证据和材料加以支撑以便上诉法庭作出正确的决定。但在有罪判决确实有问题等例外情况下，皇家检察官也能为被告的利益提出上诉，如著名的卧底警察马克·肯尼迪案件（undercover police officer Mark Kennedy）。

5. 引渡（extradition）

2003 年的《引渡法》（the Extradition Act 2003）将与国外的引渡任务赋予了皇家检察署。皇家检察署引渡部门处理英格兰和威尔士范围内的引渡问题，并在欧洲逮捕令的框架下（the European Arrest Warrant framework）运作。

总体来看，皇家检察官的任务是：在侦查早期向警察提供咨询和建议，审查警察侦查终结的案件，决定大部分案件的起诉，为开庭做准备，出庭，提出上诉，负责引渡等。② 这也说明，英国检察官的任务或者说权力与第二章和第三章中分析的法国、德国检察官的任务（权力）有很大的差别，这种差别主要体现在侦查权上。法、德两国的检察官有较大的侦查权（不管是形式上的还是实质上的），但英国检察官的侦查权在皇家检察官的官网上甚至未提及——其可能并不拥有真正意义上的侦查权。

---

①See “The Public Interest Stage of the Full Code Test”, https://www.cps.gov.uk/publications/docs/code_2013_accessible_english.pdf.

②CPS. Introduction: what to do [EB/OL]. https://www.cps.gov.uk/about/index.html, 2014-03-23.

第三节　英国特殊侦诉主体：以反严重欺诈办公室为例

英国国家反欺诈管理局（National Fraud Authority，NFA，是英国内务部的一个执行机构，但已于2014年3月31日停止办公）① 于2013年6月6日公布了“年度欺诈（损失）指标”（Annual Fraud Indicator），据估计，2013年度英国因欺诈犯罪损失的数额高达520亿英镑②（其中私人部门212亿、公共部门206亿、个人91亿、非营利部门1.47亿、其他9.19亿等），可见，其打击欺诈犯罪的形势不容乐观。③ 研究英国打击欺诈犯罪的侦诉机构，不仅可以更好地提出对策，全力惩治欺诈犯罪，还能就某些方面给其他国家以启示。毫无疑问，英国在打击欺诈犯罪方面最重要、最值得研究的侦诉机构就是反严重欺诈办公室。

一、反严重欺诈办公室的成立及其法律依据

（一）成立过程

在反严重欺诈办公室成立之前，由警察机关、起诉机构、商业和工业部以及其他机构负责欺诈案件的侦查和起诉。虽然各机构加强合作，也成立了一些关于欺诈犯罪的联合侦查小组，但仍存在很多问题。④ 整体而言，从20世纪70年代到80年代初，公众对英国侦查和起诉严重

---

①其不同职能被其他机构所继承，如政策发展和威胁分析职能归国家反犯罪机构（the National Crime Agency）——2013年10月7日正式运行，替代英国的反严重有组织犯罪机构；反欺诈行动职能归伦敦市警察等。

②National Fraud Authority. Annual Fraud Indicator 2013［EB/OL］. https：//www. gov. uk/government/publications/annual-fraud-indicator-2，2014-03-23.

③如2012年公布的“指标”预测当年因欺诈犯罪损失730亿英镑，2011年这一数值为380亿英镑。

④Peter Kiernan. The Role and Responsibilities of the Serious Fraud Office in Fighting Fraud within the United Kingdom［C］. Masahiro Tauchi，Work Product of the 126th International Senior Seminar Visiting Experts' Papers（Annual Report for 2004 and Resource Material Series No. 66）of United Nations Asia and Far East Institute for the Prevention of Crime and the Treatment of Offenders（UNAFEI），Japan：1-26 Harumi-cho，Fuchu，Tokyo183-0057，2005. 91-98.

欺诈犯罪案件的治理体系不太满意，而且出现了一系列的丑闻，于是1983年英国成立了欺诈案件审判委员会（the Fraud Trials Committee），委员会的建立旨在通过对法律和刑事程序的改变来寻找（引进）更为有效的打击欺诈犯罪的方法。

委员会经过两年多的一系列调查（实证研究）和论证后，于1986年提交了著名的“罗斯基尔报告”（the Roskill Report，以这一独立咨询委员会主席的名字命名）。委员会在多达112项的建议中，就有关于欺诈案件的审判和设置一个新的、统一的机构（a new，unified organisation）负责该类案件的侦查和起诉等方面的内容。① 它也成为1987年《刑事司法法》（Criminal Justice Act，CJA）② 出台的催化剂，正是该法设置了反严重欺诈办公室。

作为大不列颠王国刑事司法体系中重要的一部分，反严重欺诈办公室（Serious Fraud Office，SFO）于1988年4月6日成立，管辖的范围包括英格兰、威尔士和北爱尔兰（苏格兰、马恩岛和海峡群岛除外）。该办公室是政府的一个独立机构，从侦查和起诉严重的欺诈（fraud）和腐败（corruption）案件入手，打击此类犯罪以保护社会公众免受损害。进一步讲，反严重欺诈办公室致力于减少欺诈和腐败现象的滋生，维持公众对英国商业和金融系统的信心，传递公平、正义和法治理念。它肩负着保护作为世界金融中心之一——伦敦的名声。

在成立的头7年里，反严重欺诈办公室共办理了141起案件（包括处理7000万份文件的证据），有罪判决率达62%。2010—2011年度的数据显示：反严重欺诈办公室一年中处理了100起案件，有罪判决率达84%。③ 截至2011年4月13日，已经为被害人追回6400万英镑的损

①Roderick Munday. The Roskill Report on Fraud Trials [J]. The Cambridge Law Journal, 1986, 45 (2). 175-179.

②值得注意的是，英国于不同时期颁布了“不同”的《刑事司法法》（也译为《刑事审判法》），其中最著名的是1987年和2003年的两部《刑事司法法》。虽然名称相同，但这些法的体系都不同，它们不完全是修改与被修改的关系。

③Richard Alderman. Preventing serious economic crime: the SFO's priorities and successes [C]. Harry Travers, BCL Burton Copeland, Serious Economic Crime: A boardroom guide to prevention and compliance, London: White Page Ltd, 2011. 18.

失，这是1986年提交报告成立这一机构时始料未及的。[1]

（二）法律依据

除1987年的《刑事司法法》[2] 之外，其他涉及反严重欺诈办公室侦查和起诉职能的法律包括：1968年的《反盗窃法》(Theft Act)、2002年的《犯罪收益法》（Proceeds of Crime Act）、2005年的《严重和有组织犯罪与警察法》(Serious and Organised Crime and Police Act)、2006年的《反欺诈法》（Fraud Act）、2006年的《公司法》（Companies Act）、2007年的《反严重犯罪法》（Serious Crime Act）、2008年的《刑事证据法》（Criminal Evidence Act）以及《预防严重犯罪令》（Serious Crime Prevention Orders）等。此外，《皇家检察官守则》（Code for Crown Prosecutors）也同样适用于反严重欺诈办公室。

当然，规制反严重欺诈办公室最主要的还是1987年的《刑事司法法》第38章（Chapter 38，后经过2008年7月14日法律的修改）。在第38章第1部分（Part 1）"欺诈"（Fraud）中，开篇提到的就是反严重欺诈办公室。其后依次为主任的侦查权（Director's investigation powers）、信息的披露（Disclosure of information）。此外，该法的附件1中也有所涉及。

根据1987年《刑事司法法》的相关规定，反严重欺诈办公室的权力至少包括：搜查权、强迫公民回答问题及提供资料权。具体而言，出于开展侦查之目的，1987年《刑事司法法》第2节赋予了反严重欺诈办公室主任（Director）或者其委任的成员要求个人或实体提供信息的权力，其形式包括询问、讯问有关人员以及要求他们提供材料或搜查房屋等。当然，该项权力仅在主任有根据怀疑严重或复杂的欺诈、腐败犯罪已然发生时适用。在行使权力时通常需要书面通知（written notice），通知对象为个人、银行、金融机构、会计师和其他专业人士。虽然他们大多数都有为客户保密的义务，但在接到通知后提供信息一般不会被追究责任。2008年7月14日，《刑事司法法》的第2A节生效，这意味着

---

①Phillippa Williamson. The Roskill Report 25 years on [EB/OL]. http://www.sfo.gov.uk/about-us/our-views/sfo-blog/the-roskill-report-25-years-on.aspx, 2014-03-22.

②该法经过其他法律的多次修改，如2001年的《刑事司法与警察法》（Criminal Justice and Police Act 2001）、2003年的《刑事司法法》（Criminal Justice Act 2003）、2008年的《刑事司法与移民法》（Criminal Justice and Immigration Act 2008）等。

主任能够在涉及海外行贿和腐败案件的“预审”（pre-investigation）阶段使用第2节的权力。

反严重欺诈办公室的成员提供有关信息（信息中提到材料的详细位置/处所）后，治安法官有合理的根据相信某人未能按规定履行提供材料的义务，或向某人发出上述通知不太符合实际，或发出此种通知可能会严重损害（妨碍）侦查，便会颁布一项令状（warrant）。令状授权任何警察（大部分情况下由警察执行）（a）进入（有合理的必要才能使用此项权力）和搜查处所；以及（b）获取在信息中具体描述的资料，或者带走那些有必要保存和防止受到干扰的材料。令状颁发后，除有严重妨碍侦查的情形外，应当书面通知被调查人。[①]

二、反严重欺诈办公室的办案流程

（一）启动阶段

在启动一起欺诈或腐败案件的侦查之前，首先要明确两者的定义及反严重欺诈办公室具体侦办案件的类型。

欺诈（fraud）是指“故意欺骗以获取优势或避免义务，或者引起其他个人或公司的损失”。腐败（corruption）通常是指“两人或多人签订秘密协议，旨在给公职人员以财政（资金）诱惑，另一方试图寻求某种回报”。但由于反严重欺诈办公室的任务是打击“最严重”或“最复杂”的欺诈和腐败犯罪，所以一般涉及的案件是（即考虑的标准是）:（1）损失超过100万英镑的；（2）有政治敏感度的（如涉及政府部门或要员）；（3）对英国经济有重要影响的；（4）其他案情极其复杂的。具体包括：投资欺诈、贿赂和腐败、公司欺诈、公共部门欺诈。[②]因此，当对某一案件开展侦查之前，即是否启动后续的程序考虑的关键因素是：（1）声称的欺诈金额超过100万英镑吗？（2）案件有重要的

---

①Mike Koehler. A Conversation with Richard Alderman-Director of the United Kingdom Serious Fraud Office［EB/OL］. http://papers. ssrn. com/sol3/papers. cfm? abstract_id = 1687299, 2014-03-23.

②从上述定义和案件所涉范围、类型来看，英国的“欺诈”和“腐败”不仅仅是针对公家，还针对私人，即在该问题上对“公”与“私”的界限划分得不是很清楚，甚至其本身的定义也含混不清，所以这里只是初步下个定义。不过，反严重欺诈办公室调查的是不分公与私的欺诈和腐败案件这点是肯定的，这与我国对案件性质的严格区分不同。

国际影响力吗?（3）案件很可能会引起公众的强烈反应吗?（4）案件需要诸如金融领域等很专业的知识吗?（5）需要使用1987年《刑事审判法》第2节所规定的特殊权力吗?除上述标准外，还要考虑：（1）严重性（seriousness）：案件是否涉及有组织犯罪或者与有组织犯罪有关联，欺诈是否会影响金融市场的诚信，欺诈的结果是否造成了更广泛群体（不仅仅是股东或债权人）的损失，欺诈者的目标是否为财政机构和政府（地方或中央）或其他公共服务机构。(2) 复杂性（complexity）：案件是否涉及多国；侦查过程中是否会在多国收集证据；案件是否涉及众多的、复杂的金融交易，如涉及多个公司、账户、财产托管机构或国家；侦查是否需要大量的会计数据分析。如果某一起案件不符合上述标准的话，反严重欺诈办公室就会将其转交给其他处理经济犯罪的执法部门。

（二）侦查和起诉阶段

满足启动条件后，案件进入侦查阶段。一旦决定开始侦查，除了现有的具体操作机构的人员，如案件控制者、调查律师、侦查员、支援者外，还应该立即抽调人员组成一个专业的案件侦查队，成员包括侦查人员，律师，会计，拥有IT、保险、破产、股票等方面知识的专家和其他人员。该队由案件管理者领导，负责侦查和随后的起诉。一般情况下，处理某一案件的管理者不得轻易更换，以保持一致性和连贯性。

在侦查过程中，通常需要检查大量的文件，因为这些文件所涵盖的信息较为模糊必须梳理，且形式上较为分散——证据呈“片段化”，所以由拥有不同技巧（技能）和专业知识的人员（如会计、律师、银行家、股票经纪人、计算机专家、警察等）对文件进行审查以期证实犯罪是明智之举。如果证实犯罪，需要将证据以紧凑和连贯的形式提交给法庭。反严重欺诈办公室还有“黎明突袭”（dawn raid）的权力，即在出其不意的情况下对公司进行搜查并要求其提供在搜查中发现的文件的复印件。不过，这种搜查是需要特别授权的（mandate），授权通常以令状（warrant）的形式出现。令状中表明搜查的公司的名称、侦查人员的名字、令状的有效期、所获取信息的范围等。实际上，这是对侦查权的一种监督。在这种搜查过程中，侦查权同样受到限制。如在搜查的同时，有一名公司职员伴随，该职员应该对被侦查员带走或复印的文件额外做一个备份，并且侦查人员应该向其提供完整的清单。①

情报（intelligence）是侦查过程中的一个重要因素。反严重欺诈办公室是一个“情报主导”（intelligence-led）机构，也就是说，在打击严重、复杂的欺诈和腐败犯罪时，情报能够支持一项持续的调查或者策略性的决定，也能够作为某一刑事侦查开始的基础。这些信息和情报，也与警察等其他执法部门分享，只是在分享的内容和程度上有裁量权。这意味着反严重欺诈办公室的工作方法有所转变，以前是直到欺诈被报道出来才开展侦查，如今是通过更为积极的对策来收集案件的信息，扩展情报的来源，主动开展侦查。如在实施“开门”政策（“open door” policy）后，揭发者的数量明显增加，许多公司也愿意主动向反严重欺诈办公室进行“自我报告”（self-report）。② 反严重欺诈办公室鼓励潜在的被害人、公众及有关组织中的雇员提供与严重、复杂的欺诈和腐败有关的信息，接受从其他机构或组织，如警察部门传递过来的信息，并依据“接受标准”（acceptance criteria）决定采用与否。反严重欺诈办公室已经开发出一个全新的计算机系统，以便从侦查伊始到法院作出判决期间使用一系列的信息技术工具（如文件成像），节约诉讼时间。

侦查结束后，反严重欺诈办公室会考虑收集到的证据是否能够成功地定罪（定罪的希望有多大），这一起诉是否符合公众利益——这样的标准与检察官审查起诉时适用的标准如出一辙。这要求反严重欺诈办公室评估证据的强度（strength）和公共利益（public interest）。无论如何，主任采取任何决定都应该遵循公平（fair）和公正（impartial）的原则和方式，任何时候都要按照最高的道德标准和最佳司法利益原则办事，成为维护正义、民主和公平社会的倡导者和执行者。

（三）审判阶段

如果反严重欺诈办公室决定起诉犯罪行为人，下一步就是参与法庭审判，其任务是使证据让陪审团更容易理解。对于反严重欺诈办公室而言，在分析复杂的财务证据方面，他们训练有素，这使得他们更容易知

---

①Peter Crowther. Preparing for a “dawn raid” - and dealing with the aftermath [C] . Harry Travers, BCL Burton Copeland, Serious Economic Crime: A boardroom guide to prevention and compliance, London: White Page Ltd, 2011. 178.

②Fraud Advisory Panel. Fraud Reporting: a shared responsibility [R] . London: Fraud Advisory Panel Publication, 2010.

道欺诈案件的发生。但是，陪审团的成员不可能像反严重欺诈办公室成员一样那么清楚和明白——他们必须连续几周面对案件的证据和法律文件这些并不熟悉的东西。所以，反严重欺诈办公室应尽全力使证据以最有说服力的形式展现在他们面前。

要解决该问题，证据电子展示组（Electronic Presentation of Evidence Team）是关键，该小组有两个功能：一以电子的形式准备和提供证据，二使用专门的软件在法庭上展示证据。决定是否使用展示组的条件是：（1）预计审判至少会持续 4 个星期；（2）被告不认罪；（3）证据材料至少有 4000 页；（4）其他认为需要使用展示组的情况。使用展示组的好处不仅仅是金钱价值方面的，还在于让漫长、复杂的审判对陪审员而言不那么枯燥；对证据加以解释，使陪审员更容易理解和明白；证据同步展示给每一个人；削减 20%~35%的法庭审判时间。法官们也都极力支持证据电子展示组。

（四）收官阶段

法庭在作出案件的判决后，反严重欺诈办公室会举行最后的“收官”（wash-up）会议来回顾和反思案件的得失，从而确定下一步的工作方向。例如，按照《犯罪收益法》采取行动或者为帮助被害者和证人而采取行动。“收官”会议还能够给反严重欺诈办公室一个机会来总结案件的成功之处，以及使其反思教训以期改进未来案件的侦查和起诉。

三、反严重欺诈办公室存在的问题及其解决

（一）反严重欺诈办公室存在的问题

1. 打击对象不确定

反严重欺诈办公室打击的对象是最严重或最复杂的欺诈或腐败犯罪。但何谓“欺诈”、何谓“腐败”，法律上的定义模糊（法律并没有明确哪些案件属于欺诈案件、哪些案件属于腐败案件），且学者们的定义也不一。如有学者把金融犯罪进行了分类，其中欺诈是最为重要的类型之一。虽然有基本分类（见表 4-2①），但有时欺诈犯罪也会与其他

①Petter Gottschalk. Categories of financial crime［J］. Journal of Financial Crime，2010，17（4）. 441-458.

类型的金融犯罪（如洗钱、腐败），抑或其他类型的犯罪，如有组织犯罪交织在一起，界限不清。再如反严重欺诈办公室能够处理的不仅仅是“欺诈”案件，还涉及“腐败”案件，那两者究竟关系如何？众说纷纭。这也是私人机构就某一具体案件不知道是否应当报告的原因所在，因为不知其是否为欺诈犯罪。

表 4-2　英国金融犯罪的类型

<table>
<tr><td rowspan="10">英国金融犯罪</td><td rowspan="2">腐败（corruption）</td><td>回扣（kickbacks）</td><td>行贿（bribery）</td></tr>
<tr><td>敲诈（extortion）</td><td>侵占（embezzlement）</td></tr>
<tr><td rowspan="4">欺诈
（fraud）</td><td>消费者欺诈
（consumer fraud）</td><td>支票欺诈（check fraud）</td></tr>
<tr><td>信用卡欺诈
（credit card fraud）</td><td>抵押欺诈（mortgage fraud）</td></tr>
<tr><td colspan="2">（利用丢失的）身份证欺诈（identity card fraud）</td></tr>
<tr><td colspan="2">（利用从事的）职业欺诈（occupational fraud）</td></tr>
<tr><td rowspan="2">盗窃
（theft）</td><td>现金（cash）盗窃</td><td>骗局（fraud）盗窃</td></tr>
<tr><td colspan="2">知识产权（intellectual property）盗窃</td></tr>
<tr><td rowspan="2">操纵
（manipulation）</td><td>洗钱（laundering）</td><td>网络犯罪（cyber crime）</td></tr>
<tr><td>串通投标（bid rigging）</td><td>内幕交易（insider trading）</td></tr>
</table>

进一步讲，反严重欺诈办公室打击对象的模糊性导致了各方认知的不确定性：和其他案件相比，为什么欺诈案件具有特殊性？如何特殊？在处理案件的时候怎么评判“最严重”或“最复杂”这些标准？因为如果不准确界定标准，案件是否由其管辖还是未知，况且一开始怎么能知道案件符合这些标准呢？这些问题都是反严重欺诈办公室启动处理案件程序中的难题。

2. 侦查权过度扩张

1987 年《刑事司法法》规定，在搜查过程中，执法人员可以要求犯罪嫌疑人提供某些材料或者要求其回答问题，而且其陈述可能在某些情况下作为对其不利的证据。例如，在某人作出他明知道是错误的陈述或对材料的解释是误导性的，或者是疏忽大意地作出错误的陈述或对材料的解释是误导性的时候，这些陈述或解释可以作为对他起诉（伪证罪）的证据。依照正式程序审判，可能被单处不超过 2 年的监禁，或罚金，或并处；依照简易程序审判，可能被单处不超过 6 个月的监禁，或不超过法定最高限额的罚金，或并处。又如，在作出的陈述与其他案件提供的证据不符时，可以作为对其他犯罪案件起诉的证据。一般情况下，任何人没有合理的理由而违反要求（回答问题）的话，将会被视为犯罪，并单处不超过 6 个月的监禁或不超过第 5 等级的罚金，或并处。这些情形涉及“任何人不得被迫自证其罪”（the privilege against self-incrimination）及沉默权（right to silence）问题。因为在没有做出任何警告的情况下就对在场人员进行提问，显然违反了有关规则；而且在场人员不回答还可能会受到处罚，显然违反了沉默权规定。实际上，这种做法严重损害了控诉实践，招致不少批评。与此同时，除令状外，对反严重欺诈办公室侦查阶段的行为很少有监督和控制，只能依据《警察与刑事证据法》第 78 条“排除不公平证据”（Exclusion of unfair evidence）条款对侦查阶段收集到的证据进行审核。①

一方面，相对于其他执法主体，反严重欺诈办公室在侦查时能够行使的权力较大（其他主体至少不会突破沉默权规定）；另一方面，缺乏必要的权力监督机制以及监督主体。综合来看，反严重欺诈办公室的权力确实存在极度扩张之嫌。

3. 侦查权与审查起诉权交织

本来“侦诉一体”模式是“罗斯基尔报告”的一项创举，也是反严重欺诈办公室颇具特色之处，但近些年来却成为众矢之的。反严重欺诈办公室当然极力维护其地位，金融服务管理局和其他一些监管机构也都指出了这种模式的优势。但其他人则不以为然，他们认为反严重欺诈办公室是不成功的，② 所以不值得继续存续下去。许多大案要案，如 1994 年的“麦克斯韦案”、2005—2007 年的“荷尔拜因操纵和垄断药品价格案”都未能成功定罪。此外，反严重欺诈办公室在调查“英国航空航天公司（BAe）腐败案”时又受阻。这些都说明反严重欺诈办公

①Sandeep Savla. Serious Fraud Office Powers under Section 2 of the Criminal Justice Act 1987 and Police and Criminal Evidence Act 1984［J］. Journal of Financial Crime，1997，4（3）. 223-231.

②私人侦探甚至将其称为“严重闹剧办公室”（Serious Farce Office），其缩写正好与反严重欺诈办公室的缩写“SFO”相同，讽刺意味十足。

室的侦诉模式存在问题。导致这些问题的原因在于其本身的两种权力交织，毕竟权力交织会导致起诉时有偏见——受侦查影响，认为证据符合起诉条件，但实际上有很多漏洞（如证据根本不能证明有罪），而这些漏洞在审判阶段才显现出来。

4. 机构间缺乏合作

合作，除了指国内相似部门之间进行的协作之外，还或多或少涉及欧盟甚至世界范围内的联合打击欺诈犯罪问题。合作首先体现在信息上的合作。实际上，合作过程中的信息交流和保护问题是国际协作中一个不可避免的难题。例如，欧洲警察署、欧洲司法组织、欧洲反欺诈办公室（Office de Lutte Anti-Fraude，OLAF）之间的信息交换就因各执法机构保护自己的信息（部门保护主义）而受到限制。虽然《里斯本条约》取消了欧盟三大支柱的提法，但短期内在第一支柱和第三支柱之间还是会有信息保护的非对称性（asymmetry）问题，信息保护程度不一致导致机构间信息交换的障碍。这一点在英国国内机构同样有所体现，如反严重欺诈办公室与其他打击欺诈犯罪的机构对信息保护程度、方式、方法不尽相同，这在交流过程中就会产生重重困难，进而导致在信息共享方面存在缺失，以致延误侦查、审查起诉的时机。无法充分利用资源进行合作是打击严重和复杂犯罪的一大损失。

5. 打击犯罪缺乏替代性措施

反严重欺诈办公室运行效率不高还在于缺乏类似于“辩诉交易”等非诉讼渠道。有学者认为其原因在于政治性的意愿不强烈，担心增加额外的努力和费用。这样导致大部分案件由普通（正式）程序进行审判，严重降低了效率。

6. 其他问题

反严重欺诈办公室存在的其他问题还有：在鼓励告发的同时缺乏对告发者的“匿名”保护（lack of anonymity），检举人的信息披露问题，等等。

综合来看，反严重欺诈办公室现存的主要问题是：第一，缺乏一致的、高水平的策略来统领全局，即使是“欺诈”的定义也不一致（启动阶段）；第二，侦查权、审查起诉权交织导致权力滥用概率较高（侦查阶段、起诉阶段）；第三，起诉机制、信息交换机制本身存在一定的缺陷，打击犯罪效率不高（侦查阶段、起诉阶段）；第四，虽然出现了类似于刑事和解的替代性裁判，但在刑事司法系统的适用条件却不一致（审判阶段）等。与此同时，欺诈活动进行的范围广、程度深，而英国正确和全面打击欺诈犯罪的水平还处于起步阶段，所以解决这些问题，提高打击犯罪的水平刻不容缓。

（二）问题的解决

1. 厘清定义

英美法系国家似乎有个通病——法律定义不确定。而定义的可变性和模糊性是由大多数法律渊源是判例而非成文法引起的。不过，现阶段的情况是，即使有明确的成文法，这种状况依然存在，给审判留下了足够的空间，让“法官造法”。但定义的厘清不仅对于反严重欺诈办公室打击欺诈案件有所帮助，还为社会公众的举报提供了可参考的标准。所以，应该尽量使欺诈的外延和内涵明晰化，避免机构间产生不必要的管辖异议。

2. 控制与监督权力

为了防止反严重欺诈办公室滥用权力，修改法律以限制权力是一方面，如不得强迫犯罪嫌疑人回答问题，且其不回答问题不能被视为犯罪；建立一个监管机构则是另一个方面。选择之一就是继续发挥皇家检察署督察（HMCPSI）的作用。因为设置它的目的就是通过独立的检察和评估起诉部门来保障司法公正、提高效率。选择之二就是建立一个独立的监管机构（oversight body），即反欺诈犯罪委员会（the Fraud Commission）来专门负责研究办理的欺诈案件的效率和发布年度报告，并监督权力（尤其是侦查阶段询问权）的行使。

至于侦查权与审查起诉权交织问题的解决，有学者认为，首先在内部区分不同人员的职权或许可以在某种程度上控制权力。如欺诈案件的指挥者不能参与侦查阶段的询问，因为他们要在最后决定是否起诉，而侦查和起诉分离是一项重要的原则，这也是大部分情况下令状由警察执行并进行搜查的原因所在。虽然案件指挥者负责整个案件，应该有侦查权和审查起诉权，但一般要求其不进行具体的侦查，只负责指导和指挥侦查。[①] 也即，虽然“罗斯基尔报告”中提出了“谁侦查、谁起诉”

---

①Barbara Mills. Controlling Commercial Fraud: The Role of the Serious Fraud Office [J]. Managerial Auditing Journal, 1991, 6 (3) . 30-32.

的原则，但这是对整个机构而言的，在具体办案时，应由不同人员完成。简言之，案件指挥者的权力很大一部分应该体现在指挥上，因为自行侦查是受到广泛争议的。

其次，通过机构改革也可以分离权力。如就合并或撤销反严重欺诈办公室而言，有两套方案：一为建立打击经济犯罪指挥部（Economic Crime Command，ECC），这意味着统一经济犯罪侦查部门（可将办公室的侦查权并入）；二为建立统一的反欺诈起诉办公室（Unified Fraud Prosecution Office，UFPO），这意味着合并欺诈犯罪的起诉部门（可将办公室的审查起诉权并入）。如此一来，就可以分离反严重欺诈办公室的侦查权和审查起诉权，因为这两套方案是将原有的起诉与侦查职能分开（不管剩下的另一种权力是保留还是也分配到另外的主体——此时即为撤销办公室），也即机构的合并或撤销就是要将其侦查权与审查起诉权分离。[1] 但方案是否可行，还得靠实践验证。

3. 理顺机构间的关系、加强协作

2009 年 7 月英国总检察长颁布的一份协议，清楚地表明了其与受他监督的各起诉机构的关系，涉及皇家检察署、反严重欺诈办公室与税务和海关检控处[2]（the Revenue and Customs Prosecutions Office，RCPO）。这三个机构是并列关系，各自负责一定领域案件的起诉工作。尽管英国国内有这么多的机构共同处理欺诈案件，且关系大多是平行的，但却难以在公共执法机构之间以及公、私机构之间进行必要的协调和沟通。欺诈犯罪案件通常是神秘而又深奥的（arcane and esoteric），涉及的交易错综复杂，收集到的证据数量也十分庞大，甚至需要用机器运输。所以，最起码的配合是有必要的。

例如，虽然欧洲警察署不像反严重欺诈办公室一样拥有侦查权，只是情报搜集和分析机构（这点在后面的第六章有具体的说明），不过如果双方能够紧密联系的话，欧洲警察署在情报搜集和警务合作方面的优势势必能强化反严重欺诈办公室的侦查功能。而包括反严重欺诈办公室在内的侦诉机构正在进行相关的试点和改革，试图理顺各机构间的关

①Monty Raphael，John Benstead. Roskill Revisited：Is there a case for a unified fraud prosecution office［R］. London：Fraud Advisory Panel Publication，2010.

②该处于 2010 年 1 月并入皇家检察署。

系、加强机构间的协作，以期突破各机构间的信息交换和分享障碍，旨在编织一张打击欺诈犯罪的大网从而减少和预防欺诈犯罪。

4. 引入“辩诉交易”（introduce plea bargaining）等处理严重欺诈犯罪案件的替代性措施

有学者认为，为了有效地打击欺诈犯罪，反严重欺诈办公室不能仅靠普通程序来处理欺诈案件，还应该采取其他措施，如建立辩诉交易抑或民事诉讼的框架。[①] 而相反观点则认为，严重欺诈案件是否适用辩诉交易或民事诉讼来解决值得商榷，而即便使用这些方法其合法规制是否已经到了成熟阶段亦值得探讨，如现在制定披露证据（disclosure of evidence）的规则以便双方能够达成协商是否合时宜。

根据《联合国反腐败公约》（United Nations Convention against Corruption，UNCC）第35条之规定，各缔约国均应当根据本国法律的原则采取必要的措施，确保因腐败行为而受到损害的实体或者人员有权为获得赔偿而对该损害的责任者提起法律程序（the right to initiate legal proceedings）。可将“实体”（entities）或“人员”（persons）解释成“国家”（States）以及法人、自然人（legal and natural persons）。其后的第53（a）条、第54（1）（a）条等条款也都直接或间接地提及对腐败案件的民事诉讼问题。[②] 所以仿照这一规定，可以制定相应的法律来规范实践中打击严重欺诈犯罪的替代性措施，使其既满足“合法性”要求，又能提高打击犯罪的效率。但在规制时要注意，不是所有的欺诈案件都可以适用这些替代性措施和方法。如在证据充分、司法需要（涉及高级别官员）时，还是应该进行正式的侦查和起诉，这是任何情况下都要遵守的“底线”。[③]

此外，有学者认为，用于欺诈案件侦查的资源相当匮乏，立法没有明确规定何谓“欺诈”，证据规则设计不合理等缺陷的存在，让外行陪审团进行审判实在是难为他们。故由法官代替陪审团进行审判可以缩短

---

①Anita C. Esslinger. The UK's Serious Fraud Office Announces Guide to Self-Reporting of Overseas Corruption by Corporations［R］. London：Bryan Cave LLP，2009.

②Simon N. M. Young. Why civil actions against corruption［J］. Journal of Financial Crime，2009，16（2）. 144-159.

③Peter Yeoh. The UK Bribery Act 2010：contents and implications［J］. Journal of Financial Crime，2012，19（1）. 37-53.

进程，因为法官可以在审判前开展工作，如审查资料、熟悉证据等，这样就能大大节约庭审时间，且在庭审时可以限制交叉询问乃至剔除对质证无实质意义的证据。

四、反严重欺诈办公室的启示

英国反严重欺诈办公室存在的问题既包括自身的问题，如集侦查权与审查起诉权于一身、权力过大（自行“废除”了“沉默权”）、与警方合作不够紧密等，也包括外部因素的问题，如法律对“欺诈”本身定义模糊、打击欺诈犯罪的侦诉机构设置混乱、向外行陪审员解释证据（数据）十分困难等。所以，欺诈犯罪案件起诉失败的原因既有内因又有外因。① 近年来，反严重欺诈办公室改革幅度也不小，如上述的合并机构，调整侦诉关系，引入辩诉交易，提高合作和信息主导侦查、“情报导侦”意识，改革侦查和披露证据规则，委任专业法官审判，最大限度地利用资源，等等。这些改革举措有助于我们反思自己的检警关系、机构设置、替代性措施等方方面面的问题。

本章第二节已述，英国1985年设立了皇家检察署这一全新的国家机构负责警察部门刑事案件的起诉工作。但它不参与侦查过程，且完全独立于侦查机构。这一模式的核心就是“菲利普斯原则”（Phillips Principle），即检察独立侦查原则。作为例外，反严重欺诈办公室、金融服务管理局等欺诈案件的侦诉机构不仅不是检察独立侦查，甚至是检察与侦查合而为一了（无论是职能还是机构）。这意味着在侦诉分离的大原则下，可以允许特殊情况的侦诉合一，只是这种合一多半是机构合一，并非人员合一。也就是说，对于“人”，其权力要受到严格的控制，同一人不能既行使侦查权，又行使审查起诉权，甚至还行使审判权，权力的集中不仅导致权力滥用的可能性增大，而且会产生司法不公。

除某些特殊情况（如议会认为需要总检察长同意才能提起公诉的特定案件）外，英国总检察长一般不会主动就个案提出指导性意见，而是负责保障检察官在个案中决定起诉或不起诉的独立性。即便是一些

---

①Rosalind Wright. Why (some) fraud prosecutions fail [J]. Journal of Financial Crime, 2006, 13 (2). 177-182.

案件需要总检察长的指导性意见，也只是参考性的，最终的决定权仍然在（具体负责该起案件的）检察官手中。① 这种规定无疑保障了侦诉机构在办案过程中的独立性，即便是上级也不得指挥办案。

此外，也不能忽视机构间的配合作用。欧盟各国间的领土主义（territoriality）严重地影响了打击欺诈犯罪的效率，并不可避免地导致资源的重复和浪费。不过近年来，英国欺诈犯罪侦诉机构与欧盟中的一些组织，如与欧洲反欺诈办公室基于互利（mutual concern/benefit）原则签署了谅解备忘录以加强合作。这种合作涉及相互间的信息传递和情报共享等机制的建设问题。信息传递和情报共享等机制的建设对信息化时代打击犯罪尤为重要。在“信息主导侦查”、“情报导侦”的模式下，侦查应该以信息、情报为先驱，这首先要提高对“信息主导”、“情报主导”的认识，树立领土范围内一盘棋的思想；其次要转化为实际行动，建立相应的信息库，各地尽量提供协助，建立协作的奖励机制、追究责任机制，真正地将“情报导侦”落到实处。

申言之，机构间的配合（指导和建议）是一方面，监督则是另一方面。如何将两者做到位（即如何配合、如何监督）且处理好各自的分寸（到底是侧重于配合还是侧重于监督），任重而道远。

综上所述，英国反严重欺诈办公室改革的关键就是侦诉机构的权力问题。如何既能保障机构权力正常地运行，又能保证行使权力的过程中尽量不使被调查者的权利受到损害，即保证其最起码的权益是机构改革的核心。而机构的合并与撤销实际上就是侦查权和审查起诉权在不同机构间的重新分配与衡平，机构间的配合与制约就是权力的扩张与限制。扩权与控权始终是一对矛盾，要想解决它，形成动态的平衡，仅靠修订相关法律是远远不够的，还需要在实践中不断探索和检验，积累经验，以期找到最佳的平衡点。只有这样，才能在保障人权的基础上加大对犯罪的打击力度，才能理顺各机构间的关系，使其和谐发展。

---

①Attorney General's Office. Protocol between the Attorney General and Prosecuting Departments [EB/OL]. https://www.gov.uk/government/publications/protocol-between-the-attorney-general-and-prosecuting-departments, 2014-03-23.

第四节　本章小结

一、主体间的关系

（一）警察与检察人员

《犯罪起诉法》第 8 条“警察局局长向公诉专员报告”（Reports to Director by chief officers of police）规定，总检察长制定规则要求警察局局长向公诉专员提供与犯罪相关的信息，这些信息是规则明文规定的；规则亦要求警察局局长向公诉专员提供专员要求的信息，该信息可以是某一类型案件的具体信息。[①] 且《皇家检察官守则》也规定检察官可以给警察提供帮助和咨询。

而机构的重新设立正好为上述的工作机制提供了便利条件。随着 1998 年 6 月伊恩·格莱德威尔勋爵（Sir Iain Glidewell）所著的《皇家检察署的审查》的出版，1999 年 4 月皇家检察署从原来划分的 14 个检察工作区（geographical Areas）调整为现在的 42 个检察工作区。这样，除了伦敦检察工作区，剩下的 41 个检察工作区刚好对应 41 支警察力量。而伦敦检察工作区则对应“伦敦市”警察力量和“大都会”警察力量。[②] 这种一一对应的关系，为警察局局长和公诉专员、首席皇家检察官的交流与沟通奠定了基础，较好地解决了案件管辖问题。[③]

当然，即便如此，检察官也没有权力命令警察进行侦查，亦没有权力指挥警察采取行动。而且检察官的咨询意见本身也只是警察侦查办案的一个参考，自由裁量权完全在警察手上。但是，虽然检察官和警察（侦查人员）紧密协作，且检察官无权指挥案件的侦查，但决定案件是否起诉的责任却在皇家检察署。

于是，英国警察和检察人员形成了一种既“合”又“离”的特殊关系。

---

①Section 8，Reports to Director by chief officers of police，http：//www. legislation. gov. uk/ukpga/1985/23/section/8.

②CPS. History of CPS［EB/OL］. http://www. cps. gov. uk/about/history. html,2014-03-24.

③程汉大，李培锋 . 英国司法制度史［M］. 北京：清华大学出版社，2007：404-405.

（二）检察机关内部

在检察机关内部，有着这样的层级关系：总检察长→公诉专员→首席皇家检察官→皇家检察官。正如上述，总检察长任命公诉专员，公诉专员任命首席皇家检察官。《犯罪起诉法》第 9 条“公诉专员向总检察长报告”（Reports by Director to Attorney General）体现了这种关系：每年的 4 月 4 日后，公诉专员尽快向总检察长提交一份上一年度其执行任务的报告（即“任职报告”）；此外，公诉专员还应当应总检察长的要求，向其报告具体的事宜。[①] 也就是说，公诉专员是皇家检察署的领导，其在总检察长的监督下独立工作。当然，总检察长就皇家检察署的工作向议会负责。

但是，正如上所述，就个案而言，上级检察官一般无权干预下级检察官正在办理的案件，即如同检察官相对于警察一样，在具体的案件侦查和起诉中，没有绝对的领导权。

二、评介

首先，从本章对英国现代警察和现代检察官制度的建立之分析来看，我们发现，在判例法居主导地位的英国，其侦诉主体却离不开成文法。英国现代警察初步设立的依据是《都市警察法》，英国警察的权力依据是《警察与刑事证据法》，英国皇家检察署设立的依据是《犯罪起诉法》，英国皇家检察官的权力依据是《皇家检察官守则》，就连反严重欺诈办公室的设立依据和权力依据都是《刑事司法法》，可见法律的重要性（见表 4-3）。这也说明，用法律来设置主体并规范权力有助于法治化的实现。

---

①Section 9，Reports by Director to Attorney General，http：//www. legislation. gov. uk/ukpga/1985/23/section/9.

表 4-3　英国侦诉主体的设立及其权力依据

主　体		依　据
警察	初步建立	《都市警察法》
	权力	《警察与刑事证据法》
皇家检察署	初步建立	《犯罪起诉法》
皇家检察官	权力	《皇家检察官守则》
反严重欺诈办公室	设立	《刑事司法法》
	权力	《刑事司法法》

其次，英国皇家检察署的成立可以说是英国司法制度的转折点。它打破了主要由警察承担起诉职能的状况，还起诉权于检察官，从而真正地与世界上大部分国家趋于一致，融入了“主流”；主体的设立使警察和检察官各司其职、各负其责，侦查和起诉有了相对的独立性，真正地实现了侦诉分离，解决了职能交叉的问题。新的机构在警察机关和法院之间有了一个本属于它的位置，当然它导致与警察机关的关系有些紧张，而清晰地界定主体间的关系无疑是成立任何新机构所要考虑的：必须清楚地界定英国刑事司法系统三大主要机构之间恰当的关系和责任。①

不过，还有一点值得注意，即皇家检察署只负责处理警察起诉的案件，② 这意味着英国还有其他机构能负责起诉。而事实确实如此，如上所述的反严重欺诈办公室便集侦查和起诉于一身，专门负责严重欺诈犯罪案件的侦查和起诉。这是英国侦诉机构的特殊之处，而与法国和德国相比，其还有自己的特色。

三、法、德、英三国侦诉主体比较

第二、三、四章阐述了法国、德国、英国（主要是英格兰和威尔士）侦诉主体的相关内容，在前一章我们比较了法国和德国两个大陆

①See “The Review of the Crown Prosecution Service”, Summary of The Main Report with the Conclusions and Recommendations, Chairman: Rt. Hon. Sir Iain Glidewell, Presented to Parliament by the The Attorney General by Command of Her Majesty, June 1998 (published by The Stationery Office).

②[荷] 皮特·J. P. 泰克编. 欧盟成员国检察机关的任务和权力 [M]. 吕清，马鹏飞译. 北京：中国检察出版社，2007：60.

法系国家的检察机关，而在此基础上，我们可以进一步比较作为大陆法系的法国和德国以及作为英美法系的英国在警察机关内部（上下级）、检察机关内部（上下级）、检警关系等方面的联系与区别，如表4-4所示。

表4-4　法、德、英三国警察机关、检察机关及检警关系比较

国　家	法国	德国	英国
警察机关内部（上下级）	领导与被领导	领导与被领导	领导与被领导
检察机关内部（上下级）	并非绝对监督与被监督、领导与被领导	监督与被监督、领导与被领导	并非绝对监督与被监督、领导与被领导
检警关系	领导与被领导	领导与被领导	并非领导与被领导，而是检察机关可向警察机关提建议

由此看出或者说可以总结出以下规律：第一，无论是在大陆法系国家还是在英美法系国家，警察机关内部的上下级关系为领导与被领导关系，这当然与警察机关本身的“行政性”有关，即在大陆法系和英美法系甚至其他法系国家，警察机关以其职权和任务表明了作为行政机关的特性，而行政机关的特点就在于上级服从下级，故无论是在日常工作中还是在刑事案件侦查过程中，下级应该接受上级的命令。第二，在大陆法系的法国和英美法系的英国，检察机关内部上下级并非绝对的领导与被领导、监督与被监督关系；而在大陆法系的德国，检察机关内部上下级是领导与被领导、监督与被监督关系。本来在大陆法系国家，检察机关内部上下级应该是领导与被领导、监督与被监督关系，这既体现在日常工作中又体现在刑事案件的审查起诉中，然而在法国，因为存在着上述的“笔头上服从，口头上自由”之原则，故并非严格的领导与被领导、监督与被监督关系（至少在刑事案件的审查起诉中并非如此）。不过，这种关系的紧张程度应当是介于英国检察机关内部关系和德国检察机关内部关系之间的。第三，在大陆法系的法国和德国，检警关系是

领导与被领导关系；在英美法系的英国，检警关系并非领导与被领导，其趋于一种平行的关系，即检察机关可以就某起案件（尤其是严重犯罪案件）向警察机关提出法律上、程序上的建议。不过这种建议只是一种参考而并不具有强制执行力，而在法国和德国则不同，一般情况下，警察机关必须服从检察机关对案件侦查的指示（direction）。

除了上述区别，这三个国家还在检察制度上有不同之处，如表4-5所示。

表4-5　法、德、英三国检察制度比较

国　家	法国	德国	英国
审查起诉主体	检察官	检察官	检察官+其他特殊主体
起诉原则	起诉便宜原则	强制起诉原则（有例外）	自由裁量：证据+公共利益

法国、德国和英国在检察制度的安排上有以下两点不同：第一，就审查起诉而言，法国和德国主要是依靠检察官进行；而在英国，除了检察官之外，一些特殊的主体（如反严重欺诈办公室等）亦可进行起诉——而且检察官一般仅就警察侦查的案件进行审查起诉。第二，就起诉原则而言，法国奉行“起诉便宜原则”；德国执行强制起诉原则（当然也有不起诉的例外）；英国则较为灵活，其自由裁量权交由审查起诉的主体，主要考虑证据的合法性、足够性和公共利益。

第五章　俄罗斯联邦侦诉主体

在俄罗斯联邦，就侦诉主体而言，《刑事诉讼法典》（уголовно-процессуальный кодекс Российской Федерации）是一部较为重要的法律，它在规定刑事程序的同时，亦规定了刑事诉讼中的主体。本章中提及的《刑事诉讼法典》是经2014年2月3日修改并于2014年2月15日生效的。①

《刑事诉讼法典》第2条规定，本法典制定的刑事诉讼程序，对法院、检察机构（органов прокуратуры）、侦查机构和调查机构（органов предварительного следствия и органов дознания）以及其他参与者都具有强制力（является обязательным）。

就侦诉主体而言，《刑事诉讼法典》在第一部分总则（Часть 1. Общие положения）第一编"基本规定"（Раздел I. Основные положения）和第二编"刑事诉讼的参加人"（Раздел II. Участники уголовного судопроизводства）中详细进行了规定。

第一节　俄罗斯联邦调查机关和侦查机关

一、调查机关、人员及其权力

（一）组成

《刑事诉讼法典》第5条"本法典所用的基本概念"中指出：(1)"调

---

①值得说明的是，本章中的法律条文翻译是根据俄罗斯立法框架网站（http：//zakon-base.ru/upk/）和其他相关网站（如 http：//www.up-kodeks.ru/）上公布的最新版《刑事诉讼法典》并结合其英译版、黄道秀译的《俄罗斯联邦刑事诉讼法典》（中国人民公安大学出版社2006年版）、宋英辉等著的《外国刑事诉讼法》（北京大学出版社2011年版）第六章"俄罗斯联邦刑事诉讼法"得出。

查机关”（органы дознания），是指根据本法典有权进行调查和拥有其他诉讼权限的国家机关和人员；（2）“调查人员”（дознаватель），是指有权或经授权进行调查以及有本法典规定其他权限的调查机关人员（经2002年5月29日第58号联邦法律、2003年7月4日第92号联邦法律修订）；（3）“调查机关的首长”（начальник органа дознания），是指有权委托调查人员进行调查和实施紧急侦查行为以及行使本法典赋予的其他权限的调查机关人员，包括调查机关人员的副职（заместитель начальника）；（4）“调查部门的首长”（начальник подразделения дознания），是指通过适当的特殊部门进行领导而开展初步调查的调查人员，包括调查人员的副职（经2006年6月6日第90号联邦法律修订）。[①]

在《刑事诉讼法典》第40条“调查机关”中详细规定了调查机关的组成。“调查机关”是指：（1）俄罗斯联邦内务机关以及俄罗斯联邦各主体内务机关，俄罗斯联邦麻醉品和精神药物管制机关以及俄罗斯联邦各主体麻醉品和精神药物管制机关，俄罗斯联邦各区和市麻醉品和精神药物管制机关，以及其他享有实施侦缉活动的行政机关等（经2010年7月22日第158号联邦法律、2011年2月7日第4号联邦法律、2012年3月1日第17号联邦法律、2014年2月3日第3号联邦法律修订）；（2）俄罗斯联邦法警机关（经2009年3月14日第38号联邦法律修订）；（3）俄罗斯联邦武装军事警察局局长、军队的指挥官、军事驻地机构和负责人（经2014年2月3日第7号联邦法律修订）；（4）国家联邦消防部门火警监督机关（经2002年5月29日第58号联邦法律、2006年7月3日第97号联邦法律修订）。[②]

《刑事诉讼法典》第41条“调查人员”规定，本法典第40条第2款第1项规定的调查机关权限（经2003年7月4日第92号联邦法律修订，即对没有必要进行侦查的刑事案件依据本法典第32章规定的方式

---

①Статья 5，Основные понятия，используемые в настоящем Кодексе ，“Уг оловно－процессуальный кодекс Российской Федерации” от 18. 12. 2001 N 174－ФЗ（ред. от 03. 02. 2014 с изменениями，вступившими в силу с 15. 02. 2014），http：//zakonbase. ru/content/part/1451679.

②Статья 40 （1），Орган дознания，“Уголовно－процессуальный кодекс Российской Федерации” от 18. 12. 2001 N 174－ФЗ（ред. от 03. 02. 2014 с изменениями，вступившими в силу с 15. 02. 2014），http：//zakonbase. ru/content/part/1451723.

进行调查），由调查机关首长或其副职决定赋予调查人员行使（如上所述，调查机关首长或副职本身就有权委托调查人员进行调查和实施紧急侦查行为）。[①] 此外，本条还作出了禁止性规定，即不允许将刑事案件的调查权赋予对该案件进行过或正在进行侦缉活动的人员[②]——这说明，侦缉活动与调查行为存在着某种程度上的排斥，至少在人员上如此。

（二）权力

《刑事诉讼法典》第 5 条“本法典所用的基本概念”中指出，（1）与“调查人员”相对应，“调查”（дознание），是指刑事案件中调查人员（侦查人员，следователем）进行的一种审前查询/查证形式（经 2002 年 5 月 29 日第 58 号联邦法律修订）；（2）调查人员（дознавателем）和侦查人员（следователем）因某人有犯罪嫌疑而适用的程序性强制措施，期限为其被拘留之时起 48 小时以内（经 2007 年 6 月 5 日第 87 号联邦法律修订）——对比旧法，新法删去了“检察长”等主体实施该项规定的权力；（3）调查人员、侦查人员以及调查机关根据调查人员和侦查人员委托为查明犯罪嫌疑人而采取一定的措施（即侦缉措施，розыскные меры）。[③]

《刑事诉讼法典》第 40 条在规定调查机关组成的同时，规定了调查机关的权力，其包括：（1）对没有必要进行侦查的刑事案件依据本法典第 32 章规定的方式进行调查；（2）对有必要进行侦查的刑事案件依据本法典第 157 条规定的方式进行紧急侦查；（3）行使本法典规定

---

①Статья 41 (1), Дознаватель, “Уголовно-процессуальный кодекс Российской Федерации” от 18. 12. 2001 N 174-ФЗ (ред. от 03. 02. 2014 с изменениями, вступившими в силу с 15. 02. 2014), http://zakonbase. ru/content/part/1451725.

②Статья 41 (2), Дознаватель, “Уголовно-процессуальный кодекс Российской Федерации” от 18. 12. 2001 N 174-ФЗ (ред. от 03. 02. 2014 с изменениями, вступившими в силу с 15. 02. 2014), http://zakonbase. ru/content/part/1451725.

③Статья 5, Основные понятия, используемые в настоящем Кодексе, “Уголовно-процессуальный кодекс Российской Федерации” от 18. 12. 2001 N 174-ФЗ (ред. от 03. 02. 2014 с изменениями, вступившими в силу с 15. 02. 2014), http://zakonbase. ru/content/part/1451679.

的其他职权（经2010年12月28日第404号联邦法律修订）；[1]（4）根据本法典第146条规定的方式提起刑事诉讼；（5）执行紧急调查行为，但人员限于长途航行的海上和内河船只船长（在该船上实施的刑事犯罪）、远离调查机关所在地的勘探点和越冬地负责人以及俄罗斯南极站和季节性场地负责人（在这些场所实施的刑事犯罪）——经2012年6月5日第51号联邦法律修改、俄罗斯联邦外交使领馆机关的首长（在使领馆内实施的刑事犯罪）。[2]

作为2006年6月6日第90号联邦法律的一部分，《刑事诉讼法典》新增了第40.1条，规定了"调查部门的首长"之职责：（1）对其下属调查官员有以下权限——授权调查人员核实犯罪报告，根据本法典第145条规定的方式批准调查人员的决定，执行紧急侦查行动或调查刑事案件，终止某一调查人员正在处理刑事案件并将该案件移交给其他调查人员处理（附带说明）的权力，撤销调查人员不合理的暂停刑事案件调查的决定，向检察长递交关于撤销调查人员非法的或不合理的拒绝提起诉讼的申请；（2）根据本法典规定的方式对刑事案件展开充分的调查，且有权在特定的情况下成立调查小组并作为组长对刑事案件进行调查（又经2010年7月23日第172号联邦法律修订）；（3）在行使本条规定的权力之时，可以——审查刑事案件、在调查过程中给调查人员以方向性的指导、对某些调查行为给予指令、对犯罪嫌疑人的预防性措施以及犯罪认定和指控给予指令；（4）在刑事诉讼中作的这些指令应当是书面的，且对调查程序有约束力。调查人员如对调查部门首长上述的书面指令有异议（认为指令违法、不合理而无法执行），可以将相关材料和书面异议提交给调查机关的首长和检察长进行申诉，但该申诉不会

---

①Статья 40 (2), Орган дознания, " Уголовно - процессуальный кодекс Российской Федерации" от 18. 12. 2001 N 174-ФЗ (ред. от 03. 02. 2014 с изменениями, вступившими в силу с 15. 02. 2014), http: //zakonbase. ru/content/part/1451723.

②Статья 40 (3), Орган дознания, " Уголовно - процессуальный кодекс Российской Федерации" от 18. 12. 2001 N 174-ФЗ (ред. от 03. 02. 2014 с изменениями, вступившими в силу с 15. 02. 2014), http: //zakonbase. ru/content/part/1451723.

暂停调查部门的首长行使职权。[1]

《刑事诉讼法典》第 41 条第 3 款具体规定了调查人员的权限：(1) 除本法典要求调查机关首长同意、检察长批准和（或）法院裁判等情形外，调查人员有权独立开展侦查行为和其他诉讼行为，并作出程序上的决定（经 2007 年 6 月 5 日第 87 号联邦法律修订）；(2) 以本法典规定的方式就某一案件向调查机关发出有强制力的关于侦缉活动、侦查行为（如拘留）以及其他诉讼行为的书面委托，并在实施时得到协助（经 2013 年 4 月 5 日第 53 号联邦法律修订）；(3) 行使本法典规定的其他权力。[2] 另外，《刑事诉讼法典》第 41 条第 4 款规定了救济渠道：检察长和调查机关首长依据本法典作出的决定对调查人员具有约束力，但调查人员有权对调查机关首长和检察长所作出的指令提出申诉（对调查机关首长所作出的指令的申诉应向检察长提出，对检察长所作出的指令的申诉应向上一级检察机关的检察长提出），不过申诉的提出不中止决定的执行——这点实际上就是上述第 40.1 条提到的规定。[3]

二、侦查机关、人员及其权力

（一）组成

《刑事诉讼法典》第 5 条“本法典所用的基本概念”中指出，“侦查人员”（следователь），是指有权对刑事案件进行侦查以及享有本法典规定的其他职权的人员（经 2002 年 5 月 29 日第 58 号联邦法律修订）——第 38 条“侦查人员”中同样规定，“侦查人员”，是指在本法典规定的权限范围内对刑事案件开展侦查的公职人员；而关于“侦查

①Статья 40. 1, Начальник подразделения дознания (в ред. Федерального закона от 06. 06. 2007 N 90 - ФЗ), “Уголовно - процессуальный кодекс Российской Федерации” от 18. 12. 2001 N 174 - ФЗ (ред. от 03. 02. 2014 с изменениями, вступившими в силу с 15. 02. 2014), http://zakonbase. ru/content/part/1451724.

②Статья 41(3), Дознаватель, “Уголовно-процессуальный кодекс Российской Федерации” от 18. 12. 2001 N 174 - ФЗ (ред. от 03. 02. 2014 с изменениями, вступившими в силу с 15. 02. 2014), http://zakonbase. ru/content/part/1451725.

③Статья 41(4), Дознаватель, “Уголовно-процессуальный кодекс Российской Федерации” от 18. 12. 2001 N 174 - ФЗ (ред. от 03. 02. 2014 с изменениями, вступившими в силу с 15. 02. 2014), http://zakonbase. ru/content/part/1451725.

处长”的条款经2006年6月5日第87号法律废止。[①]《刑事诉讼法典》第39条“侦查机关负责人”（Руководитель следственного органа）规定，其由以下人员组成，或者说其职权由以下人员行使：（1）俄罗斯联邦侦查委员会主席（Председатель Следственного комитета Российской Федерации）、俄罗斯联邦侦查委员会侦查机关（总局）负责人和俄罗斯联邦各主体侦查委员会侦查机关（总局）负责人（руководители следственных органов Следственного комитета Российской Федерации по субъектам Российской Федерации）、俄罗斯联邦各区和市侦查委员会侦查机关（处）负责人及上述人员副职（по районам, городам, их заместители, а также руководители следственных органов соответствующих федеральных органов исполнительной власти，包括相应的联邦行政机构中的上述人员，при соответствующих федеральных органах исполнительной власти）；（2）俄罗斯联邦各主体、区和市地方机构负责人及上述人员副职，以及其他侦查机关负责人及副职（их территориальных органов по субъектам Российской Федерации, по районам, городам, их заместители, иные руководители следственных органов и их заместители）。但程序性权力必须由俄罗斯联邦侦查委员会主席、相应的联邦行政机构中的侦查机关负责人决定（经2010年12月28日第404号联邦法律修订）。[②]

（二）权力

《刑事诉讼法典》第5条“本法典所用的基本概念”中指出，“批准”（согласие），是指侦查机关的负责人或检察长允许侦查人员进行有关侦查行为，或他们对诉讼决定表示同意（经2007年6月5日第87号联邦法律修订）。这既可以说是侦查机关负责人的权力，也可以认为是检察长的权力。然而在2007年6月5日之前，法律规定该项权力为检

---

①Статья 5, Основные понятия, используемые в настоящем Кодексе, “Уголовно－процессуальный кодекс Российской Федерации” от 18. 12. 2001 N 174－ФЗ (ред. от 03. 02. 2014 с изменениями, вступившими в силу с 15. 02. 2014), http://zakonbase.ru/content/part/1451679.

②Статья 39 (5), Руководитель следственного органа, “Уголовно－процессуальный кодекс Российской Федерации” от 18. 12. 2001 N 174－ФЗ (ред. от 03. 02. 2014 с изменениями, вступившими в силу с 15. 02. 2014), http://zakonbase.ru/content/part/1451722.

察长独享。现在由侦查机关负责人和检察长共享（都可实施），意味着前者的权力在逐渐变大。

《刑事诉讼法典》第 38 条在规定侦查人员定义的同时，亦规定了侦查人员的权力，其包括：（1）在本法典的规定下提起刑事诉讼；（2）受理刑事案件或者将刑事案件送交侦查机关负责人以便按侦查管辖进行移送（在经过 2007 年 6 月 5 日第 87 号联邦法律修订后，原检察长的移送管辖权力赋予了侦查机关负责人）；（3）独立进行侦查，作出关于实施侦查行为或其他诉讼行为的决定，但依照本法典需要获得法院裁判或侦查机关负责人同意的情形除外（在经过 2007 年 6 月 5 日第 87 号联邦法律修订后，原检察长的同意权赋予了侦查机关负责人）；（4）以本法典规定的方式就某一案件向调查机关发出有强制力的关于侦缉活动、拘留、逮捕以及其他诉讼行为的书面委托，并在实施时得到协助；（5）在侦查机关负责人同意的情况下，可以对本法典第 221 条第 4 款规定的行为进行投诉，包括检察长决定终止提出刑事诉讼、将案件退回侦查人员进行补充侦查、重新制作起诉书或修改起诉书中已经发现的缺陷（经 2008 年 12 月 2 日第 226 号联邦法律修订）；（6）行使本法典规定的其他权力。此外，侦查人员在不同意检察长所提出的要求（认为该要求违反了制定的联邦法律）时，其有权将书面异议提交给侦查机关的负责人，由负责人通知检察长。①

《刑事诉讼法典》第 39 条在规定侦查机关负责人组成的同时，亦规定了侦查机关负责人的权力，其包括：（1）委托一名或几名侦查人员进行侦查，或终止侦查人员办理的刑事案件并将其移送给其他侦查人员，或创立侦查小组（следственную группу）并变更人员；（2）审查刑事案件材料，撤销侦查人员非法或不合理的决定（经 2008 年 12 月 2 日第 226 号联邦法律修订），撤销其下属的侦查机关（调查机关）或其他调查机构非法或不合理的决定（经 2010 年 12 月 28 日第 404 号联邦法律修订）；（3）为侦查人员指明侦查方向，实施特定的侦查行为，将某人列为被告，根据犯罪种类和指控的数量对被告人采取预防性措施

---

①Статья 38 （2）, Статья 38 （3）, Следователь, " Уголовно - процессуальный кодекс Российской Федерации" от 18. 12. 2001 N 174 - ФЗ (ред. от 03. 02. 2014 с изменениями, вступившими в силу с 15. 02. 2014）, http: //zakonbase. ru/content/part/1451721.

（经 2008 年 12 月 2 日第 226 号联邦法律修订）；（4）同意侦查人员向法庭就延长、撤销或变更预防性措施等提出申请（经 2008 年 12 月 2 日第 226 号联邦法律修订）；（5）批准侦查人员提出的回避申请；（6）如果侦查人员违反本法典，有权暂时停止其实施进一步的侦查活动；（7）按本法典规定的方式撤销下级侦查机关负责人非法或不合理的决定；（8）延长侦查的期限；（9）同意侦查人员终止刑事程序和实施保卫国家措施的决定（经 2013 年 12 月 28 日第 432 号联邦法律修订）；（10）同意侦查人员根据本法典第 221 条第 4 款规定的程序就检察长依据本法典第 221 条第 1 款第 2 项所作的决定提出上诉；（11）将刑事案件以附带进一步侦查的指示退回给侦查人员；（12）行使本法典规定的其他职权。①

当然，侦查机关负责人享有本法赋予侦查人员和侦查小组负责人的权力（经 2008 年 12 月 2 日第 226 号联邦法律修订）。侦查机关负责人在刑事诉讼中作的指令应当是书面的，且对侦查程序有约束力。但是，侦查人员可就侦查机关负责人的指令向其上级提出申诉（侦查人员可以将案件和书面的异议一并提交），而除非本法典规定的某些特殊情形（如撤销刑事案件、移送刑事案件给另一侦查人员、将某人列为被告、拘留、仅能由法庭决定才能采取的侦查行为等决定），该申诉不会暂停侦查机关负责人行使职权（经 2008 年 12 月 2 日第 226 号联邦法律修订）。②

综合本节内容，《刑事诉讼法典》详细规定了调查机关、调查机关首长、调查人员组成及各自权力，侦查机关负责人、侦查人员组成及各自权力，如表 5-1 所示。

---

①Статья 39（1），Руководитель следственного органа（в ред. Федерального закона от 05. 06. 2007 N 87-ФЗ），“Уголовно-процессуальный кодекс Российской Федерации” от 18. 12. 2001 N 174-ФЗ（ред. от 03. 02. 2014 с изменениями，вступившими в силу с 15. 02. 2014），http：//zakonbase. ru/content/part/1451722.

②Статья 39（2），Статья 39（3），Руководитель следственного органа（в ред. Федерального закона от 05. 06. 2007 N 87-ФЗ），“Уголовно-процессуальный кодекс Российской Федерации” от 18. 12. 2001 N 174-ФЗ（ред. от 03. 02. 2014 с изменениями，вступившими в силу с 15. 02. 2014），http：//zakonbase. ru/content/part/1451722.

表 5-1　俄罗斯联邦调查和侦查机关、人员及其权力

	组　成	权　力
调查机关	1. 俄罗斯联邦及各主体内务机关，俄罗斯联邦及各主体、区和市麻醉品和精神药物管制机关，以及其他享有实施侦缉活动的行政机关；2. 俄罗斯联邦法警机关；3. 俄罗斯联邦武装军事警察局局长、军队指挥官、军事驻地机构和负责人；4. 联邦消防部门火警监督机关。	1. 对没有必要进行侦查的刑事案件进行调查； 2. 对有必要进行侦查的刑事案件进行紧急侦查； 3. 执行紧急调查行为； 4. 行使本法典规定的其他职权。
调查机关首长	有权委托调查人员进行调查和实施紧急侦查行为以及行使其他权限的调查机关人员，包括调查机关人员的副职。	1. 对其下属调查官员有以下权限——授权调查人员核实犯罪报告，批准调查人员的决定，执行紧急侦查行动或调查刑事案件，终止某一调查人员正在处理刑事案件的权力并将该案件移交给其他调查人员处理，撤销调查人员不合理的暂停刑事案件调查的决定，向检察长递交关于撤销调查人员非法的或不合理的拒绝提起诉讼的申请；2. 对刑事案件展开调查，且有权在特定的情况下成立调查小组并作为组长对刑事案件进行调查；3. 在行使上述规定的权力之时，可以——审查刑事案件，在调查过程中给调查人员以方向性的指导，对某些调查行为给予指令，对犯罪嫌疑人的预防性措施以及犯罪认定和指控给予指令。

续表

	组　成	权　力
调查人员	有权或经授权进行调查以及有其他权限的调查机关人员	1. 除本法典要求调查机关首长同意、检察长批准和（或）法院裁判等情形外，调查人员有权独立开展侦查行为和其他诉讼行为，并作出程序上的决定；2. 就某一案件向调查机关发出有强制力的关于侦缉活动、侦查行为（如拘留）以及其他诉讼行为的书面委托，并在实施时得到协助。
侦查机关负责人	1. 俄罗斯联邦侦查委员会主席、俄罗斯联邦侦查委员会侦查机关（总局）负责人和俄罗斯联邦各主体侦查委员会侦查机关（总局）负责人、俄罗斯联邦各区和市侦查委员会侦查机关（处）负责人及上述人员副职，包括相应的联邦行政机构中的上述人员； 2. 俄罗斯联邦各主体、区和市地方机构负责人及上述人员副职，以及其他侦查机关负责人及副职。	1. 委托侦查人员进行侦查，或终止侦查人员办理的刑事案件并将其移送给其他侦查人员，或创立侦查小组；2. 审查刑事案件材料，撤销侦查人员非法或不合理的决定，撤销其下属的侦查机关/调查机关或其他调查机构非法或不合理的决定；3. 为侦查人员指明侦查方向，实施特定的侦查行为，将某人列为被告，根据犯罪种类和指控的数量对被告人采取预防性措施；4. 同意侦查人员向法庭就延长、撤销或变更预防性措施等提出申请；5. 批准侦查人员提出的回避申请；6. 如果侦查人员违反刑事诉讼法典，有权暂时停止其进一步的侦查；7. 按刑事诉讼法典规定的方式撤销下级侦查机关负责人非法或不合理的决定；8. 延长侦查的期限；9. 同意侦查人员终止刑事程序和实施保卫国家措施的决定；10. 同意侦查人员就检察长所作的部分决定提出上诉；11. 将刑事案件以附带进一步侦查的指示返回给侦查人员。

续表

	组　成	权　力
侦查人员	有权对刑事案件进行侦查以及享有其他职权的人员	1. 提起刑事诉讼；2. 受理刑事案件或者将刑事案件送交侦查机关负责人以便按侦查管辖进行移送；3. 独立进行侦查，作出关于实施侦查行为或其他诉讼行为的决定，但依照刑事诉讼法典需要获得法院裁判或侦查机关负责人同意的情形除外；4. 以刑事诉讼法典规定的方式就某一案件向调查机关发出有强制力的关于侦缉活动、拘留、逮捕以及其他诉讼行为的书面委托，并在实施时得到协助；5. 在侦查机关负责人同意的情况下，可以对相关行为进行投诉，包括检察长决定终止提出刑事诉讼、将案件退回侦查人员进行补充侦查、重新制作起诉书或修改起诉书中已经发现的缺陷。

由此可归纳出几点特别之处：第一，法典并未专门单独规定侦查机关及其权力（反而规定了调查机关及其权力）；第二，新法将某些原来由检察官行使的权力转给侦查机关负责人行使，表明侦查机关负责人的权力有扩张之势，而这种扩张之势同样体现在侦查人员甚至是调查人员身上，因为他们也有部分的决定性权力；第三，无论是调查人员还是侦查人员，对首长、负责人等领导的决定都可以提出申诉，即有救济途径，但申诉不中止执行。

此外，《刑事诉讼法典》第151条“管辖权”（Подследственность）从管辖的角度对侦查人员和调查人员的职责进行了分工，表现在各自管辖的案件不同以及各类侦查人员、调查人员分别进行侦查、调查的案件不同上，进一步细化了上述权力。第151条第2款规定了“侦查”，有侦查权的人员分布在：（1）俄罗斯联邦侦查委员会（原为检察院的侦查人员，其侦查的范围类似于我国检察机关侦查的国家公职人员有关犯罪）；（2）俄罗斯联邦安全局；（3）俄罗斯联邦内务部机关；（4）麻醉品和精神药物管控机关。第151条第3款规定了“调查”，有调查权的人员分布在：（1）俄罗斯联邦内务部机关；（2）俄罗斯联邦边防安全机关；（3）俄罗斯联邦法警局；（4）国家消防机关；（5）俄罗斯联邦侦查委员会；（6）麻醉品和精神药物管控机关；（7）俄罗斯联邦海关机关。显然，侦查人员和调查人员分布的机关有一定的交叉，即某些机关的人员既是侦查人员，又是调查人员（见表5-2）。当然，我们也不能排除上述规定随着时间的推移或多或少会在人员配备和管辖范围上有新的调整之可能性。①

表5-2 俄罗斯联邦侦查和调查人员分布

主 体	侦查人员	调查人员
俄罗斯联邦内务部机关	√	√
俄罗斯联邦边防安全机关		√
俄罗斯联邦法警局		√
国家消防机关		√
俄罗斯联邦侦查委员会（原属检察院）	√	√
麻醉品和精神药物管控机关	√	√
俄罗斯联邦海关机关		√
俄罗斯联邦安全局	√	

第二节 俄罗斯联邦检察机关

一、检察机关及其人员

（一）历史沿革

俄罗斯联邦检察机关的奠基者是彼得一世（Петра I），他于1722年1月12日创立了检察机关，1月18日，任命 Pavel Ivanovich Yaguzhinsky 为第一任总检察长。正如彼得一世所说：总检察长就是我的眼睛，他能让我看到一切。该理念反映在1722年4月27日关于检察

①Статья 151，Подследственность，Руководитель следственного органа（в ред. Федерального закона от 05. 06. 2007 N 87-ФЗ），“Уголовно-процессуальный кодекс Российской Федерации” от 18. 12. 2001 N 174-ФЗ（ред. от 03. 02. 2014 с изменениями，вступившими в силу с 15. 02. 2014），http：//zakonbase. ru/content/part/1451857.

长地位的立法中。随后，叶卡捷琳娜二世（Екатерина II）将总检察长的地位提到了新的高度。1764 年，Alexander Alekseyevich Vyazemsky 接手总检察长并被赋予处理高级别问题的权力，同时确立了处理检察机关与参议院、参议员关系的基本方针。在俄罗斯联邦检察机关历史上的不同时期，其都扮演了法律的守卫者（the guardian of the law）和财政部部长、内务部部长等角色。1802 年后，总检察长同时也是司法部部长。[①]

1864 年的司法改革确立了关于检察组织的基本原则——必须有专门的检察官来处理大量复杂的事情（案件），检察机关必须独立于司法机关。1917 年 11 月 24 日，最高政权机关——人民委员会通过废除法庭等关于法庭的法令建立审查法官、检察监督机关、陪审团和私人律师。还建立了专门的侦查委员会开展初步调查。1922 年 5 月 28 日关于检察监督的法规通过，在人民司法委员会下设国家的检察机关：代表国家监督权力机关、经济机构、公共和私人组织行为的合法性，监督调查机关实施调查犯罪的行为，在法庭上公诉，监督羁押的合法性等。

1923 年 11 月 23 日，苏联最高法院检察机关建立。至此，苏联有两套独立的检察系统：一套是最高法院的检察机关，另一套是人民司法委员会系统下设的加盟共和国的检察办公室。1933 年 6 月 20 日，苏联检察机关建立，其有权监督苏联和加盟共和国独立机构的决议和命令，监督加盟共和国司法机构的法律执行，提起公诉并在法庭上充当公诉人，根据特别规则监督加盟共和国政治部门、侦查部门等机构行为的合法性和准确性。然而，最高法院检察机关在不久后被撤销，仅剩下人民司法委员会系统中的检察机关。1946 年，关于苏联总检察长的法律通过，这意味着苏联的检察机关终于得到了统一。1955 年 12 月 28 日关于检察监督的法规更是第一次指出其基本职能是监督所有的（法律）行为。到了 1979 年，关于苏联检察机关的立法出台，组建了统一和中央集权化的检察机关。

苏联解体后，俄罗斯联邦于 1992 年 1 月 17 日废除了原来的检察机关组织，将俄罗斯联邦的检察机关视为一个统一的、中央集权化的联邦监督机构，监督俄罗斯联邦宪法和其他俄罗斯法律的遵守和执行情况。

---

①The Prosecutor General's Office of the Russian Federation. History of Prosecution Service of the Russian Federation [EB/OL]. http://eng. genproc. gov. ru/history/, 2014-04-05.

其地位在1993年12月12日通过的俄罗斯联邦《宪法》第七章“司法机关”中得以重申。它是一个独立的机构，负责监督联邦各部、委员会、机构和其他相关的立法机关、执法机关遵守法律、保障人权和自由的情况，监督侦缉机关、调查机关和侦查机关执行法律情况，起诉犯罪，在打击犯罪过程中协调各机关之间的关系。

（二）组成

根据2014年2月3日公布的最新修改的俄罗斯联邦《检察机关组织法》（Федеральный закон “О прокуратуре Российской Федерации”，1995年11月17日第168号联邦法律颁布，也有学者直接译作《检察院法》或《检察机关法》）[①] 第11条“俄罗斯联邦检察系统”规定，现行俄罗斯联邦检察机关系统由以下部分组成：（1）俄罗斯联邦总检察院（或译作总检察官办公室，下同）；（2）俄罗斯联邦各主体检察院以及同级别的军事与其他专门检察院；（3）科研和教育机构、具有法人地位的出版机构和市、区、跨区检察院以及军事与其他专门检察院（经1999年2月10日第31号联邦法律修订）。

在俄罗斯联邦，有一个机构比较特殊，即侦查委员会。起初它是联邦检察院系统下设的一个机构，然《检察机关组织法》第11条第4款和第20.1条关于联邦检察院侦查委员会的组成等规定被2010年12月28日第404号联邦法律废止，即2011年1月15日之后，俄罗斯联邦检察院侦查委员会已不存在，取而代之的是俄罗斯联邦侦查委员会（Следственном комитете Российской Федерации，也有人将其视为“俄罗斯联邦调查局”）。从措辞上我们不难发现，侦查委员会从之前隶属于检察系统到现在完全独立出来，地位有了明显提升，委员会主席直接向总统负责。[②] 所以从严格意义上讲，现在的侦查委员会不再属于检察机关，只是为了前后的一致性，在此进行阐述。

侦查委员会从检察系统独立出来后，其内部机构发生了较大变化，就目前而言，其主要组成部分包括中央侦查部门、主要军事侦查部门、

①本节中关于检察机关的法律条文翻译是根据相关网站（如 http：//www. consultant. ru/popular/prosec/）上公布的最新版《检察机关组织法》并结合其英译版、赵路译的《俄罗斯联邦检察院组织法》（载《中国刑事法杂志》2010年第5期）得出。

②参见俄罗斯联邦侦查委员会官方网站上关于其历史的介绍（http：//www. sledcom. ru/history/）。

俄罗斯联邦八大联邦区的侦查部门以及其他部门，如表 5-3 所示。[①]

表 5-3 俄罗斯联邦侦查委员会组织结构

<table>
<tr><td rowspan="17">俄罗斯联邦侦查委员会</td><td rowspan="2">中央侦查部门</td><td>涉公共安全特别重要犯罪侦查办公室</td><td>档案支援办公室</td></tr>
<tr><td>涉国家和经济特别重要犯罪侦查办公室</td><td>程序控制和方法—分析支援办公室</td></tr>
<tr><td>主要军事侦查部门</td><td></td><td></td></tr>
<tr><td rowspan="2">程序控制管理部门</td><td>侦查机关程序控制部门</td><td>反腐败机关程序控制部门</td></tr>
<tr><td>特别重要案件调查程序控制部门</td><td>分析部门和档案支援办公室</td></tr>
<tr><td rowspan="2">组织和监督管理部门</td><td>组织审查办公室</td><td>资料和方法管理办公室</td></tr>
<tr><td>安全保卫办公室</td><td>运行服务办公室</td></tr>
<tr><td rowspan="2">刑事侦查管理部门</td><td>技术—司法鉴定部门</td><td>专家—司法鉴定业务部门</td></tr>
<tr><td>司法鉴定专用设备引进部门</td><td>档案支持部门</td></tr>
<tr><td>人事部门</td><td></td><td></td></tr>
<tr><td>法律部门</td><td></td><td></td></tr>
<tr><td>国际法律合作办公室</td><td></td><td></td></tr>
<tr><td>保护国家秘密办公室</td><td></td><td></td></tr>
<tr><td>人身保护办公室</td><td></td><td></td></tr>
<tr><td>与媒体联系部门</td><td></td><td></td></tr>
</table>

①参见俄罗斯联邦侦查委员会官方网站上关于其组织结构的介绍（http://www.sledcom.ru/organizational-structure/structure_ru.php）以及俄罗斯联邦侦查委员会的专门立法（http://www.rg.ru/2010/12/30/sledstvenny-komitet-dok.html）——“О Следственном комитете Российской Федерации”（Федеральный закон Российской Федерации от 28 декабря 2010 г. N 403-ФЗ）。另外，关于俄罗斯联邦《侦查委员会法》的详细情况，可参见：黄道秀译．俄罗斯联邦侦查委员会法［J］．国家检察官学院学报，2014，22（3）．156-176.

续表

	北高加索联邦区侦查部门	特别重要案件侦查办公室	司法鉴定控制和管理办公室
		机构合作和人身保护办公室	组织—分析部门
		档案支援部门	审计部门
	中央联邦区侦查部门		
	西北联邦区侦查部门		
	南部联邦区侦查部门		
	伏尔加沿岸联邦区侦查部门		
	乌拉尔联邦区侦查部门		
	西伯利亚联邦区侦查部门		
	远东联邦区侦查部门		
	联邦区特别重要案件侦查程序控制部门		

俄罗斯联邦《刑事诉讼法典》第5条“本法典所用的基本概念”中指出：（1）“公诉人”（государственный обвинитель），是指在刑事案件中代表国家在法院支持指控的检察机关人员（经2002年5月29日第58号法律、2007年6月5日第87号法律修订）——对比2002年的法律，新法删去了“根据检察长的委托和以调查的形式进行审前调查情况下的调查人员或侦查人员”，即一定条件下的调查人员或侦查人员不再属于“公诉人”之范畴；（2）“检察长”（прокурор），是指俄罗斯联邦总检察长（Генеральный прокурор Российской Федерации）和其下级检察官、副职（即副总检察长及下属检察长和副检察长），以及其他参与刑事诉讼并享有联邦法律赋予其权力的检察机关人员（经

2003年7月4日第92号法律修订）。①

（三）检察机关的角色

无论是从俄罗斯联邦《刑事诉讼法典》还是从俄罗斯联邦《检察机关组织法》中具体的条文所体现的精神来看，俄罗斯联邦检察机关作为联邦政府的组成部分，旨在监督俄罗斯联邦法律的执行，确保俄罗斯联邦宪法和法律至上的地位，保护人权和自由，维护联邦法律利益。

而从上述的历史变迁来看，不管是苏联的最高法院的检察机关、人民司法委员会系统下设的加盟共和国的检察办公室，还是如今的俄罗斯联邦检察机关，其主要职责在成立之初就已然界定："监督"（надзор），即其角色是"监督者"——"监督"国家各机关遵守法律、执行法律等情况，其监督的范围之大是世界上其他国家的检察机关无法比拟的。自上而下（下级检察官服从上级检察官，由俄罗斯联邦总检察长领导）的独立体系奠定了这一角色的基础。

二、权力

（一）允许性权力

根据俄罗斯联邦《刑事诉讼法典》第37条之规定，在刑事案件的审前程序中，检察长有权：（1）审查接受、登记和处理犯罪举报的程序是否符合联邦法律之要求；（2）审查侦查机关或调查机关提交的材料，在事实上是否能支持起诉决定；（3）要求侦查机关或调查机关消除在侦查或调查过程中出现的违反联邦法律的情况；（4）对调查人员作出有关调查方向、程序性行为的指示；（5）同意调查人员向法院提起的关于选择、撤销或变更强制性措施（预防措施）或其他程序的申请；（6）要求和审查侦查机关或侦查机关负责人启动、暂停或终止刑事案件的决定，按照本法典确定其有效性（经2010年12月28日第404号联邦法律修订）；（7）撤销下级检察官不合法或不合理的决定，以及调查人员按照本法典规定的方式作出的不合法或不合理的决定；（8）对侦查机关负责人提交的其与检察长意见不一致的信息进行审查

①Статья 5，Основные понятия，используемые в настоящем Кодексе，" Уголовно－процессуальный кодекс Российской Федерации" от 18. 12. 2001 N 174－ФЗ（ред. от 03. 02. 2014 с изменениями，вступившими в силу с 15. 02. 2014），http：//zakonbase. ru/content/part/1451679.

并作出决定；（9）在审前程序或其他程序中考虑羁押的选择、羁押期限的延长或撤销或变更等，并参加法庭的判决，如有申诉，按照本法典第125条规定的方式处理；（10）如果有合理理由，在法院接手刑事案件之前，可以主动将延长监禁或拘留的请求与起诉书一并提交法院（经2012年6月5日第53号联邦法律修订）；（11）同意（批准）调查人员提出的回避要求；（12）如果调查人员的行为违反了本法典之规定，暂停他们进一步开展调查的权力；（13）撤销调查机关开展调查的任何刑事案件，并附带理由将其移送给侦查人员；（14）依据本法典第151条规定的方式，将刑事案件及相关材料从一个侦查机关移交给另一个侦查机关，撤销任何在联邦行政机关中处理的刑事案件并附带理由将其移送给俄罗斯联邦侦查委员会（经2010年12月28日第404号联邦法律修订，之前是移送给俄罗斯联邦检察机关侦查委员会）；（15）批准调查人员终止刑事诉讼的决定；（16）批准刑事案件起诉书或起诉意见书（经2013年3月4日第23号联邦法律修订）；（17）对撤销的刑事案件进行审查，要求侦查人员进行补充侦查，重新制作起诉书，对行为人罪名的类型和数量以及行为人的资格等进行变更（经2013年3月4日第23号联邦法律修订）；（18）行使本法典赋予检察长的其他职权。① 该条第4款规定，在刑事案件的审判过程中，检察官应当支持公诉，并确保其合法性和有效性。②

根据俄罗斯联邦《检察机关组织法》第1条第2款之规定，为了确保法律至上、法制统一，保护个人和公民的权利与自由，以及法律保护的国家和社会利益之目的，俄罗斯联邦检察机关应当：（1）对各类国家权力机关和人员的法律执行状况、颁布法律情况进行监督（经1999年2月10日第31号联邦法律、2010年7月1日第132号联邦法律修订）；（2）特别规定，对多个国家权力机关和人员恪守普通人与公民

①Статья 37（2），Прокурор，Руководитель следственного органа（в ред. Федерального закона от 05. 06. 2007 N 87-ФЗ），“Уголовно-процессуальный кодекс Российской Федерации” от 18. 12. 2001 N 174 - ФЗ（ред. от 03. 02. 2014 с изменениями，вступившими в силу с 15. 02. 2014），http：//zakonbase. ru/content/part/1451720.

②Статья 37（4），Прокурор，Руководитель следственного органа（в ред. Федерального закона от 05. 06. 2007 N 87-ФЗ），“Уголовно-процессуальный кодекс Российской Федерации” от 18. 12. 2001 N 174 - ФЗ（ред. от 03. 02. 2014 с изменениями，вступившими в силу с 15. 02. 2014），http：//zakonbase. ru/content/part/1451720.

权利、自由原则的情况进行监督（经 1999 年 2 月 10 日第 31 号联邦法律、2010 年 7 月 1 日第 132 号联邦法律修订）；（3）特别指出，对有关机关在侦查活动、调查活动中遵守法律的状况进行监督；（4）对刑罚和法院裁定的强制性处罚措施适用的行政机关与机构、关押人员的行政管理机关的法律和制度执行状况进行监督；（5）对行政违法行为按照行政违法和其他联邦法律规定的方式进行调查（经 2011 年 11 月 21 日第 329 号联邦法律修订）。[①]

针对上述的监督范围，俄罗斯联邦检察长在各项事务中都有一定的权力。将上述权力进行细化，可以分为以下几个方面。第一，根据俄罗斯联邦《检察机关组织法》第 22 条之规定，检察长有权：（1）出示工作证件自由地进入本法第 21 条第 1 款所述机关的区域和场所（即各国家权力机关），获取文件和资料，以检查法律实施状况；（2）要求上述机关的领导人员和其他官员提供必需的文件、资料、统计数据和其他信息；（3）委托专家查明有关的问题；（4）根据检察机关接受的举报和申诉材料对上述机关下属或监察机关的审计活动进行检查；（5）传唤公职人员和公民对违反法律的事由进行解释。[②] 第二，根据俄罗斯联邦《检察机关组织法》第 27 条之规定，检察长有权：（1）审查和检查有关侵犯人和公民权利和自由的投诉；（2）告知受害者（被害人）保护他们权利和自由的程序；（3）采取措施防止个人和公民权利和自由受到侵犯，追究违反法律之人的责任并使其赔偿损失；（4）行使本法第 22 条所规定的权力。[③] 第三，根据俄罗斯联邦《检察机关组织法》第 30、31 条之规定，检察长有权：（1）对侦查活动、调查活动和侦缉活动情况进行监督（当然，该权由俄罗斯联邦刑事诉讼法律和其他联邦法律立法规定）；（2）侦查刑事犯罪（但该项权力被 2007 年 6 月 5 日

---

①Статья 1（2），Прокуратура Российской Федерации，Федеральный закон “О прокуратуре Российской Федерации” от 17. 01. 1992 N 2202-1（в ред. Федеральных законов от 03. 02. 2014 N7-ФЗ），http://www. consultant. ru/popular/prosec/49_1. html.

②Статья 22（1），Полномочия прокурора，Федеральный закон “О прокуратуре Российской Федерации” от 17. 01. 1992 N 2202-1（в ред. Федеральных законов от 03. 02. 2014 N7-ФЗ），http://www. consultant. ru/popular/prosec/49_3. html.

③Статья 27（1），Полномочия прокурора，Федеральный закон “О прокуратуре Российской Федерации” от 17. 01. 1992 N 2202-1（в ред. Федеральных законов от 03. 02. 2014 N7-ФЗ），http://www. consultant. ru/popular/prosec/49_4. html.

第 87 号联邦法律废止)。[①] 第四，根据俄罗斯联邦《检察机关组织法》第 33 条之规定，检察长有权：（1）随时（即任何时间）进入本法第 32 条所指的机构和组织（羁押、拘留等机关）中进行检查；（2）对被拘留之人、羁押之人、判刑之人、采取强制措施之人进行询问；（3）查询被拘留之人、羁押之人、判刑之人、采取强制措施之人受到拘留、羁押、判刑、强制措施的文件材料；（4）要求行政机关（政府）创造条件，以保障被拘留之人、羁押之人、判刑之人、采取强制措施之人的权利，审查本法第 32 条所指的机构和组织（羁押、拘留等机关）之命令是否符合俄罗斯联邦的立法，要求官员说明（解释)，提请抗议和建议，提起行政诉讼。与上述所提及的侦查人员、调查人员对本部门负责人或检察长的申诉（抗诉）不停止执行不同，本条所涉及的抗议在未受到考虑（审核）之前，机构和组织的命令暂停执行（经 2007 年 6 月 5 日第 87 号联邦法律修订)。[②]

当然，检察长还可以参与法庭的案件审理（《检察机关组织法》第 35 条[③])、对法院判决提起抗诉（《检察机关组织法》第 36 条[④])。

（二）禁止性权力

然而，检察长并非对所有的行为都有主导权，其权力受到一定的限制，可曰“禁止性”权力，即法律不允许检察长行使而只能由其他主体（多为法官）来行使的权力。这种“禁止性”权力体现在《刑事诉讼法典》中，典型的有以下几例：第一例为《刑事诉讼法典》第 13 条“通信、电话和其他谈话、邮件、电报和其他通信秘密（隐私）”，其

---

①Статья 30（1），Полномочия прокурора；Статья 31，Утратила силу，Федеральный закон “О прокуратуре Российской Федерации” от 17. 01. 1992 N 2202-1（в ред. Федеральных законов от 03. 02. 2014 N7-ФЗ），http://www. consultant. ru/popular/prosec/49_5. html.

②Статья 33（1），Полномочия прокурора，Федеральный закон “О прокуратуре Российской Федерации” от 17. 01. 1992 N 2202-1（в ред. Федеральных законов от 03. 02. 2014 N7-ФЗ），http://www. consultant. ru/popular/prosec/49_6. html.

③Статья 35，Участие прокурора в рассмотрении дел судами，Федеральный закон “О прокуратуре Российской Федерации” от 17. 01. 1992 N 2202-1（в ред. Федеральных законов от 03. 02. 2014 N7-ФЗ），http://www. consultant. ru/popular/prosec/49_8. html.

④Статья 36，Опротестование судебных решений，Федеральный закон “О прокуратуре Российской Федерации” от 17. 01. 1992 N 2202-1（в ред. Федеральных законов от 03. 02. 2014 N7-ФЗ），http://www. consultant. ru/popular/prosec/49_8. html.

规定，只有根据法院的裁判才能允许限制公民的通信、电话和其他谈话、邮件、电报和其他通信秘密等权利；而扣押邮件和电报以及在邮电机构提取邮件和电报、对电话和其他谈话进行监听和录音、获取有关用户的信息和（或）有关用户之间的通信信息，只能根据法院的裁判才能进行（经 2002 年 5 月 29 日第 58 号联邦法律、2003 年 7 月 4 日第 92 号联邦法律、2010 年 7 月 1 日第 143 号法律修订）。[①] 第二例为《刑事诉讼法典》第 108 条“羁押”，其规定羁押适用于可能被判处监禁超过三年（之前是两年）而又不能适用其他更宽缓的措施的犯罪嫌疑人，该命令由法官决定（经 2003 年 12 月 8 日第 161 号联邦法律、2008 年 12 月 2 日第 226 号联邦法律、2012 年 12 月 30 日第 309 号联邦法律修订）。而选择羁押作为强制处分时，侦查人员经侦查机关负责人同意（之前规定侦查人员也需要检察长同意）、调查人员经过检察长同意可向法院提出有关申请（经 2007 年 6 月 5 日第 87 号联邦法律修订）。[②] 第三例为《刑事诉讼法典》第 115 条“扣押财产”，其规定为了保障刑事判决中的民事索赔（附带民事诉讼部分）、其他财产处罚和可能的没收财产等的执行，侦查人员经侦查机关负责人同意（之前规定侦查人员也需要检察长同意）、调查人员经过检察长同意可向相关法院提出申请（经 2003 年 12 月 8 日第 161 号联邦法律、2006 年 7 月 27 日第 153 号联邦法律、2007 年 6 月 5 日第 87 号联邦法律修订）。[③]

也就是说，即便在检察机关和检察人员权力较大且所涉范围较广的俄罗斯联邦，在涉及诸如“限制通信”、“羁押”和“扣押”等重大的涉及公民人身权、财产权的措施时，还是需要法院的裁判方可决定。

---

①Статья 13, Тайна переписки, телефонных и иных переговоров, почтовых, телеграфных и иных сообщений, “Уголовно-процессуальный кодекс Российской Федерации” от 18. 12. 2001 N 174 - ФЗ (ред. от 03. 02. 2014 с изменениями, вступившими в силу с 15. 02. 2014), http: //zakonbase. ru/content/part/1451690.

②Статья 108, Заключение под стражу, “Уголовно-процессуальный кодекс Российской Федерации” от 18. 12. 2001 N 174-ФЗ (ред. от 03. 02. 2014 с изменениями, вступившими в силу с 15. 02. 2014), http: //zakonbase. ru/content/part/1451801.

③Статья 115, Наложение ареста на имущество, “Уголовно - процессуальный кодекс Российской Федерации” от 18. 12. 2001 N 174 - ФЗ (ред. от 03. 02. 2014 с изменениями, вступившими в силу с 15. 02. 2014), http: //zakonbase. ru/content/part/1451809.

第三节　俄罗斯联邦侦诉主体的改革："大侦查机构"及联邦反贪局

一、"大侦查机构"的改革

俄罗斯某一部门内部存在不同性质的权力交织之情形较为严重。俄罗斯联邦《刑事诉讼法典》详细规定了与侦查相关的事宜，从中能够分析并得出这样的结论：侦查机关的具体管辖在很大程度上取决于侦查机关或侦查人员所属的部门或主管部门所要完成的任务，如俄罗斯联邦安全局的侦查人员应对涉及侵犯国家安全的刑事案件（如恐怖主义）进行侦查，麻醉品和精神药物管控机关的侦查人员应对涉及麻醉品和精神药物相关的刑事案件（如非法种植含有麻醉品或精神药物及其前体的植物）进行侦查，内务部机关的侦查人员对其他刑事案件进行侦查。[①] 也即，俄罗斯侦查活动的管辖权与侦查机关、侦查人员所属部门任务和职责一致，[②] 这造成同一部门内行政管理权和侦查权的混淆。

所以，其新近改革的目标是将不同部门、机关所属侦查员联合成为"统一侦查机关"（使其在"同一个屋檐下"），[③] 即局部试点：精简及合并某些机构、减少一级（侦查）部门，并且规定这些部门专司侦查权，将其行政职能（行政管理权）交由其他部门行使（改变侦查权和行政管理权交织的状态，使其分开，这也是主体发展规律之要求）。这既有利于理顺各部门之间的关系，使得拥有相似职能的部门有机地统一起来，便于侦查活动的高效展开；又将同一主体的不同功能妥善分离，避免了不同权力的混淆。

---

①Статья 151, Подследственность, " Уголовно - процессуальный кодекс Российской Федерации" от 18. 12. 2001 N 174-ФЗ (ред. от 03. 02. 2014 с изменениями, вступившими в силу с 15. 02. 2014), http: //zakonbase. ru/content/part/1451857.

②[俄] K. Ф. 古岑科. 俄罗斯刑事诉讼教程 [M]. 黄道秀等译. 北京：中国人民公安大学出版社，2007：297.

③[俄] K. Ф. 古岑科. 俄罗斯刑事诉讼教程 [M]. 黄道秀等译. 北京：中国人民公安大学出版社，2007：135.

而前文所述的将侦查委员会从检察机关独立出来便是“大侦查机构”改革的第一步——这源于俄罗斯联邦2007年对侦查体制进行的改革（首先将侦查权从检察机关剥离）；第二步则是将其他的侦查机关中具有侦查职能的部门合并到“大侦查机构”当中，这个“大侦查机构”便是未来的侦查委员会。① 当然，这并不意味着要将诸如麻醉品和精神药物管控机关等侦查机关统一并到侦查委员会当中，而是将其中具有侦查权的部门划到侦查委员会，这些机构本身依旧保留，履行与侦查无关的职能（如管理职能）。不过，内政部并不支持这种改革，担心侦查活动会变得混乱起来，形势继续恶化。事实上，建立单一的侦查委员会并非在短期内就能够完成，除了各机构有明显的差异外，还有资金的问题。据初步预计，这样大的变革需要近1000亿卢布。而这种变革从2013年起算至少还需要三年。②

二、联邦反贪局设立的构想

2012年，时任俄罗斯联邦总统的梅德韦杰夫提出在侦查委员会下面设立俄罗斯联邦反贪局（федеральное бюро по борьбе с коррупцией，负责打击贪污犯罪）。在2013—2015年“政府公开”计划中，报告提到未来应在总检察长的领导下设立一个联邦反贪局和公共委员会，与之相配套还应当在最高法院设置专门的小组审理此类刑事案件。在报告中还特别提及要借鉴《联合国反腐败公约》第20条之规

①[俄] 列·戈洛甫科．俄罗斯侦查制度的现状与发展 [J]．黄道秀译．国家检察官学院学报，2014，22（2）．161-162.

②Алексей никольский，Лилия Бирюкова. Единый следственный комитет заработает через три года[EB/OL]. http://www.vedomosti.ru/politics/news/9495112/sledstvie_solyut_k_vyboram, 2014-04-22.

定，[①] 拓宽贪污犯罪的范围以及加大对官员在经济领域贪污犯罪的处罚力度。[②]

公众对此看法不一，分为两派观点，即反对派和赞成派，但各自理由却不尽相同。有的公众认为，单独设立联邦反贪局是没有必要的：它阻止不了贪污贿赂案件的增长；而且现阶段已经有了警察机关、检察机关、侦查委员会等部门，成立新的机构是浪费公共资源；成立新的部门意味着现行的警察机关、检察机关、侦查委员会在该领域毫无作用；需要的是一部完备的法律；反腐最重要的是政治意愿，而非机构；成立新机构并非明智之举；修改《刑法典》和《刑事诉讼法典》方为上策；新设机构会增添问题的复杂性；在成立新机构之前必须了解事物的本质、犯罪的根源；已经有一个反腐败委员会，[③] 还需要再创立一个反腐败局吗？而另一部分公众则认为十分有必要：可以借鉴苏联防止社会主义财产被挪用（侵占）部（简称 OBKhSS，俄语为 Отдел по борьбе с хищениями социалистической собственности，即 ОБХСС，苏联财政警察，其作为主要警察部门在内政部领导下负责打击各种组织和机构内的经济犯罪[④]）的模式；联邦反贪局不能受检察机关或侦查委员会的领

①Article 20，Illicit enrichment，United Nations Convention Against Corruption（General Assembly resolution 58/4 of 31 October 2003）：Subject to its constitution and the fundamental principles of its legal system，each State Party shall consider adopting such legislative and other measures as may be necessary to establish as a criminal offence，when committed intentionally，illicit enrichment，that is，a significant increase in the assets of a public official that he or she cannot reasonably explain in relation to his or her lawful income. 在不违背本国宪法和法律制度基本原则的情况下，各缔约国应当考虑采取必要的立法和其他措施将公职人员资产显著增加而他/她不能以其合法收入作出解释的行为视为刑事犯罪。

②"Открытое правительство" предложило создать Федеральное бюро по борьбе с коррупцией，http：//er. ru/news/2012/5/6/otkrytoe-pravitelstvo-predlozhilo-sozdat-federalnoe-byuro-po-borbe-s-korrupciej/.

③指由时任俄罗斯联邦总统普京于 2003 年 11 月 24 日签署、2003 年 11 月 26 日生效的第 1384 号总统令中成立的反贪污贿赂委员会（Утвердить прилагаемое Положение о Совете при Президенте Российской Федерации по борьбе с коррупцией），此外，根据该总统令还成立了总统领导下的理事会（Образовать Совет при Президенте Российской Федерации по борьбе с коррупцией）。关于总统令的具体内容详见 http：//www. rg. ru/2003/11/26/sovet-doc. html.

④See "OBKhSS"，http：//en. wikipedia. org/wiki/OBKhSS.

导，否则效果将是“零”；赋予其广泛的权力。[①]

综合来看，对联邦反贪局的设立有两个问题值得探讨：第一，该不该设立这样的机构？成立这样的机构能否更有效地打击贪污犯罪？第二，一旦设立，其组织形式、归属以及工作模式、人员配备等又该如何规制呢？例如，就归属而言，是直接归属侦查委员会还是总检察长，抑或不归属任何机构（意味着直接由总统负责，其级别与现行侦查委员会相当）应当单列出来呢？由谁来掌控它呢？凡此种种，都是俄罗斯在打击贪腐犯罪过程中面临的问题，也是主体设置过程中必须加以解决的问题。

第四节　本章小结

一、主体间的关系

（一）调查机关、侦查机关与检察机关

从表5-2看出，俄罗斯调查机关和侦查机关是重合的。也可以这样说，在调查机关中，有的既有侦查权又有调查权，有的仅有调查权，而有些侦查人员亦可以参加案件的调查，这是由这些机关本身的性质及法律的安排所致。俄罗斯诉讼程序中有“调查”和“侦查”之分，虽同属“审前调查”（предварительного расследования），但“调查”通常只针对不复杂的轻罪和中等程度的重罪，而“侦查”往往是针对严重犯罪，以及公职人员实施的某些犯罪。也就是说，虽然机构重合，但一般情况下管辖的案件是不重合的（极少数情况下有些重合），这种设计有助于案件的分工与移送。

不过单就“侦查”而言，某些犯罪也可由发现这些犯罪的调查人

①梅德韦杰夫2012年3月27日在其视频博客中发起了“是否需要建立联邦反贪局”（Нужно ли федеральное бюро по борьбе с коррупцией?）的讨论，随后共有220条回复，代表了民众的不同观点（经初步统计，有53人赞成建立，有167人反对建立，显然反对建立的人要远远超过赞成建立的人），详见 http：//blog. da-medvedev. ru/post/216.

员开展侦查，即有的案件的侦查人员和调查人员并未严格区分。[①] 另外，虽然上面提到“俄罗斯侦查活动的管辖权与侦查机关、侦查人员所属部门任务一致”，但还是有部分案件由不同的侦查机关“共同”管辖，如对组织或参与非法武装队伍的犯罪案件（《刑法典》第208条[②]）可同时由联邦侦查委员会、安全局、内务部机关侦查。[③] 正因为如此，在构建“大侦查机构”的同时应该厘清合并后侦查机关的管辖范围和职能。

将侦查委员会从检察机关分离出来后，检察机关似乎只剩下监督权，无侦查权了。这看起来厘清了不同的职能，遵循了职能不同主体不同的原则，然而这种做法带来了未曾预料的问题：某些案件可能会像打“乒乓球”一样，在不同的主体间来回反复，因为检察机关没有侦查权，而一旦发现案件有问题，只得退回侦查机关（补充侦查），而侦查机关如果还坚持将案件移送法院（意思是认为证据充分可以起诉），检察机关持不同意见，还是得发回侦查机关。[④] 即职能的厘清反而还增加了问题的复杂性，扰乱了检察机关与调查机关、侦查机关之间的关系。

不过即便如此，检察长还是有权将应当调查的案件移送侦查[⑤]并解决侦查管辖的争议。[⑥] 申言之，虽然调整了检察机关的权力，但其在某些方面依旧拥有主导权，这是法律所不会放弃的。

---

①Статья 151（5）, Подследственность, “Уголовно-процессуальный кодекс Российской Федерации” от 18. 12. 2001 N 174-ФЗ（ред. от 03. 02. 2014 с изменениями, вступившими в силу с 15. 02. 2014）, http：//zakonbase. ru/content/part/1451857.

②Статья 208, Организация незаконного вооруженного формирования или участие в нем, Уголовный кодекс РФ（УК РФ）от 13. 06. 1996 N 63-ФЗ（от 03. 02. 2014 N 5-ФЗ）, http://www. consultant. ru/popular/ukrf/10_34. html.

③Статья 151, Подследственность, “Уголовно - процессуальный кодекс Российской Федерации” от 18. 12. 2001 N 174-ФЗ（ред. от 03. 02. 2014 с изменениями, вступившими в силу с 15. 02. 2014）, http：//zakonbase. ru/content/part/1451857.

④[俄] 列·戈洛甫科．俄罗斯侦查制度的现状与发展［J］．黄道秀译．国家检察官学院学报，2014，22（2）．161.

⑤Статья 150（4）, Формы предварительного расследования, “Уголовно-процессуальный кодекс Российской Федерации” от 18. 12. 2001 N 174-ФЗ（ред. от 03. 02. 2014 с изменениями, вступившими в силу с 15. 02. 2014）, http：//zakonbase. ru/content/part/1451856.

⑥Статья 151（8）, Подследственность, “Уголовно-процессуальный кодекс Российской Федерации” от 18. 12. 2001 N 174-ФЗ（ред. от 03. 02. 2014 с изменениями, вступившими в силу с 15. 02. 2014）, http：//zakonbase. ru/content/part/1451857.

（二）检察机关与侦查委员会

侦查委员会从检察机关分离出来后，更加独立了。俄罗斯联邦制定了专门的法律、条例来规制联邦侦查委员会（包括俄罗斯联邦《侦查委员会法》、《侦查委员会条例》等）。有人认为，由于它直接对总统负责，为总统权力之延伸，被看做是分权制衡原则的体现。其对检察机关的影响在于检察机关的侦查权被分离出去，使其更加专注于行使监督权和审查起诉权。当然，侦查委员会侦查的案件仍由检察机关起诉。而正如上所述，检察机关在监督、提出公诉和参与庭审的过程中发挥着无可替代的作用，有些是决定性的。例如，经 2010 年 12 月 28 日第 404 号法律修订的《刑事诉讼法典》第 37 条第 6 款规定，俄罗斯联邦侦查委员会或联邦行政机构（权力执行机构）与检察长就有关消除侦查过程中产生的违反联邦性法律的行为要求不一致时，检察长有权将其提交给俄罗斯联邦总检察长，总检察长的决定为最终之决定。[①]

机构的变迁导致了权力的分与合，而权力的重新组合也要求机构适时地进行调整。机构与权力相互辉映，相得益彰。

二、评介

（一）侦查机关负责人权力增大

从俄罗斯联邦《刑事诉讼法典》的修订来看，侦查机关负责人权力增大，体现在多个法条当中：（1）有权批准部分侦查行为、同意部分诉讼决定（之前的批准、同意主体是检察长）；（2）有权决定受理刑事案件或将其移送管辖（之前的决定主体是检察长）；（3）在诸如“羁押”、“扣押财产”等措施适用过程中，有权同意实施并向法院提交申请（之前的同意主体是检察长）。

这说明，2007 年 6 月 5 日的法律对权力进行了重大调整。检察长的部分权力重新配置给了侦查机关负责人，使得刑事诉讼的效率有所提高。

---

①Статья 37（6）（в ред. Федерального закона от 28. 12. 2010 N 404-ФЗ），Прокурор，“Уголовно-процессуальный кодекс Российской Федерации” от 18. 12. 2001 N 174-ФЗ（ред. от 03. 02. 2014 с изменениями，вступившими в силу с 15. 02. 2014），http：//zakonbase. ru/content/part/1451720.

（二）不同法律对检察机关（人员）权力的规定有所侧重

上文已经提到，在俄罗斯联邦《刑事诉讼法典》和《检察机关组织法》中规定了检察机关和检察长的权力。就《刑事诉讼法典》而言，其更注重检察长在刑事案件审前程序中的审查权和决定权，在刑事案件审判过程中的支持公诉权；就《检察机关组织法》而言，其更加注重检察机关和检察长的监督权，从五个方面进行了详细规定。这当然与两部法律的主要任务和内容相关，《刑事诉讼法典》侧重从刑事程序上对检察长的权力进行规制，而《检察机关组织法》则侧重从检察机关本身的职能、角色上对检察机关的权力进行规范（见表 5-4）。

表 5-4　俄罗斯联邦检察机关和检察长的权力

《刑事诉讼法典》		《检察机关组织法》	
第 37 条第 2 款	第 37 条第 4 款	第 1 条及第 22 条、第 27 条、第 30~31 条、第 33 条	第 35 条、第 36 条
审前程序：决定权和审查权	审判程序：支持公诉	监督：（1）国家权力机关和人员的法律执行状况；（2）国家权力机关和人员恪守对普通人与公民权利、自由原则的情况；（3）有关机关在侦查活动、调查活动中遵守法律状况；（4）刑罚和法院裁定的强制性处罚措施适用的行政机关与机构、关押人员的行政管理机关的法律执行状况。	参与法庭的案件审理；对法院判决提起抗诉

（三）侦诉主体改革持续进行

俄罗斯侦诉主体的改革，正如有学者所说，可以归纳为三个方面：侦检分离、建立统一侦查机关、创建侦查法官。① 从内容来看，这三个方面反映的正是欧洲主要国家甚至是世界上多数国家侦诉主体、司法改革所讨论的重点。即我们可以列出以下改革方向的提纲——改革中必须

①[俄] 列·戈洛甫科．俄罗斯侦查制度的现状与发展［J］．黄道秀译．国家检察官学院学报，2014，22（2）.162.

注意的问题：

第一，侦查机关和检察机关的关系以及检察机关是否拥有侦查权——并衍生出“强警察”与“弱警察”、“强检察”与“弱检察”之分。

第二，侦查机关内部行政管理权和侦查权交织，是否需要将具有侦查权的部门单列出来组成一个“统一侦查机关”（“大侦查机构”）——这涉及机构较大幅度的调整问题。

第三，侦查阶段的程序审批权是赋予检察机关还是法院（包括专门设立的侦查法官）——这关系到审前调查模式的选择问题。

由此看来，这不仅是“过渡时期”俄罗斯要考虑的问题，亦是在欧洲国家间相互借鉴过程中最为突出的本质性问题。事实上，这种侦诉主体的变革在苏联时代就未曾停歇，如“侦查委员会”、“审查法官”曾经也登上过历史舞台（参见前面的检察机关“历史沿革”部分），然而为什么后来又废除或者说这些制度的设计逐渐暴露出了许多的弊端呢？值得反思。改革不是一蹴而就的，而是在相互借鉴的摸索过程中走出适合自己的一条道路。

结合俄罗斯最近的改革来看，其似乎在沿着这样的路径前行：第一，削弱了检察机关（检察官）的部分权力（尤其是某些程序的决定权），将其赋予侦查机关负责人；第二，将检察机关中的侦查委员会独立出来，设为新的组织；第三，试图将其他具有侦查权的部门合并到这一侦查委员会中；第四，与此同时，还构想在侦查委员会中下设联邦反贪局（当然也有不同的方案，这里提及这一种，所以下面说的是“可能性”画面），侦查公职人员的犯罪。这样一来，关于俄罗斯联邦侦查主体体系构建的可能性画面就展示在我们面前：刑事案件的侦查全部由侦查委员会进行，具体而言是由其下设的原俄罗斯联邦安全局中的侦查部门、原麻醉品和精神药物管控机关中的侦查部门、原内务部机关中的侦查部门、联邦反贪局以及表5-3所示的其他侦查部门共同承担（见图5-1）。这样大的变化能否成功实施，我们随时关注。

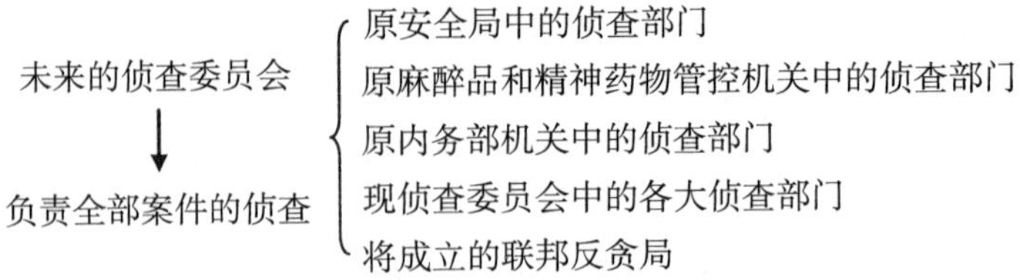

图 5-1　俄罗斯联邦侦查主体体系构建的可能性方案

三、俄罗斯与法、德、英三国检察监督的区别

监督，对俄罗斯联邦检察机关而言，是最为核心的本职工作。有学者指出，检察监督在俄罗斯联邦是一个独立的、特殊的、国家层面的活动。[1] 与法、德、英三国的检察机关相比，俄罗斯联邦的检察机关至少有两点特殊之处：首先，俄罗斯联邦检察机关是监督机关；其次，俄罗斯联邦检察机关监督俄罗斯联邦宪法、法律的执行情况以及相关主体是否违反法律的情况。

详言之，俄罗斯联邦检察机关的性质与法、德、英三国有明显不同，在前几章已经提到，法国的检察机关是带有某些司法性的行政机关（即同时拥有行政性的权力和司法性的权力），德国的检察机关偏向于司法机关，英国的检察机关更偏向于行政机关，似乎它们并不是在同一个层面。即并非用同一分类标准（所谓的"三权分立"标准）进行比较。事实上也是如此，俄罗斯检察机关作为国家的监督机关，并不属于立法机关或行政机关或司法机关，其权力也不好归结为代表权（立法权）或执行权，抑或司法权，只有"监督"二字才能更好地体现检察机关的性质。[2] 正因为如此，俄罗斯联邦检察机关（检察官）的权力重

---

①[俄] Ю. Е. 维诺库罗夫主编．检察监督［M］．第七版．刘向文译．北京：中国检察出版社，2009：1.

②[俄] Ю. Е. 维诺库罗夫主编．检察监督［M］．第七版．刘向文译．北京：中国检察出版社，2009：2. 当然，也有学者持不同意见，认为从俄罗斯联邦《宪法》关于"司法权"（Глава 7，Судебная власть）的规定来看，俄罗斯联邦的司法权包括审判权和检察权，而且俄罗斯也是"三权分立"国家，既然是"三权"，就不可能在立法权、执行权、司法权之外还存在包括监督权在内的其他一级权力。故，在一级权力分类确定情形下，监督权只能归为三权中的一种，而司法权无疑是最合适的归属。详细观点可参见：王雅琴．俄罗斯司法改革与法律监督制度的完善［C］．黄道秀主编．俄罗斯法研究（第一辑）．北京：中国政法大学出版社，2013：263.

点体现在监督权上，其监督范围之广是其他三个国家检察机关无法比拟的，且侧重点也不尽相同。至于侦查权，由于2010年12月28日第404号联邦法律将检察机关侦查委员会独立出去，使得原《检察机关组织法》中涉及“侦查委员会”和“侦查官”的条文被废止（如第20.1条“俄罗斯联邦检察机关侦查委员会”等）或部分不适用（如第4条第3款对“俄罗斯联邦检察机关侦查委员会的检察官与侦查官”不能同时兼职的规定、第45条“检察官与侦查官的法律保护与社会协助”、第54条“检察机关工作人员指检察官与侦查官”等[①]），故检察机关的侦查权可认为被独立出去，检察机关不再拥有之前的侦查权，从而使得无论是侦查权还是其他权力都与法、德、英三国的检察机关（检察官）的权力大不相同。但即便如此，其在侦查阶段还是有主导权，如“刑事案件的侦查管辖争议之处由检察长解决”（参见俄罗斯联邦《刑事诉讼法典》第151条第8款）。

法国检察官的权力体现在侦查和审查起诉上，当检察官作为审查起诉主体时，他的角色是一个监督者，这种监督范围极窄，无法涵盖法律的方方面面，而且这种监督权因为预审法官的存在（预审法官也有某种程度上的监督权）而被削弱；同法国一样，德国检察官的权力也体现在侦查和审查起诉上，范围亦不宽；而英国检察官的权力主要体现在审查起诉上，较少涉及侦查权，不过在侦查阶段，经常为侦查机关提供咨询（见表5-5）。

表5-5　法、德、英、俄四国检察机关性质及权力比较

国　家	检察机关性质	检察机关（检察官）权力
法国	带有某些司法性的行政机关	侦查权和审查起诉权
德国	偏向于司法机关	侦查权和审查起诉权
英国	偏向于行政机关	审查起诉权
俄罗斯	法律监督机关	监督权和审查起诉权

①对比俄罗斯联邦《检察机关组织法》最新条文（http：//www.consultant.ru/popular/prosec/）和赵路译俄罗斯联邦《检察院组织法》（载《中国刑事法杂志》2010年第5期）得出新法修订之处。

第六章　欧盟侦诉主体

欧盟侦诉主体作为本书研究的另一个子对象（与“欧洲主要国家”子对象并列），需要重点关注。鉴于欧盟的特殊性和机构的复杂性，在讨论侦诉主体之前，有必要介绍一下欧盟内的其他相关主体，这些主体是欧盟多层级治理的重要组成部分，它们或代表成员国利益（具有政府间机构性质），或代表欧盟利益（具有超国家组织性质）（见表6-1）。

表6-1　欧盟多层级治理机构

组织机构	组成人员（机构）和权力	代表利益、性质
欧洲理事会	欧盟各成员国国家元首、政府首脑：推动联盟发展，确定政治方向和优先事项	代表成员国利益、具有政府间机构性质
欧洲议会（议会机构）	联盟公民的代表：立法、预算、政治监督、咨询职能	代表欧盟整体利益、具有超国家组织性质
欧盟理事会（立法机构）	成员国的部长级代表：立法、预算、政策制定、协调职能	代表成员国利益、具有政府间机构性质
欧盟委员会（执行机构）	委员和主席、副主席：立法动议、执行等职能	代表欧盟整体利益、具有超国家组织性质
欧盟法院（司法机构）	欧洲法院、综合法院、专门法院：初步裁决，统一解释	代表欧盟整体利益、具有超国家组织性质

两大理事会虽然代表的是成员国利益且都具有政府间机构性质，但从名称上（包括中文名称、英文名称和法文名称）来看极易混淆。“欧洲理事会”（英文名为“European Council”，法文名为“Conseil européen”）是由各成员国国家元首、政府首脑等组成的具有“政府间

性质”的组织，是欧盟的最高决策机构；“欧盟理事会”（英文名为“Council of the European Union”，法文名为“Conseil de l’Union européenne”），又称“部长理事会”（“Council of Ministers”，这也体现了“欧盟理事会”的组成——由每个成员国各一名部长级代表组成），是欧盟重要的立法机构，拥有欧盟的绝大部分立法权。①

在这些机构的共同治理下，一系列的侦诉机构②作出了应有的贡献，发挥了重要的作用，这些机构包括欧洲警察署、欧洲司法组织、欧盟联合侦查小组、欧洲检察官等。

第一节　欧洲警察署

一、历史沿革

（一）观念诞生阶段（1991—1998 年）

在欧洲各国警察之间建立某种形式合作以打击跨国犯罪之观念与欧洲统一之观念同样古老。20 世纪 70 年代，欧洲一些国家间的正式合作当属由欧洲共同体内务和司法部设置特莱维小组（Trevi group），其关注的是国际恐怖主义，但很快其关注点就覆盖了欧洲共同体范围内其他领域的跨境犯罪。20 世纪 70 年代到 80 年代，形势的复杂多变从客观上要求在共同体范围内规范警务合作。在 1991 年卢森堡的欧盟峰会上，时任德国总理的赫尔穆特·科尔（Helmut Kohl）倡议建立一个类似于美国联邦调查局的调查机构来打击欧共体犯罪和保障公共安全。这被看做为欧洲范围内警务合作“播下了种子”（sowing the seeds）。

观念在 1992 年的《马斯特里赫特条约》（Maastricht Treaty，《马约》）得以体现。《马约》首创了欧盟颇为著名的“三根支柱”（three pillars），而其中的一根支柱就是司法和内务（Justice and Home

---

①关于“欧洲理事会”和“欧盟理事会”及其他欧盟机构（如欧洲中央银行、审计院等）的详细介绍，可参见：张彤．欧盟法概论［M］．北京：中国人民大学出版社，2011：47-76（第二章“欧盟的组织机构及其职能”）．

②值得说明的是，由于在欧盟领域内的主体绝大多数并非真正意义上的“侦诉主体”（后述），只是为了与前几章中欧洲主要国家的侦诉主体研究对象相一致，才称为“侦诉主体”。这也是使本书研究对象统一的技术处理。

Affairs)，第 K1（9）条规定了成员国间打击恐怖主义、贩毒和其他跨国犯罪的警务合作，更明确了成立欧洲警察署的初步意向。

1993 年欧洲理事会开始了欧盟警务视域下的第一次正式合作——组建欧洲警察署禁毒部（Europol Drugs Unit，EDU），其于 1994 年 1 月正式运作，被授权帮助或协助成员国警察开展刑事侦查。起初其管辖范围只涉及跨国毒品案件，而随后逐步扩展至恐怖主义案件、机动车犯罪案件、有组织犯罪案件，权力的扩张为“全面启用”（fully-fledged）欧盟警察机构铺平了道路（paving the way）。1993 年 10 月 29 日，欧洲理事会决定在海牙设立欧洲警察署。

根据《马约》第 K3 条制定的《建立欧洲警察署公约》于 1995 年由成员国签署并于 1998 年 10 月 1 日生效。《建立欧洲警察署公约》规定了欧洲警察署是一个什么类型的机构、拥有哪些权力、如何运行（即是什么、做什么、如何做）等内容。根据该公约，每个成员国需要成立一个国家小组来加强国内主管机关和欧洲警察署之间的联系，且每个国家小组都要至少派一名联络官到欧洲警察署总部以便更好地进行信息传递和交换。

20 世纪 90 年代后半期，欧盟经历了一系列的变革，包括新成员国的加入，这或多或少影响了欧洲警察署的运作。而给欧洲警察署带来较大变革的是 1997 年《阿姆斯特丹条约》（Amsterdam Treaty，Treaty of Amsterdam amending the Treaty of the European Union，the Treaties establishing the European Communities and certain related acts，《阿约》）的签署，在新条约里，之前的“司法和内务”被调整成了“警务和司法合作”，总体的目标则是创建一个“自由、安全和公正”的区域（an area of freedom，security and justice）。[①] 这更凸显了“警务合作”的重要地位。

（二）最初成立阶段（1999—2004 年）

欧洲警察署开始全面运转始于 1999 年 7 月 1 日。因管辖的范围包括了虐待儿童、恐怖主义、伪造货币等案件，加上有权和第三国、国际组织签署合作协议，欧洲警察署成为欧洲领域内外打击犯罪的全面合作

①Europol. Birth of an idea，1991-1998（History of Europol）［EB/OL］. https://www.europol.europa.eu/content/page/history-149,2014-04-25.

伙伴。

然而欧洲警察署自从成立之初就面临着一系列的挑战：巴尔干半岛不稳定的局势，贩毒、非法移民以及其他形式的有组织犯罪迅速蔓延，信息和通信方式的变革等。

欧洲警察署的法律地位和组织在《建立欧洲警察署公约》的第 5 部分就确立了，但由于面临上述挑战，其行动方针不得不从策略型调整和转变为操作型，信息交换和情报分析是核心业务。海牙计划（Hague Programme）更是将欧洲警察署定位为欧盟执法合作的中心机构。①

（三）成熟阶段（2005 年至今）

2005 年对欧洲检察署而言也是一个重要的年份。因为前一年有一大批新的成员国加入、② 新的欧洲警察署主任上任。新成员国的加盟对欧洲警察署的工作带来了一定的帮助，确立了其作为欧洲打击国际犯罪的中心地位。2005 年 10 月欧洲警察署信息系统对各成员国执法机构开放，意味着欧洲对打击国际犯罪又向前迈进了一步。

2007 年 4 月，三项修改《建立欧洲警察署公约》的议定书生效。关于洗钱的议定书扩大了欧洲警察署打击洗钱犯罪的权力；关于联合侦查小组（本章第三节详细论述）的议定书允许欧洲警察署参与并支持联合侦查小组；丹麦议定书为欧洲警察署新一代的信息系统提供了支撑，其要求欧洲警察署与成员国主管机关进行更为频繁的交流。到了 2008 年，欧洲警察署通信网络得到了安全认证。欧洲警察署通信网络连接欧洲警察署和各成员国并向成员国提供欧洲警察署信息和知识管理服务。③

成熟阶段的特征主要体现在两个方面：一为各种专业化信息系统的

---

①Europol. The first years, 1999 - 2004 (History of Europol) [EB/OL]. https://www. europol. europa.eu/content/page/first-years, 2014-04-25.

②2004 年有十个国家加入欧盟，包括塞浦路斯、爱沙尼亚、拉脱维亚、立陶宛、波兰、捷克、斯洛伐克、匈牙利、马耳他、斯洛文尼亚，可谓是国家加入最多的年份。1951 年，德国（西德）、荷兰、比利时、法国、意大利、卢森堡六国成立欧洲煤钢共同体，可视为欧盟的前身；1973 年，丹麦、英国、爱尔兰加入欧盟；1981 年，希腊加入欧盟；1986 年，西班牙、葡萄牙加入欧盟；1995 年，瑞典、芬兰、奥地利加入欧盟；2007 年，罗马尼亚、保加利亚加入欧盟；2013 年，克罗地亚加入欧盟。至此，欧盟成员国达到 28 个。

③Europol. The growth to maturity, 2005-2008 (History of Europol) [EB/OL]. https://www. europol. europa. eu/content/page/growth-maturity, 2014-04-25.

健全；二为与各成员国的合作越来越紧密。

官方将 1999 年作为欧洲警察署元年是因为其在这一年开始正式运转。在 2009 年 7 月 1 日，欧洲警察署庆祝其运作十周年。欧洲警察署主任回顾了十年来它的成就和不足之处，作为欧盟最重要的机构之一，为更好地打击欧盟范围内的恐怖主义和跨国犯罪已经作出了自己应有的贡献。展望未来，欧洲警察署还有更为艰巨的任务。①

二、法律支撑

从欧洲警察署的历史沿革来看，其成立、成长与成熟都离不开法律支撑。

1998 年 10 月 1 日生效的《建立欧洲警察署公约》为欧洲警察署的成立奠定了法律基础。虽然 1992 年的《马约》规定建立欧洲警察署，但此时其并未成为真正意义上的欧盟机构，只有其拥有自己的法律才可以称得上欧盟层面的机构。

公约由议定书修订，三个议定书都于 2007 年生效。第一个议定书签署于 2000 年，实质性地将欧洲警察署的管辖权力扩大至洗钱犯罪，包括其上游犯罪。该议定书同时为欧洲警察署侦测和扣押财产并中断刑事犯罪网络提供了有效支撑。第二个和第三个议定书分别签署于 2002 年和 2003 年，前者为欧洲警察署参与联合侦查小组夯实了基础，后者规范了第三国与欧洲警察署开展实践层面的合作。

2009 年 4 月 6 日欧盟理事会通过了一项决定——《关于建立欧洲警察署的决定》（Council Decision of 6 April 2009 establishing the European Police Office），该项决定代替了《建立欧洲警察署公约》，其改变并扩展了欧洲警察署的职责和任务范围，改进了欧洲警察署的数据处理和保护流程，优化了欧洲警察署的运作和管理职能。为了确保欧盟理事会的决定能够顺利执行，欧洲警察署实施了专门的计划，以保障欧洲警察署在该项决定的引导下更好地发挥其职能。②

---

①To read more about Europol, may see Anniversary publication：10 years of Europol 1999-2009（https：//www. europol. europa. eu/sites/default/files/publications/anniversary-publication. pdf）.

②Europol. Changing legal basis：steps to becoming an EU agency（History of Europol）［EB/OL］. https：//www. europol. europa. eu/content/page/becoming-eu-agency-1859，2014-04-25.

三、职责和任务

欧洲警察署是欧盟的执法机构，其主要目标是帮助实现安全的欧洲，协助成员国打击严重的国际犯罪，因为大量的跨区域犯罪给欧盟安全和公民的日常生活造成了极大的威胁。这些安全威胁来自恐怖主义、国际贩毒、洗钱、有组织欺诈、伪造货币和贩卖人口。当然，新的危险也逐渐出现，欧洲警察署必须时刻面对。

根据上述的《关于建立欧洲警察署的决定》，欧洲警察署地位、职责和任务事项已然明确。[①]

第一，根据第一条“建立”（Establishment）之规定，《关于建立欧洲警察署的决定》替代了根据《马约》第K3条制定的《建立欧洲警察署公约》，并建立了新的欧洲警察署。[②] 根据第二条“法律行为能力”（Legal capacity）之规定，在每一个成员国，欧洲警察署享有最广泛的法定和约定之能力。[③]

第二，根据第三条“目标”（Objective）之规定，欧洲警察署的目标是支持由成员国主管机关开展的行动并在预防和打击有组织犯罪、恐怖主义和其他形式的严重犯罪过程中与其相互合作。[④] 接着，第四条“权能”（Competence）就规定，欧洲警察署权力（管辖）范围覆盖有组织犯罪、恐怖主义和本决定附件中囊括的其他形式犯罪。这些犯罪包括：贩毒；洗钱；偷渡；贩卖人口；机动车犯罪；谋杀，严重伤害他人身体；非法交易人体器官和组织；绑架，非法监禁和劫持人质；种族主义和仇外；有组织抢劫；贩卖文化产品，包括古董和艺术品；诈骗和欺诈；敲诈和勒索；制假和盗版产品；伪造和贩运行政性文件；伪造货币和其他支付手段；计算机犯罪；腐败；贩运武器、弹药和爆炸物；贩运濒危动物物种；贩运濒危植物物种；环境犯罪；贩运荷尔蒙物质和其他

---

①Council Decision of 6 April 2009 establishing the European Police Office（Europol）（2009/371/JHA），https://www.europol.europa.eu/sites/default/files/council_decision.pdf.

②Article 1，Establishment，Council Decision of 6 April 2009 establishing the European Police Office（Europol）.

③Article 2，Legal capacity，Council Decision of 6 April 2009 establishing the European Police Office（Europol）.

④Article 3，Objective，Council Decision of 6 April 2009 establishing the European Police Office（Europol）.

生长促进剂。[①] 第五条“任务”（Tasks）规定，欧洲警察署的主要任务是：收集、储存、处理、分析和交换信息与情报；毫不延迟地向成员国主管机关通报涉及该成员国的信息；帮助成员国开展侦查；要求成员国主管机关启动、进行或协调侦查，以及建议在特殊案件中成立联合侦查小组；向成员国提供情报和分析支持；准备威胁评估、策略性分析和总体的情况报告；在成员国主管机关的侦查过程中提供专门知识并提出建议。[②]

四、定位：服务型而非执法型机构

从历史沿革、法律支撑与职责和任务来看，欧洲警察署的定位更倾向于服务型机构而非真正意义上的执法机构。这点一方面可从其独特的服务（unique services）中看出，另一方面可从其成立的宗旨和具体的权力范围体现出来，同时这两个方面亦能相互印证。正因为其主要职能在于“服务”，其执法职能就被弱化了；而正因为它确实没有实际的执法权，所以就只能在其他方面如服务上协助成员国。

就其服务而言，有几点较为突出：它成为（1）执法机构支持中心；（2）犯罪信息和组织的管控枢纽；（3）执法专家提供中心和平台；（4）强大的情报分析中心；（5）提供常规评估和报告中心。[③] 中心为各成员国和欧盟提供每周 7 天、每天 24 小时的不间断服务。[④] 2012 年 3 月，欧盟委员会促成欧洲警察署建立了新的欧盟打击网络犯罪中心，使之成为打击网络犯罪的先锋。2013 年 1 月 1 日，该中心正式运转。[⑤]

---

①Article 4, Competence, Council Decision of 6 April 2009 establishing the European Police Office (Europol).

②Article 5, Tasks, Council Decision of 6 April 2009 establishing the European Police Office (Europol).

③如欧盟有组织犯罪威胁评估（the European Organised Crime Threat Assessment, OCTA）就确认和评估出现的威胁，描述有组织犯罪集团的结构和实施犯罪的方法，以及危及欧盟安全的主要犯罪类型；又如欧盟恐怖主义形势和趋势报告（the EU Terrorism Situation and Trend Report, TE-SAT）每年出版，向欧盟成员国提供关于恐怖主义的详细说明。

④Europol. About us [EB/OL]. https://www.europol.europa.eu/content/page/about-us, 2014-04-25.

⑤Europol. A collective EU response to cybercrime [EB/OL]. https://www.europol.europa.eu/ec3, 2014-04-25.

2013 年 11 月 19 日公布的 2014 年欧洲警察署工作计划（Europol Work Programme 2014）特别提出在 2013 年的基础上，欧盟打击网络犯罪中心将进一步提升服务质量，提供更为详细的网络犯罪信息、更为先进的技术支持、更为全面的重点案件剖析、更为权威的网络犯罪威胁评估等一系列服务。① 由此看出，每一个中心的建立都是为欧洲警察署的运作提供支持的。

欧盟官方网站亦提到：欧洲警察署的角色是欧盟安全的推动者、促进者，是欧盟公民权利的保障者。当然，这需要犯罪情报的交换和分析，也需要欧盟其他机构和成员国的支持和帮助。②

五、评述

经《里斯本条约》修订的《欧盟运行条约》专门用一章来规定“警务合作”，其中第 88 条用于规定欧洲警察署。这条即为对欧洲警察署职责、任务和角色的全面概括，《欧盟运行条约》将其上升到类似于欧盟“宪法”的层面。

从《欧盟运行条约》第 88 条第 1 款之规定来看，欧洲警察署是欧盟的一个机构，其角色是支持和加强与成员国警察机构、其他执法机构间的相互合作，以预防和打击涉及两个或两个以上成员国的严重犯罪，包括恐怖主义和其他形式犯罪。就第 2 款而言，欧洲警察署的任务包括：（1）收集、储存、处理、分析和交换信息，特别是由成员国或第三国或团体提交的信息；（2）协调、组织和配合成员国主管机关实施侦查行动。③

综上而言，无论是《建立欧洲警察署公约》、《关于建立欧洲警察署的决定》，还是《欧盟运行条约》，都提到了欧洲警察署的定位、角色、任务、职责等。但这些公约、决定和条约的规定都十分相似，欧洲警察署本质上是一个服务型的欧盟机构，其关键词为“支持”

---

①Europol. Europol work programme 2014 ［EB/OL］. https：//www. europol. europa. eu/sites/default/files/publications/wp2014. pdf，2014-04-25.

②Europol. Europols priorities ［EB/OL］. https：//www. europol. europa. eu/content/page/europol%E2%80%99s-priorities-145，2014-04-25.

③See Article 88，Consolidated Version of the Treaty on the Functioning of the European Union（Brussels，15 April 2008，6655/08）.

(support) 和“信息”(information)。“支持”，是指对成员国的侦查行动给予支持、协助，并促使成员国之间相互沟通与合作；“信息”，是指欧洲警察署是欧盟信息交换和情报分析中心，通过信息为成员国提供评估、报告、建议。二者也有联系，“支持”的基础是“信息”，“信息”的目的是支持（见表 6-2）。即便从“策略型”向“操作型”转变，欧洲警察署的地位和角色不会发生根本性的改变。这当然与欧洲一体化的大环境有关。

表 6-2 欧洲警察署工作方向与重点

“信息”（基础）	“支持”（目的）
信息交换和情报分析中心	对成员国的侦查行动给予支持、协助
为成员国提供评估、报告、建议	促使成员国之间相互沟通与合作
健全各种专业化的信息系统	优化沟通与合作机制

第二节 欧洲司法组织

一、历史沿革

（一）起源阶段（1999 年）

1999 年 10 月 15 日至 16 日，在芬兰坦佩雷的欧洲理事会会议上，欧盟各成员国和政府首脑讨论建立一个司法合作部门（a judicial cooperation unit）。该会议同样旨在创建自由、安全和公正的区域，这是以各成员国主管机关间进行稳固合作，打击跨境犯罪为基础的。为了加强打击严重有组织犯罪的力度，欧洲理事会同意建立一个机构，该机构由成员国检察官、治安法官或具有同等权力的警官组成。

（二）组建阶段（2000—2002 年）

2000 年 12 月 14 日，由葡萄牙、法国、瑞典、比利时发起组建了一个临时司法合作机构，即欧洲司法组织的前身。2001 年 3 月 1 日，该机构正式运转。自美国“9·11”恐怖袭击事件以后，从成员国到国际领域范围内打击恐怖主义的压力倍增。在此背景下，欧盟理事会决议（2002/187/JHA）建立欧洲司法组织作为司法合作机构。随后的 2002

年上半年，对欧洲司法组织具有里程碑的意义：2月28日关于欧洲司法组织的决议公布、5月预算案公布、6月程序规则通过。

（三）发展阶段（2003年至今）

2003年4月29日，欧洲司法组织搬至海牙。同欧洲警察署一样，在随后的几年里，欧洲司法组织面临着多个成员国加入的客观因素，这要求其应更加积极地同第三国和其他欧盟机构协商合作，使得司法信息和数据能够及时交换。2008年12月关于加强欧洲司法组织建设的新的理事会决议得以批准并于2009年6月公布，该决议增强了欧洲司法组织的操作能力、信息交换能力、与成员国主管机构的合作能力。[①]

二、法律支撑

与欧洲司法组织相关的法律与规范，可粗略地分为三大部分：欧盟理事会决议（Council Decision）、其他相关文件（Other relevant documents）以及与合作者达成的协议（Agreements with partners）。

欧盟理事会决议，首先是指2002年2月28日达成的一项决议（the Council Decision 2002/187/JHA of 28 February 2002），它设置了欧洲司法组织，目的是加强打击严重犯罪的力度，同时规定其作为欧盟的机构，具有独立的法律人格。其次是指随后的两项修改决议，即2002年的决议由2003年（Council Decision 2003/659/JHA of 18 June 2003）和2008年（Council Decision 2009/426/JHA of 16 December 2008）新的决议修订，它们完善了最初的"成立"决议。

其他相关文件包括：适用于欧洲司法组织的财政规则、数据保护规则、程序规则等。

达成的协议根据签署对象不同分为三类：与欧盟其他组织机构的协议（如2012年7月20日签署并同时生效的《欧洲司法组织与欧盟委员会的谅解备忘录》、2009年10月1日签署并于2010年1月1日生效的《欧洲司法组织与欧洲警察署的协议》等）；与第三国的协议（如2006年11月6日签署并于2006年12月21日生效的《欧洲司法组织与美利坚合众国的协议》等）；与其他组织的协议（如2013年7月15日签署

①Eurojust. History of Eurojust（Background）［EB/OL］. http：//eurojust. europa. eu/about/background/Pages/history. aspx，2014-05-02.

并于2013年11月1日生效的《欧洲司法组织与国际刑警组织的谅解备忘录》、2010年2月26日签署并同时生效的《欧洲司法组织与联合国毒品和犯罪问题办公室的谅解备忘录》等)。[①]

三、职责和任务

欧洲司法组织的职责在于鼓励和增进成员国主管机关之间的侦查和起诉协作；加强与成员国主管机关的合作，尤其是在法律互助和引渡等方面；支持多种形式的打击跨境犯罪的侦查和起诉活动。在成员国的请求下，欧洲司法组织或基于签署的合作协议，或基于自身的实质性权益，可以帮助成员国或非成员国侦查和起诉。

值得说明的是，欧洲司法组织的管辖范围和欧洲警察署的管辖范围基本吻合，包括但不限于恐怖主义、贩毒、贩卖人口、伪造、洗钱、计算机犯罪、财产犯罪（欺诈和贪污以及影响欧盟财政利益犯罪）、环境犯罪和参与犯罪组织等。这些类型的犯罪都是两大机构打击的对象，而其他类型的犯罪，欧洲司法组织也能应成员国的请求一并协助侦查和起诉。

欧洲司法组织可以要求成员国主管机关开展针对特别犯罪的侦查和起诉、协调其他成员国、接受起诉管辖的决定、建立联合侦查小组、提供必需的信息。[②]

欧洲司法组织的目标、任务等更为详细的内容，在2002年欧盟理事会决议中有所体现。如其第3条和第4条规定了欧洲司法组织的目标和权限，第5~7条规定了欧洲司法组织的任务，包括其作为不同角色时的任务。[③]

---

①Eurojust. Eurojust legal framework（Legal framework）［EB/OL］. http：//eurojust. europa. eu/about/legal-framework/Pages/eurojust-legal-framework. aspx，2014-05-02.

②Eurojust. Mission and tasks（Background）［EB/OL］. http：//eurojust. europa. eu/about/background/Pages/mission-tasks. aspx，2014-05-02.

③See Council Decision of 28 February 2002 setting up Eurojust with a view to reinforcing the right against serious crime（2002/187/JHA），http：//eurojust. europa. eu/doclibrary/Eurojust-framework/ejdecision/Eurojust% 20Decision% 20% 28Council% 20Decision% 202002 - 187 - JHA% 29/Eurojust - Council-Decision-2002-187-JHA-EN. pdf.

四、定位：协调型而非执法型机构

在2010年制定的服务于公正和安全欧洲以及保护公民的“斯德哥尔摩计划”（the Stockholm Programme）① 中多次提到了欧洲司法组织。② 欧洲司法组织下一步工作的重点在于增强发起侦查的积极性和解决管辖冲突的能力。欧洲理事会要求欧洲司法组织应当更加主动地参与成员国之间的合作并协调成员国主管机关开展的侦查。③

由此观之，欧洲司法组织更多的是在各成员国主管机关之间对侦查和起诉等事项进行协调，解决纷争，与欧洲警察署一样，并不具有真正意义上的执法权。

五、评述

经《里斯本条约》修订的《欧盟运行条约》专门用一章来规定“刑事事项司法合作”，其中第85条用于规定欧洲司法组织，这条即为对欧洲司法组织职责、任务和角色的全面概括。同规定欧洲警察署的第88条一样，《欧盟运行条约》将该条上升到类似于欧盟“宪法”的层面。

《欧盟运行条约》第85条第1款规定，欧洲司法组织的任务是支持和加强成员国侦查和起诉机构间打击涉及两国或多国严重犯罪的协调与合作。具体包括：（1）动议由成员国主管机关主导刑事侦查和起诉，尤其是在犯罪行为危害欧盟财政利益时；（2）协调成员国上述的侦查和起诉事项；（3）加强司法合作，包括解决管辖权冲突和与欧洲司法

---

①斯德哥尔摩计划是欧盟成员国为司法和内务事项制定的一个五年（2010—2014）计划，这是继1999年坦佩雷计划（the Tampere Programme of 1999）和2004年海牙计划（the Hague Programme of 2004）后欧盟成员国实施的第三个此类计划。

②Eurojust. EU legal framework（Legal framework）［EB/OL］. http：//eurojust. europa. eu/about/legal-framework/Pages/eu-framework. aspx，2014-05-02.

③See the Stockholm Programme - An Open and Secure Europe Serving and Protecting Citizens (2011/C 115/01): Notices from European Union Institutions, Bodies, Offices and Agencies, http://eurojust. europa. eu/doclibrary/euframework/The%20Stockholm%20Programme%202010/Stockholm-Programme-2010-EN. pdf.

协作网紧密合作。[1]

通过这两节对欧洲警察署和欧洲司法组织的阐述，综合来看，发现两大欧盟机构存在一定的异同（见表6-3）。例如，虽同为非执法型机构，但欧洲警察署是“服务型”机构，欧洲司法组织是“协调型”机构。

表6-3　欧洲警察署和欧洲司法组织对比

	欧洲警察署	欧洲司法组织
正式运转	1999年7月1日	2001年3月1日
从　属	警务合作	刑事事项司法合作
法律支撑	《建立欧洲警察署公约》及三个修改议定书；《关于建立欧洲警察署的决定》；《欧盟运行条约》	建立欧洲司法组织的理事会决议及其修改协议、其他相关文件和与其他合作者达成的协议；《欧盟运行条约》
定　位	服务型而非执法型机构	协调型而非执法型机构
任　务	收集、储存、处理、分析、交换、通报信息与情报；帮助成员国开展侦查；要求成员国主管机关启动、进行或协调侦查，以及建议在特殊案件中成立联合侦查小组；准备威胁评估、策略性分析和总体的情况报告；为成员国主管机关的侦查程序提供专门知识并提出建议	动议由成员国主管机关主导刑事侦查和起诉（尤其是在犯罪行为危害欧盟财政利益时）；协调成员国上述的侦查和起诉事项；加强司法合作（包括解决管辖权冲突和与欧洲司法协作网紧密合作）

第三节　欧盟联合侦查小组

在介绍了欧洲警察署和欧洲司法组织后，有必要讨论一个非常设的组织——欧盟联合侦查小组。一来它与欧洲警察署和欧洲司法组织密切

①See Article 85, Consolidated Version of the Treaty on the Functioning of the European Union (Brussels, 15 April 2008, 6655/08).

相关，二来通过挖掘它存在的问题并加以解决有助于寻求欧洲警察署和欧洲司法组织改革的出路，不仅是借鉴，更是相互促进和共同发展。

一、成立的背景

欧盟联合侦查小组（Joint Investigation Teams，即 JIT；法语为“E-quipes Communes d’ Enquête”，即 ECE。又译为“联合侦缉队”、“联合侦查组”等），顾名思义，是欧盟为加大打击犯罪力度而加强联合侦查成立的一种组织形式，是跨国警务与刑事司法合作的一种特殊方式。其实就是新增专门的侦查机构来破获案件，以期达到联合执法之效果。其关键在于“侦查”。

然而，无论从理论还是从法律抑或从实践上来考察，联合侦查小组都或多或少存在着一些问题，这些问题亟待解决。而这些问题的解决对欧盟警务与刑事司法合作的向前推进，以及欧洲一体化的最终实现有着可资借鉴的作用。因为这些问题之所以产生，其根源在于欧盟机构本身存在的问题，这些问题有些是实质性的、不可回避的。

二、设立的难题

（一）国家间主权的让渡问题阻碍了合作

早在 1648 年签订的《威斯特伐利亚和约》（the Peace Treaty of Westphalia）中就提出了近代国际法的根本原则——国家主权原则（Principles of Sovereign Statehood）以及国家（领土）主权平等原则。然而随着交流日益频繁，各成员国早已“让渡”部分主权（compromised sovereignty）共同管理欧盟事务——即参与国转移部分有限的权力给共同体（一种超国家的政体）。不过，这种转移是迫不得已的，同时也是有一定限度的。迫不得已的让步和妥协之原因在于欧洲一体化进程的加快、欧洲各国外部环境的改变、经济和社会的转型而导致的政府压力过大，各国单凭自身力量早已无法解决所有问题，必须寻找出路。而“三大支柱”就是在这一背景下建立起来的。不过，“分享主权”（sharing sovereignty）并不意味着国家自主权的丧失（no loss of national automony）——这就是所谓的“一定限度”，是指在“主权（让渡）”和“合作”（如设置联合侦查小组）之间进行博弈，如图 6-1 所示。

（政治家/政治上关注，political attention）主权问题（放松但并未消失）

↕

（实战家/实务上关注，practitioners' attention）合作问题（加强之势）

图 6-1　国际上的主权与合作之分析

这就是目前为止联合侦查小组建立不多（没有被充分利用）的原因之一，恐怕也是警务合作与刑事司法合作开展得不够深入的原因之一：政治目标和责任（the political ambition/responsibility）与警务实践（police practice）、刑事司法合作实践之间存在距离（矛盾）。这样的问题比单纯某个国家内部存在的问题要复杂得多，因为它毕竟涉及国家主权这一高层次问题。虽然实战家旨在使警察权力在欧洲层面（European Level）上和谐化、协调化（harmonisation），但只要国家间具体操作标准存在严重分歧（important differences），就会退回到按照各自国内法的规定进行操作和执行之范式，这是由“各国环境不同，想高度一致确有困难，涉及国家主权的让步问题”而引起的。实务的非标准化（unstandardised）亦是成因之一。由此可见整个欧盟领域内成立一个共同的机构难度之大，更何况要实现整个欧盟范围内的法律、政治的统一化、标准化。不过，在共同打击犯罪这一宗旨的指导下，国家的干预逐渐减弱，合作的力度不断加大。这其实也是权力的此消彼长，[①] 涉及主权让渡的可能性与合作的必要性之间的博弈。

这里涉及的是一个理论框架（theoretical framework）问题。本来主权与其他权力，尤其是在警务合作、刑事司法合作领域内的侦查权或司法权无可比性，因为国家主权显然是至高无上的，任何行为都不得破坏国家主权，任何权力也不能与之相提并论，它是一个国家称之为“国家”的基本要素，与侦查权不在一个层面上。然而由于跨国犯罪日益严重，单凭一个国家的能力无法成功破获某些案件，必须寻求协作，以形成合力。在这种情况下，如果不合作势必又会损害国家主权的完整性和安全，于是不得不做出“些许”让步。然而一旦做出这种选择，侦查权似乎又有逐渐变大的趋势，反过来又影响并削弱了国家的主权，国

---

①Walliam Wallance. The Sharing of Sovereignty: The European Paradox [J]. Political Studies, 1999, 47 (3). 503-521.

家从此失去"独立"打击犯罪的权力——这一传统国内政治的核心地带（heartland），甚至患上"渺小恐惧症"（fear of insignificance）。故国家又会限制侦查权的行使，合作也随之受到限制。可以说，国家不断在主权和侦查权之间进行微调，以期既能保障国家主权不受侵犯（犯罪和侦查的"双重"侵犯），又能提高打击犯罪的力度，保障国家安全，①从而维持一定的"博弈"和"妥协"状态。所以，对于国家而言，限制跨国侦查权变得十分重要；而实务工作者则认为扩大侦查权才是首要的。这也是为什么之前会有"三大支柱"的区分：第二、三根支柱的政府间性质是欧盟各国不充分让渡主权的结果，也是欧洲一体化与主权斗争的妥协产物。主权制约着一体化进程。虽然现在看来"三大支柱"已被取消，但要想从根本上解决国家主权与警务合作、刑事司法合作的关系，目前还尚无可能，只是对如何平衡两者关系可以有个初步的探讨。鉴于此，多方共同协商并制定了一系列文件以扩大或限缩侦查权。

（二）各国法律的差异性及模糊性影响了合作

联合侦查小组是加强欧盟成员国之间警务相互协作的工具（instrument）。然而，利用联合侦查小组的经验告诉我们，要想直接在警务上进行合作相当困难，因为许多因素综合在一起使之变得复杂（complex issue），而构建法律框架则是其中之一。

根据《阿约》第K2条之规定，欧洲警察署必须为联合小组的具体行动提供便利和支持。随后1999年10月15日至16日在芬兰坦佩雷召开的欧洲理事会会议为进一步运用联合侦查小组提供了可能。在会议决议的第43条中提到，欧洲理事会建议毫不延迟地（sans délai）建立联合侦查小组以便打击贩卖毒品、贩卖人口和恐怖主义犯罪。②随后，根据《阿约》第K6条2（d）之规定，2000年5月29日欧盟理事会通过

①Saskia Hufnagel. The Fear of Insignificance: New Perspectives on Harmonising Police Cooperation in Europe and Australia [J]. Journal of Contemporary European Research, 2010, 6 (2). 165-193.

②Article 43: Maximum benefit should be derived from co-operation between Member States' authorities when investigating cross-border crime in any Member State. The European Council calls for joint investigative teams as foreseen in the Treaty to be set up without delay, as a first step, to combat trafficking in drugs and human beings as well as terrorism. The rules to be set up in this respect should allow representatives of Europol to participate, as appropriate, in such teams in a support capacity, Tampere European Council 15 and 16 October 1999 Presidency Conclusions (http://www.europarl.europa.eu/summits/tam_en.htm).

了《欧盟成员国刑事互助公约》（la Convention relative à l' entraide Judiciaire en Matière Pénale）,[①] 其中第 13 条从成立的条件、具体操作流程等方面规定了联合侦查小组。[②] 然由于该公约迟迟未生效，这一规定被搁浅。不过欧盟理事会还是依据《阿约》第 K6 条 2（b）之规定于 2002 年 6 月 13 日通过了《关于联合侦查小组的框架决定》（Council Framework Decision of 13 June 2002 on joint investigation teams，于 2003 年 1 月生效并在 2005 年 8 月 23 日《欧盟成员国刑事互助公约》生效时随即失效）。[③]《关于联合侦查小组的框架决定》的生效"初步"摆脱了《欧盟成员国刑事互助公约》未能生效的窘境，而《关于联合侦查小组的框架决定》的第 13 条、第 15 条、第 16 条确实与《欧盟成员国刑事互助公约》相同，即可以认为通过变通的方式将《欧盟成员国刑事互助条约》中关于联合侦查小组的条款落到实处。[④] 至此，欧盟的刑事国际执法机构合作新模式——联合侦查小组诞生。它的诞生可谓一波三折，不过也是欧盟范围内"常见"之事：一些公约或条约因无法"一致通过"被搁浅（这也是"第三支柱"举步维艰的根源所在），好在还有其他方法解决，如先施行不需要成员国"一致通过"的框架决定等，然后再逐步说服一些国家以期条约或公约能够获批，这一过程也带有某

---

①该《互助公约》规定了一系列的现代侦查方法以打击跨境犯罪：第 12 条的控制下交付（Livraisons surveillées）、第 13 条的联合侦查小组（Equipes communes d' enquête）、第 14 条的秘密侦查（Enquêtes discrètes）、第 17~20 条的截取电信（Interception des télécommunications）。

②Article 13, Equipes communes d' enquête, Acte du Conseil du 29 mai 2000 établissant, conformément à l' article 34 du traité sur l' Union européenne, la convention relative à l' entraide judiciaire en matière pénale entre les Etats membres de l' Union européenne, http://www.ejtn.eu/PageFiles/6335/seminars%20documents_FR/Convention_UE_2000.pdf.

③See Council Framework Decision of 13 June 2002 on joint investigation teams（2002/465/JHA），http：//eur-lex.europa.eu/LexUriServ/LexUriServ.do? uri = OJ：L：2002：162：0001：0003：EN：PDF.

④"框架决定"的实施不需要经过成员国议会的"一致批准（通过）"，不过它只具有间接效果，并且给成员国留有自己选择形式和方法的权力。

种“妥协”意味。①

对于成员国而言，适用联合侦查小组的方式不尽相同。有的国家通过了关于联合侦查小组的专门立法（special legislation）；有的国家则是在相关的刑事程序法中插入（insert）关于联合侦查小组的条款；还有的国家更为简单，即直接适用（direct applicability）《欧盟成员国刑事互助公约》或《关于联合侦查小组的框架决定》。这种立法体例的差异性再次造成了联合侦查小组法律适用的不确定性和模糊性。如2000—2002年间没有统一的法律依据（《欧盟成员国刑事互助公约》未生效）、2003—2005年间法律的不确定使建立联合侦查小组变得不易——立法/法律本身不存在或不确定，一些国家是否能够设立联合侦查小组？第一，如根据荷兰国内法，设置联合侦查小组必须依据条约/公约。②而在《欧盟成员国刑事互助公约》未生效且《关于联合侦查小组的框架决定》生效但并非条约/公约的情况下，如何设置？没有了法律依据，联合侦查小组便成为无源之水、无本之木——怎么解决设置的合法性问题？各国法律的不一致性（不仅法律适用不尽相同而且想要成立联合侦查小组需要的条件之严格程度也不同）造成了设置障碍。第二，在那些认可《关于联合侦查小组的框架决定》的国家，仍存在着立法/法律的不确定性问题，并由此导致执法过程的不确定性（能否进行某种强制性行为）和效果的不确定性（法庭如何评价联合侦查小组收集

---

①而这同样是《里斯本条约》通过的方式。在欧洲一体化道路上希望用“条约性宪法”来规范欧盟范围内的事项，《欧盟宪法条约》便是阶段性成果。但是，由于在法国、荷兰等国家的全民公投中未能通过，所以有“欧盟宪法”之称的《欧盟宪法条约》并未生效。其后，通过对《欧盟宪法条约》中条款的修改，如去掉带有“宪法”意味的欧盟盟旗、盟歌等部分，使其仅具有“宪法性条约”性质，然后欧盟决定各成员国可以通过“议会审批”的方式批准条约，无须采用“全民公投”的方式，大大降低了被否决的危险，从而以“让步”和“妥协”的方式换取了《里斯本条约》的通过。但仔细分析就会发现，虽然去除了“宪法”意味的“欧盟总统”、“欧盟外长”等字眼，但还是有许多内容与《欧盟宪法条约》如出一辙，这些当然是各成员国与欧盟之间博弈的结果。

②一些国家的国内法作出严于国际法的要求是正常的，国际行为准则只是最基础的、最低的标准，而国内法可以设置更加严格的要求。“公约”和“框架决定”可作为联合侦查小组的法律依据是《欧盟条约》规定的，而荷兰国内设置更为苛刻的条件即设置联合侦查小组必须依据条约/公约是允许的，并不违反国际法。

来的证据）等问题。[①] 第三，成立联合侦查小组之后，就会有主办国（steering group）和协办国（seconded members）之分。问题在于，如果在主办国执法官员拥有某项权力，是否意味着协办国的执法官员到主办国时不管其在国内有无该项权力都能行使？所以，除了担心非侦查主体成为侦查主体而滥用侦查权之外，还应顾虑无特定侦查权的侦查主体到相关国家后是否能拥有该特定侦查权，因为这同样涉及侦查权是否被扩大使用的问题。

申言之，警务合作与刑事司法合作之初衷在于提高各国处理跨国刑事案件的速度（speed）和效率（efficiency），但衍生出来的侦查权力从国内蔓延到区域内甚至国际范围后势必引起担忧。如何通过法律控制它成为主要议题，这同样也是法律不断完善过程中应该考虑的。法律既可以扩权又可以控权，尺度的把握是一种技巧。而各国法律体例的差异性及法律的模糊性（不确定性）之存在使得问题更加复杂，不仅影响了合作，而且各国的关系和国内法律的调整都尚需时日。

（三）欧盟框架内主体关系的多重性、复杂性制约了合作

在欧盟范围内，除了联合侦查小组之外，还存在多个主体，其中就包括前两节介绍的欧洲警察署和欧洲司法组织。对于联合侦查小组，欧洲警察署的地位非常重要，因为它不仅能够在成员国间启动侦查（initiate investigation），还有权设立（set up）联合侦查小组，更不用说在联合侦查小组侦查、采取联合行动（joint action）时对其具体操作、执行法律施加影响了。

欧洲警察署除了提供法律建议之外，还辅以专业知识（刑事法知识）并协调行动以及提供技术方面的支持，但不能因此认为它们是领导与被领导的关系。实践中，它不能成为联合侦查小组的领导者（leader），也不能采取任何强制措施（coercive measures）。欧盟理事会在 2010 年 2 月 26 日通过的一项决议就包含欧洲警察署参与联合侦查小组的特别条款：首先明确指出欧洲警察署没有采取强制措施的权力，但

---

①Jürgen Kapplinghaus. Joint Investigation Teams: Basic Ideas, Relevant Legal Instruments and First Experiences in Europe[C]. UNAFEI, Proc. of 134th International Training Course Visiting Experts' Papers(Resource Material Series No. 73) of United Nations Asia and Far East Institute for the Prevention of Crime and the Treatment of Offenders, Japan: 1-26 Harumi-cho, Fuchu, Tokyo 183-0057, 2007. 29-33.

基于指导权，当联合侦查小组开展行动时，欧洲警察署为了能够给采取强制措施的执法者提供建议和帮助，其有关成员应该在场，即所谓的“在场权”。这项权力是基于“指导权”而非“领导权”。也就是说，在欧洲一体化过程中，虽然联合侦查小组从最初由国家间设立到由欧盟机构组织或牵头设置，使其具备了一定的“超国家”性质，但与欧盟其他机构一样，其极少能有实际的权力，如侦查权。这又是欧洲一体化所缺失的。这其实也是欧洲一体化进程的一个缩影：进步但不彻底——原“第三支柱”形式上纳入欧盟共同的运行机制，但实质上“政府间”的运行方式仍然存在，并形成了以政府间性质为主、超国家性质为辅的复杂混合状态。①

当然，欧洲司法组织的作用也不可忽略。其法律框架能够对联合侦查小组提供支持——能够确定适合联合侦查小组的运作情况、要求国家主管机关设立联合侦查小组、为订立联合侦查小组协议提供商议的机会（法律咨询、提供专家）、在运行过程中对收集信息的方式提供说明、为会议提供便利（包括财政支持）并在一些国家设联系点（contact points）加强沟通。② 而欧盟对司法组织作用的加强反过来又会为联合侦查小组提供后勤支持（appui logistique），即对司法组织的优化会对联合侦查小组提供帮助。③ 两者产生互动并相互促进。

欧洲警察署和欧洲司法组织的官方网站中都提到了联合侦查小组，“联合侦查小组计划”由欧洲警察署和欧洲司法组织共同促进完成。④ 而欧洲司法组织的“联合侦查小组资金计划”⑤ 旨在对联合侦查小组行

①周勇．欧盟司法与内务合作的新功能主义解读［J］．国际论坛，2012，80（2）．73-78.

②Monika Helmberg. Eurojust and Joint Investigation Teams：How Eurojust can Support JITs［J］. ERA-Forum，2007，8（2）.245-251.

③EurActiv. fr. Coopération policière dans l’UE：Les équipes communes d’enquêtes sous la loupe des experts［EB/OL］. http：//www. euractiv. fr/institutions/priorites-de-lue-electionsarticleequipes-communes-enquetes-loupe-experts-000972-1185. html，2014-05-04.

④Europol. Joint Investigation Teams（JITs）［EB/OL］. https：//www. europol. europa. eu/content/page/joint-investigation-teams-989，2014-05-04.

⑤Eurojust. JITs funding（Eurojust support to JITs）［EB/OL］. http：//eurojust. europa. eu/Practitioners/Eurojust-Support-JITs/JITS-Funding/Pages/jits-funding-project. aspx，2014-05-04.

动上所需的资金和后勤予以支持。[①] 但即便如此，毕竟欧洲警察署和欧洲司法组织并非“领导者”，这就会在实践中造成一定程度的关系松散（faible）——虽然可以要求设立并参与行动，而且《欧盟运行条约》相关条款在很大程度上赋予了其一定的自主设置权，但在一定期间内还是需要相关国家授权同意（l' accord des autorités）的。这种关系还体现在权力的控制上：联合侦查小组同任何一个侦查主体一样，除了为打击犯罪、提高侦查效率而生，还应该更好地保护被执法机构侦查的人员之权利，即除了充分与其他主体合作（coordination）之外，还应该受到监督（supervision）。而欧洲警察署似乎就应该扮演“平衡者”的角色（保障秩序、效率、公平、公正、自由等价值的实现）——既参与合作又承担监督。然双重角色使欧洲警察署本身无法进行实质监督。而与欧洲警察署对应的机构是欧洲司法组织，故不少国家想通过它来对欧洲警察署以及联合侦查小组进行监督。但由于欧洲司法组织实际上与欧洲警察署是同等级/对等关系（counterpart），也无执法权，所以无法对欧洲警察署、联合侦查小组实施“司法监督”（judicial supervision）。而即便对其进行监督，效果也不佳。因此，一些欧盟成员国认为，必须建立一个统一的欧洲公诉机构抑或真正赋予欧洲警察署执行权来对联合侦查小组实施监督。[②]

也就是说，欧盟联合侦查小组与欧洲警察署、欧洲司法组织之间关系的多重性影响了各自的合作。一个机构的关系就如此复杂，更不用说整个欧盟范围内林林总总的机构关系了。如果不将这些机构合理定位且理顺它们的关系，势必会阻碍欧洲一体化进程。机构之间的配合与制约问题、职权分工不明问题、机构官僚化问题、信息交换和利用问题等，都是欧洲一体化进程中的难题，必须加快破解。而上述情形同样再次证实了欧洲警察署和欧洲司法组织并非执法型机构，而是服务型、协调型机构。

此外，欧洲一体化进程中还存在诸如决策效率低下、“民主赤字”、

①Eurojust. History（Eurojust support to JITs）［EB/OL］. http：//eurojust. europa. eu/Practitioners/Eurojust-Support-JITs/JITs/Pages/history. aspx，2014-05-04.

②Farah Lopes de Lima，José Antonio. Europol as the Director and Coordinator of the Joint Investigation Teams［C］. Centre for European Legal Studies，The Cambridge Yearbook of European Legal Studies（Volumn 9），Cambridge：Cambridge University Press，2006-2007. 314-328.

“过渡期”与“灵活性原则”等障碍，这些亦不容忽视。①

三、难题的“初步”解决

解决好欧盟联合侦查小组存在的上述问题，提出可行性方案，实际上也是为了解决目前在欧盟警务与刑事司法合作中存在的问题。而一些方案对于欧盟而言，显然只是一个“初步”的调整，对欧洲一体化过程中存在的问题不可能通过某些措施就一步到位地解决，还需要成员国和欧盟在具体的实践中不断探索。这确实是一个循序渐进的过程。

正如前所述，欧盟自身也在不断解决着存在的问题。例如，“政府间协商”、“一致同意”等性质和机制导致“第三支柱”发展缓慢，欧盟不仅引入“框架性决定”解决了“第三支柱”的批准问题（如关于欧盟联合侦查小组设置的依据），更是在后续的法律中将“第三支柱”并入整个欧盟体系中，并采取“有效多数表决”等机制，部分地解决了“第三支柱”批准难等忧患。

（一）正确选择主权让渡的平衡点

为了加强合作，联合侦查小组逐渐由各国签订协议成立变为由欧盟组织牵头成立，这无疑是一种启示。从成员国的水平合作到欧盟委员会、欧洲议会以及欧洲警察署、欧洲司法组织等倡导的垂直合作，加大了“超国家”的分量和权重，使欧盟自己掌握自身的“命运”。从联合侦查小组的实践来看，法国在2004年到2009年3月这段时间建立了21个联合侦查小组，② 但基本上都是以国家间为主，如表6-4所示。

表6-4　法国建立联合侦查小组概况（2004—2009年）

欧盟成员国	有组织犯罪（criminalité organisée）	恐怖主义（terrorisme）	合　计
德国	1	1	2
比利时	2	2	4
保加利亚	1	0	1

①赵嵘．欧盟司法与内务合作：进展、问题与走向［J］．现代国际关系，2008，230（12）．37-42.

②Ministère de la Justice. Les équipes communes d’enquête（ECE）［EB/OL］．http://www.presse.justice.gouv.fr/art_pix/1_Ficheequipescommunesenquete.pdf，2014-05-04.

续表

欧盟成员国	有组织犯罪（criminalité organisée）	恐怖主义（terrorisme）	合　计
西班牙	6	6	12
荷兰	1	0	1
罗马尼亚	1	0	1
合计	12	9	21

而近一段时间来，通过欧盟委员会和欧洲议会的推动，各国建立联合侦查小组的意愿有所增强。这种变化不仅是量上的，更是质上的：之前各国为了本国的利益，不太愿意合作，即便合作，双边或多边的争执在所难免，一旦僵持，就会退回到原有状态，联合侦查小组的行动严重受阻，合作也会产生障碍。现在由欧盟组织出面设立，虽然不可避免地存在一些问题，但这种情况下合作的开展可能会好很多，至少可以统一行动以及充分运用和共享信息，并能对各参与方进行协调和帮助，适当消除水平合作带来的困扰。

成员国适度地让渡主权换来的是成员国之间能够在欧盟整体利益下对犯罪的打击和惩治，给各国带来了利益。例如，《欧盟运行条约》将“警务与刑事司法合作”纳入欧盟层面，废除成员国“全体一致”的表决机制，改为“有效多数”机制，使欧盟委员会在立法动议上的权力加大，欧洲议会则可以更大限度地参与立法。这些都是成员国让渡部分主权的结果——加大了欧盟的权力，限制了成员国的权力。从“一致决定”到可以采取“框架性决定”方式再到采取“有效多数”表决机制，无一不体现了警务与刑事司法领域向着“超国家”性质迈进。所以，在现阶段，要使警务与刑事司法的一体化进程加速，成员国应该在保持自主性之前提下，适当地在主权与其他权力，尤其是欧盟统一行使的某些权力之较量中进行“妥协”。当然，这种妥协也是有边界的，不是毫无底线的。如各国设置联合侦查小组之后，主办国的主权不得受到协办国的干扰，这也体现在协办国（侦查）权力的受限上。[1] 这种妥协

①例如，《阿约》第 K4 条规定，刑事领域内的警务与司法合作的成员国主管部门可以在另一成员国领土上打击犯罪，但必须经过该成员国的同意。

实际上对各成员国都有好处，因为保护欧盟的利益实际上就是保护本国的利益，欧盟的利益受损成员国的利益也会受损，这实为“一损皆损、一荣皆荣”。主权与侦查权等其他权力的“斗争”是一个此消彼长的动态过程，各成员国与欧盟间应该合理地进行权衡，寻求一个“暂时”的平衡点。说“暂时”，是指符合当前环境下的平衡，因为这种平衡点会随着时间的推移和环境的变化而改变。“欧共体一体化取得的每一项进展都是在突破传统的主权观念的基础上达成的；与此同时，主权又有力地制约着一体化的进程。”①

（二）最大限度地统一、明确法律的适用

设置欧盟联合侦查小组依据之一是《阿约》，《阿约》的另一个重要贡献是尽量使成员国刑事领域规则在必要时保持近似，因为《马约》还尚未提到刑事法律的近似（又称为“视同”）问题。实际上，欧盟在警务与刑事司法领域的一体化有一个大致的主线：协助→合作→近似→协调→统一，而警务与刑事司法合作显然只是中间的一环。警务与刑事司法的改革必须向前迈进，但从联合侦查小组的设置过程来看，其为欧盟警务与刑事司法的“近似”提供了方向：通过法律文件使各国具有差异的警务体系、警察制度、刑事程序、司法制度最大限度地接近和趋同，以便政府间能够更好地合作，为欧洲一体化，即法律的最终一致化奠定坚实的基础，这样才能更好地统一各国的法律，明确各国法律适用的程序。当然，我们也可以把法律的接近视为刑事合作的重要协调机制。② 而《刑事大法典》的出台无疑使欧盟刑事司法一体化迈上了一个崭新的台阶，它是警务与刑事司法一体化改革主线中的最终一环——统一。

具体而言，《刑事大法典》最初是为保护欧盟财政利益而出台的，因为欧盟意识到，随着一体化的推进，许多犯罪，尤其是金融犯罪是针对欧盟本身，而不仅仅是针对成员国的，所以有必要在欧盟领域内统一关于财政利益的刑法和刑事诉讼法的规定，以期保护欧盟自身的利益。而《刑事大法典》的原名全称即为“关于保护欧盟财政利益刑事规定

---

①方长平．欧盟司法与内务合作：动力、机制与问题［J］．欧洲，2000，18（6）．53-59.

②张彤．欧盟法概论［M］．北京：中国人民大学出版社，2011：465-467.

的刑事大法典”（Corpus Juris portant dispositions pénales pour la protection des intérêts financiers de l' Union européenne），其目的是针对欧盟财政利益的犯罪问题，试图对各国的刑事法律“异中求同”，继而得到成员国的共同遵守，推动各国法律的改革。法律一致的意义在于欧盟有了自己专属的行动导向，各成员国必须遵守，至少可以建立一个由成员国和欧盟结合的混合型制度，使欧盟有一定的独立地位，为欧盟各成员国成为“单一”的司法区（a European Legal Area）、执行欧洲区域原则夯实基础。

虽然法典最终没有获得通过，但还是产生了较大的影响。第一，法典虽然只是规定了极少数的犯罪，① 但将其犯罪构成、刑事责任、刑罚等实体法以及审前程序、一审程序、上诉程序等程序法统一规定，有助于消除成员国之间的差异和分歧。而有的国家更是在修法时直接参考（借用）其内容和形式，这又为法律的统一（a European Criminal Code）提供了平台。第二，至少法典中的部分内容得以实现，典型的如欧洲逮捕令制度以及设置欧洲检察院②已成为现实。在欧洲司法组织下设立的欧洲检察院，拥有一定的调查、审查起诉权力并独立于国家机关和欧盟的其他机关，这说明欧盟的刑事司法正从“政府间性质”迈向“超国家性质”，这是经济一体化向政治一体化渗透的结果，也是欧盟机构未来的发展趋势。关于欧洲检察院方面的内容在本章第四节中将详细阐述。

法典化始终代表着未来前进的方向，因为统一法律、明确法律的适用终究是消除各国差异和分歧的法宝。即便部分地统一警务与刑事司法领域中的一些规则，也是必要之举。这样至少可以从理念上认同（欧洲区域）“共同司法”，减少各国在警务与刑事司法领域合作的隔阂，提高侦查能力，使一体化朝着法治化、科学化的方向迈进。

（三）理顺相关主体间的关系：合作为主、监督为辅

欧盟建立自己的警务和司法机构/组织既有助于协调各国主管机构

---

①包括欺诈欧盟财政利益及类似犯罪、操纵市场罪、洗钱和接受违法所得及收益罪、共谋、腐败犯罪、盗用资金罪、滥用职权罪、披露与职权相关的秘密罪等。具体可参见［法］M. 戴尔玛斯·玛蒂，［荷］约翰·A.E. 佛菲勒. 欧盟刑事法：欧盟财政利益的刑事法保护［M］. 贾宇，喻贵英，付玉明译. 北京：法律出版社，2009：211-231.

② 即《里斯本条约》中规定的欧洲检察官办公室。

之间的关系，又有利于处理欧盟自身的事务。比较典型的有前述的欧洲警察署、欧洲司法组织以及欧洲法院、欧洲司法协作网等。但是设置了相关的机构后，除了机构本身能发挥多大作用的问题外，还不得不考虑这些机构之间的相互关系问题。而关系体现在合作与监督两个方面。

就目前的形势来看，这些机构之间以及这些机构与成员国主管机构之间的关系还是侧重于合作，即合作程度大于监督程度。从正面来看，这些机构成立之目的是加强机构与机构间的合作，如《欧盟运行条约》第 87 条第 1 款规定，欧盟应该建立一个涉及所有成员国主管机关，包括警察、海关和其他专门执法部门的警务合作，以预防、调查和侦查刑事犯罪。① 从反面来说，这些机构绝大部分都没有实际的执法权（参见欧洲警察署和欧洲司法组织的定位），不能对其他机构形成实质上的制约和监督。例如，虽然欧洲警察署从之前的资料处理机构变为服务型调查机构，但仍不是真正意义上的执法机构，因为其运行还是靠各成员国的法定权力。而不是执法机构恰恰反映了虽然“第三支柱”并入欧盟，但本质上警务与刑事司法合作还是具有“第三支柱”固有的“政府间机构”性质。欧洲警察署无法负责具体案件的侦破，只是提供信息、协调成员国关系，最多也只能参与侦破，实质性的侦查权仍掌握在各国手里。欧洲司法组织的地位同样如此。又如欧洲法院、欧洲人权法院的判例虽然对成员国有一定的影响，有的判例成员国还必须遵守，但它们本身无法审查成员国警察以及执法部门实际行动的合法性和合理性，对欧洲警察署、欧洲司法组织也无多大的约束力。这说明，欧盟的组织和机构在面对成员国时显得无力。这也是欧盟警务与刑事司法领域一体化的硬伤，只有充分地解决相关难题才会扭转水平合作和垂直合作现有比例悬殊之局面，对整个一体化进程起到推动作用。②

而《里斯本条约》的生效或许对这种关系的平衡已然起到了一定的推进作用，即朝监督方向前进了一些。典型的要数在欧洲司法组织内增设了欧洲检察官，对案件的侦查和起诉有了“实质性”的权力，这无疑是对包括欧盟联合侦查小组在内的侦查机构的一种监督和制约，也说明

---

①See Article 87, Consolidated Version of the Treaty on the Functioning of the European Union (Brussels, 15 April 2008, 6655/08).

②关于机构的具体构建，可以参见［荷］约翰·A. E. 维瓦勒．欧盟司法区域的构建［J］．廖明，吴伶俐译．国家检察官学院学报，2009，17（5）．153-159.

欧盟又向“超国家”性质迈进了一步。所以调整的方向是在充分保障各机构相互配合的基础上，建立相关机构对欧盟整个警务与刑事司法合作的运行体系进行适当的监督和制约，满足保障人权和控制程序的需要。

第四节　欧洲检察官

一、概述

承上述，欧盟警务与刑事司法的主要焦点在欧洲机构（如欧洲反欺诈犯罪办公室、欧洲司法网络、欧洲警察署和欧洲司法组织）的改革上。而欧洲检察官的出现，引发了欧盟委员会和学者们新一轮的讨论。实际上，欧洲检察官并不是《里斯本条约》的原创，其前身可追溯到上文提及的《刑事大法典》。在《刑事大法典》中，我们看到了学者们对欧洲检察官的初步设计，① 即它是以法国起诉模式为范本建立起来并负责在欧盟成员国侦查和起诉欧盟欺诈犯罪的“新事物”。这些被指派的检察官有双重身份（wear two hats）：在打击国内犯罪时适用国内法，在打击欧盟财政犯罪时适用欧盟实体和程序性的刑事法律规则。②

欧盟委员会提出欧洲检察官的概念是在2000年，其认为刑事法的部分协调一致十分有必要（尽管这一建议没有得到后来的《尼斯条约》认可）。2001年，委员会《关于共同体财政利益的刑事法保护和建立欧洲检察官的绿皮书》（Green Paper on criminal-law protection of the financial interests of the Community and the establishment of a European Prosecutor，以下简称《绿皮书》）出版，其建议在当时的《欧盟条约》第280条后增加第280a条，规定欧洲检察官。2003年，有关报告就成员国对《绿皮书》要求建立欧洲检察官的态度进行了总结：比利时、希腊、荷兰、葡萄牙和西班牙偏向于成立欧洲检察官，但奥地利、丹麦、芬兰、法国、爱尔兰和英国都反对，而德国、意大利、卢森堡和瑞典则持怀疑态度。2004年的《欧盟宪法条约》设置了建立欧洲检察官的条

①Mireille Delmas - Marty. Nécessité, legitimité et faisabilité du Corpus Juris [J]. AGON, 1999, 7 (4). 5-9.

②Mireille Delmas-Marty. Combatting fraud-Necessity, legitimacy and feasibility of the Corpus Juris [J]. Common Market Law Review, 2000, 37 (2). 247-256.

款，但该条约并未生效。《里斯本条约》（被看作是《欧盟宪法条约》的替代品）为了在刑事司法领域加强欧盟（机构）的参与性，在《欧盟运行条约》第86条设立了欧洲检察官办公室：对违反欧盟财政利益的行为人及其同伙进行侦查、起诉、交付审判。该条被认为是15年来保护欧盟财政利益的最大成果，它创立了欧洲检察官办公室的总体性框架，同时将具体的实施方案留给规则决定。①

总体而言，对欧洲检察官虽有不同的表述，如"European Public Prosecutor"、"European Public Prosecutor Service"、"European Public Prosecutor's Office"等，但含义大同小异，即它是为打击欧盟欺诈犯罪而成立的拥有侦查权和起诉权的实体。自从1997年提出欧洲检察官最初的模式以来，欧洲刑事法有了长足的进步：欧盟现在建立了欧洲逮捕令制度和欧洲证据令制度，并在将来可能建立欧洲侦查令制度；《欧盟条约》开辟了专门的一章来规定欧盟基本权利，而欧盟也正在为加入《欧洲人权公约》而努力。由此看来，欧洲刑事法正在通过相互认可、协调一致等方式逐步进化。②

二、《里斯本条约》生效后的继续研究

正如上述，不少成员国起初就反对设立欧洲检察官，它们认为这会损害国家在司法事务方面的主权，且责任问题和能否确保被告得到公正审判问题在建立欧洲检察官之后仍无法妥善解决。而即便是在《里斯本条约》生效后，争论亦未停止。只是迫于条约已有规定，讨论的重点才有所转移。其中，两个颇具代表性的讨论——《模范规则》与"欧洲需要"值得研究。

（一）《模范规则》

从2010年2月到2012年3月，卡塔林·里盖蒂教授所带领的团队

---

①See Article 86, Consolidated Version of the Treaty on the Functioning of the European Union (Brussels, 15 April 2008, 6655/08).

②Simone White, Nicholas Dorn. Towards a decentralised European Public Prosecutor's Office [J]. Amicus Curiae, 2012, 89 (1). 2-8.

在欧盟委员会“赫丘勒计划Ⅱ”[①] 和卢森堡大学的财政支持下对欧洲检察官进行了研究。欧盟刑事法专家们[②]收集了27个成员国[③]近3500页的国别报告，分析了欧盟成员国现行侦查、起诉系统，试图设计出欧洲检察官办公室的程序框架以建立欧洲统一规则。所收集的材料，除了用于规制欧洲检察官办公室的权力、程序性事项和证据标准体系外，还为未来欧盟刑事程序法的协调一致奠定了基础。

该项研究分为三个阶段。第一阶段：讨论建立欧洲检察官办公室时所涉及的一系列跨领域的关键性问题；第二、三阶段：讨论并出台“关于刑事侦查和起诉的欧盟模范规则”（EU model rules of criminal investigation and prosecution）和“关于证据和程序性保障的欧盟模范规则”（EU model rules of evidence and procedural safeguards），旨在为欧洲检察官办公室制定一系列欧盟层面的刑事程序法规则，研究成果即为《关于未来欧洲检察官办公室适用程序的欧洲模范规则》（the European Model Rules for the Procedure of the future European Public Prosecutor's Office，简称《模范规则》）。[④]

《模范规则》规定，欧洲检察官办公室是为欧洲的自由、安全和公正而设置的，它适用于整个区域（欧洲区域原则），其不仅致力于犯罪控制，还保护公民基本权利和国家刑事司法系统的安全。欧洲检察官办公室享有自主权（没有规定的权力则不得行使），同时也依赖成员国侦查和起诉机构以及欧盟的其他机构；欧洲检察官办公室的行为受司法控制，在适用特定侦查措施时需要成员国主管法院的事先授权（ex ante authorization）。《模范规则》并没有把欧洲检察官办公室的管辖范围限制得过于狭窄，[⑤] 它并非不能管辖所有严重的跨境犯罪。

---

①欧共体设立“赫丘勒计划”是为了促进与其财政利益保护相关行动的实施。该计划由804/2004/EC决定建立，持续期间为2004年到2006年。但根据878/2007/EC决定，此项计划从2007年延期到2013年。而后者通常被称为“赫丘勒计划Ⅱ”（Hercule Ⅱ）。

②专家名单详见：http：//www.eppo-project.eu/index.php/Project-Participants。

③随着2013年7月1日克罗地亚加入欧盟，欧盟成员国扩展至28个。而该项研究是在克罗地亚加入欧盟前进行的，所以研究对象是之前的27个成员国。

④See “Project description”，http：//www.eppo-project.eu.

⑤即不像《欧盟运行条约》第86条那样，规定欧洲检察官办公室权力仅限于打击影响欧盟“财政利益”的犯罪或者“经过理事会一致决定”同意扩展至的严重跨境犯罪。因为一些成员国仍对欧洲检察官办公室持保留意见，这样一来，很难短时间内达成一致性决定。

具体而言，《模范规则》由三部分组成：（1）第一部分是一般条款，涉及欧洲检察官办公室的地位和功能，以及适用于侦查和起诉的程序性保障等内容。该部分厘清了欧洲检察官办公室和成员国刑事司法系统的关系、《模范规则》和成员国刑事程序法的关系，同时也规定了欧洲检察官办公室程序适用的一般原则（如比例原则和程序法定原则等）。借鉴《欧洲人权公约》，《模范规则》规定了公平审判的程序性权利（如无罪推定和沉默权），以及信息保护权、帮助权、促进有效参与权等。（2）第二部分涉及侦查阶段，规定了欧洲检察官办公室启动侦查的适用规则、可能运用的侦查措施以及剥夺自由权的规则。关于侦查措施，《模范规则》规定了三种情形：①非强制性措施；②无须事先司法授权的强制性措施；③需要事先司法授权的强制性措施。由于逮捕和审前拘留并非传统意义上的侦查措施，故剥夺自由权的规则单列一节。（3）第三部分涉及起诉和交付审判阶段，规定了强制起诉原则和法院管辖的适用标准。[①]

（二）"欧洲需要"

欧洲到底是否需要检察官办公室？"欧洲需要"[②] 或许已经给出了答案。

"欧洲需要"（EuroNEEDs）研究亦在欧盟委员会"赫丘勒计划Ⅱ"的支持下进行。该研究主要采取访谈的形式，访谈对象既包括 132 名检察人员（其中经济专家 35 名、研究跨国犯罪的专家 64 名），又包括 30 名跨国警务与刑事司法机构中的代表。一方面，受访的大部分专家支持建立欧洲检察官办公室，所以讨论的重点是具体的设置模式和如何与成员国检察官建立必要的合作机制等延伸问题；另一方面，警务与刑事司法机构的代表普遍认为在欧盟层面开展警务与司法合作是一大难题：建立跨国的、涉及多层次的法律体系意味着与传统的、国家内部的案件处理方式不同，他们认为最核心的问题是执法者是否能意识到执法的"超国家性质"以及能否全方位地把握犯罪性质，而这既需要专业人员

---

①Katalin Ligeti. Introduction to the Model Rules ［EB/OL］. http://eppo-project.eu/design/eppodesign/html/eu_model_rules/intro_model_rules/intro_model_rules.html，2014-05-04.

②Marianne Wade. EuroNEEDs-Evaluating the need for and the needs of a European Criminal Justice System ［R］. Freiburg im Breisgau（Germany）：Max Planck Institute for Foreign and International Criminal Law，2011.

识别这些案件以便能够发起侦查并确保起诉，还需要获取更多的资源（欧洲警察署和欧洲司法组织中的受访者认为执法者目前所作的侦查、起诉与否的决定是建立在不全面的信息基础之上的，如果信息量更加充分的话，决定或许有所不同）和建立支撑机制来改进案件处理的方式，而此时欧洲检察官办公室就有了存在的理由（raison d'être），理应成为欧盟领域内相关案件的“指挥者”（ownership），即大部分的警务与刑事司法机构的代表亦认为应该设立检察官办公室来统一执法、调配资源、培训人员等。

由此观之，对“建立欧洲检察官办公室后是否比现在更能保护欧盟财政利益”这一问题，此项研究给出了肯定的答案：与欧盟有关的问题通过欧洲检察官办公室来解决似乎比国家检察机关更好，因为欧洲检察官办公室的运行不仅提高了效率，还保证了整个区域内的公平与公正。但是建立欧洲检察官办公室是“一场艰苦的战斗”（uphill battle），因为任何设置在超国家层面的政策都会带来一系列管理问题，如合法性问题和问责制问题，况且欧洲刑事司法系统要想进一步完善必须经历一个漫长的过程。

综合两大研究来看，虽然存在种种不足，但是总体而言，“欧洲需要”检察官办公室，需要建立《模范规则》。

三、争论点及解决

2013 年 3 月 4 日，法国司法部和德国司法部就欧洲检察官办公室相关问题发表了共同立场（Common Position），其中涉及欧洲检察官办公室的权力（competence）；组织结构（structure）——包括委派的国家检察官的合议制、欧洲检察官办公室的领导者、地位与独立性、行政主管；功能（functioning）——包括信息管理、调查、跨境调查合作、向审判法庭提交裁判、与欧盟其他机构合作；适用法（applicable law）等。[①] 从中不难看出，欧洲检察官办公室也是一种介于“政府间主义”与“超国家主义”的妥协体，因为一方面，从其功能和向审判法庭提交裁判等情形

①See Common Position of Ministers of Justice of France and Germany on the European Public Prosecutor's Office（Current as of 4 march 2013），http：//www.eppo-project.eu/index.php/Home/News/Position-of-Germany-and-France-on-EPPO.

来看仍侧重于各成员国，以成员国为主；但另一方面，从其权力和组织结构等方面来看却侧重于欧盟。于是，导致了下述的争论。

（一）关于欧洲检察官办公室的争论点

1. 合宪性问题

欧盟律师协会（the Council of the Bars and Law Societies of the European Union）认为欧洲检察官办公室最大的问题是合宪与否，它到底是一个超国家机构还是国家间机构？如果是超国家机构，那么它对主权国家在自己领土上管理刑事司法的权力就是一种侵犯（因为这些组织和控制司法系统的权力通常被成员国的议会牢牢掌握），既然如此，反倒不如多利用现行机构，以免引起更大的麻烦。再加上《模范规则》提供了一个“支离破碎”的法院控制系统（部分事项由成员国法院控制，部分事项由欧洲法院控制），所以《模范规则》中的相关设计遭到了严厉的批判。① 另有学者认为，将这一敏感问题放在政治和法律层面进行讨论是有风险的，此项计划（建立欧洲检察官办公室）必定会招致许多质疑和评判，尤其是“超国家”检察官的观念（the concept of a “supranational” parquet）经常会受到成员国的抵制，因为建立欧洲起诉机构的主要目的是侦查和起诉损害欧盟财政利益的犯罪（如欺诈、贪污、挪用公款、洗钱和滥用权力等），而这些犯罪大多发生在成员国层面，他们担心欧洲检察官办公室会干预成员国对国家的管理。而且也没有具体的数据表明损害欧盟财政利益的犯罪到底有多少，也就无法论证是否有建立专门机构之必要。

不过，欧盟委员会总是强调缺乏数据支撑并不能否定问题的真实存在和严重性。欧洲反欺诈办公室的经验表明侵犯欧盟财政利益的犯罪越来越少地局限在某一个成员国，更多的是涉及多个成员国。侦查犯罪的国家执法者总是没有看到犯罪的全貌，因为他们局限于国家层面。而尽管欧洲司法组织可以帮助协调国家起诉，但起诉总是缺乏连续性和有效性。所以，建立欧洲检察官办公室的价值在于，针对欧盟层面的特定犯罪，建立一个顺畅的欧洲机制以克服不成系统的欧盟刑事法体系之固有障碍。②

---

①Marianne L. Wade. A European public prosecutor: potential and pitfalls ［J］. Crime, Law and Social Change, 2013, 59 (4) . 439-486.

②Katalin Ligeti, Michele Simonato. The European Public Prosecutor's Office: towards a Truly European Prosecution Service ［J］. New Journal of European Criminal Law, 2013, 4 (1-2) . 7-21.

基于“合宪性”问题，并根据《欧盟运行条约》第 85 条和第 86 条，一些学者对损害欧盟财政利益犯罪的侦查和起诉的可能性措施进行了论证，如表 6-5 所示。

表 6-5　打击欧盟财政利益犯罪的可能性措施

模　式	新权力及结构	机构建立	欧盟刑事法	可能的优势/劣势
加强欧洲司法组织的权力、优化其功能	加强合作：结构没有太大变化	没有新机构	相互认可	政治适应性好/可能不优于现行安排
权力分散；水平合作；但可进化为更加集中化的模式	主管机关的领导由国家检察官担任；在欧盟层面组成一个合议庭	设立一个具有半集中半分散特性的机构或在欧洲司法组织中设秘书处和相关部门	相互认可、协调一致	折中可能是最好的合作方式/机构的权力较为分散
集权式；垂直合作	检察官办公室任命国家检察官为欧盟检察官，隶属欧盟中央办公室	在欧洲司法组织中创立一个集权机构，由欧洲财政提供支持	刑事法协调一致的最大化	具有一体化的象征意义/成员国存在政治性的抵制

现在的问题是：第一，是否有条件使欧盟刑事法相互认可或协调一致以确保欧洲检察官办公室正常运转；第二，如何处理欧洲检察官办公室与成员国侦查、起诉主管机关的关系以及欧洲检察官办公室与欧盟其他机构，如欧洲警察署和欧洲反欺诈办公室的关系。①

2. 独立性问题

就独立性而言，我们结合法国司法部和德国司法部就欧洲检察官办公室表达的共同立场可知：其独立性可能仅限于欧盟委员会、成员国和第三方（如成员国要受到合议决定的制约），而不独立于欧盟理事会和

①Y. E. Y. Vermeulen. The European Public Prosecution Service Contribution to the European Union's Area of Freedom, Security and Justice [D]. [Master Thesis of European Public Law]. Noord-Brabant: Tilburg University, 2010.

欧洲议会。①

在《里斯本条约》出台之前，即便是在某一犯罪对欧盟利益有实质性损害，或涉及对欧盟官员的侦查，抑或需要平等保护欧盟利益等情形下，包括欧洲司法组织在内的欧盟机构都没有权力进行干预。现阶段，虽然欧洲检察官办公室是在欧洲司法组织中设立的（参见《欧盟运行条约》第 86 条“from Eurojust”的措辞），但仍有不少学者认为它是独立于欧洲司法组织的，因为至少它能“负责侦查、起诉和交付审判”（responsible for investigating，prosecuting and bringing to judgment）。独立完成侦查和起诉是其他欧盟机构的功能和职权所不能及的。②

支持欧洲检察官办公室独立的学者认为，只有独立才能更好地治理欧盟并使司法行政更加公平。反对者则认为，欧洲检察官办公室是一个起诉机构，而在欧盟的多数成员国起诉机构通常是受司法部领导的，故不可能独立。

3. 个人权利的保护问题

从欧盟律师协会对《模范规则》的质疑和评论来看，其认为规则始终有利于欧洲检察官，即认为《模范规则》在保障辩护方以及被害方的权利上存在不足，这集中表现为条文的不严谨和不周全。与此同时，欧盟律师协会指出了修订之处，如：（1）在不影响规则 16 等情形下，欧洲检察官办公室在侦查结束时应当向辩护方开示“所有”案件材料——加上“所有”；（2）应该“立即”通知被剥夺自由的人被逮捕或拘留的法律和事实理由——加上“立即”；（3）对严重犯罪，可采取诸如电信拦截、实时监控、非公共场所的监控、监控金融交易、秘密侦查等强制性措施——但严重犯罪（serious offence）的界定本身就很模糊，因为任何犯罪都可能被视为“严重”，所以建议适用这些措施的前提是：除了细化“严重”一词外，还应当具备这样的条件——有合理理由怀疑一项此类犯罪发生时，基于侦查目的的绝对必要性，以及仅实

①See Common Position of Ministers of Justice of France and Germany on the European Public Prosecutor's Office（Current as of 4 march 2013），http：//www. eppo-project. eu/index. php/Home/News/Position-of-Germany-and-France-on-EPPO.

②Lothar Kuhl，Sébastien Combeaud. From the Corpus Juris to the European Public Prosecutor［R］. Cambridge：Centre for European Legal Studies Occasional Paper，Faculty of Law，University of Cambridge，2004.

施其他和侵害程度较低的侦查措施无法满足侦查需要。

从相关报告来看，欧盟律师协会认为成立一个超国家间的欧洲检察官办公室似乎时机还不是很成熟（pre－mature），在成立之前应该考虑：（1）出台刑事程序中关于保护个人权利的欧盟立法文件；（2）建立健全欧盟机构收集和使用证据的规则；（3）完善相配套的有效的辩护系统。[①] 实际上，欧盟律师协会的一个主要观点是：虽然《里斯本条约》出台的目的之一也在于平衡欧盟警务和刑事司法合作领域内的安全和公正，但目前来看，程序性权利仍无法很好地得以保障——在不少人眼里，安全的重要性远远超过了公正，所以就算要建立欧洲检察官办公室，也必须遵循公正优先原则。[②]

4. 模式设计问题

对于模式设计，一些学者的建议包括：（1）欧洲司法组织逐步转型，赋予现存的合议庭和成员国更大的权力；（2）建立欧洲检察官办公室，以区别于欧洲司法组织，但可以聘用欧洲司法组织的专家；（3）建立欧洲检察官办公室，作为欧洲司法组织内的一个特殊部门；（4）合并欧洲司法组织和欧洲检察官办公室，保留它们各自的决策机制进行运转；（5）当涉及保护欧盟财政利益或九个参与的成员国成为欧洲检察官副手等事项时，欧洲检察官办公室作为欧洲司法组织的合议庭。欧洲检察官办公室同样能以“小型/迷你合议庭”（mini college）的方式工作。显然，这是一场关于是否建立欧洲检察官办公室以及如果建立该如何具体安排相关事宜的综合讨论。

而一旦确定建立欧洲检察官办公室，其模式在理论上就有三种，分别代表了垂直合作的程度：最低程度——合议庭模式（College Model）、中等程度——集成化模式（Integrated Model）、最高程度——集中化模式（Centralised Model）。具体如表6-6所示。

①CCBE. A European Public Prosecutor's Office（EPPO）［EB/OL］. http://www.ccbe.eu/fileadmin/user_upload/NTCdocument/EN_07022013_EPPOpdf1_1360678235.pdf, 2014-05-04.

②Conny Rijken. Re-Balancing Security and Justice: Protection of Fundamental Rights in Police and Judicial Cooperation in Criminal Matters［J］. Common Market Law Review, 2010, 47（5）. 1455-1492.

表 6-6　建立欧洲检察官办公室的模式

模 式	组成与人员权力	适用法律、证据、信息交流等	合作程度
合议庭模式	成员国指派检察官组成合议实体：合议庭成员的多数决定是否侦查和起诉，但合议庭本身无法实施侦查和起诉，可依靠指导有权限的国家机关进行侦查和起诉	适用有管辖权机关所在国的国内刑事程序法；所收集证据交给合议庭和其他欧洲检察官办公室成员国，不同国家收集到的证据在合议庭上开示；不需要成员国国内程序法的协调一致，基于相互认可和证据的可采性	最低程度
集成化模式	一名领导和成员国委派的检察官组成：前者有指挥权，后者有双重身份，决定由中央层面作出，侦查措施则由国家检察官实施	可能适用成员国法，也可能适用欧盟法，前提是国内法承认欧洲检察官办公室在国家的刑事司法系统里是一个起诉机构；可以在中央层面和国家层面交换信息	中等程度（代表：《刑事大法典》与《绿皮书》）
集中化模式	一名主检察官和几名副手组成：有自主的侦查和起诉权	需要制定欧洲刑事程序法和实体法，即适用欧盟法律；但可能无法享有成员国的资源	最大程度

模式反映出了上文中的部分争论，即不同的观点导致欧洲检察官模式设计的不同，这集中体现在模式与适用法律的关系上：偏重超国家性质、充分进行垂直合作的主要适用欧盟法律，偏重国家间性质、侧重水平合作的主要适用成员国法律。显然，欧洲检察官办公室的工作越是依靠国家刑事程序法进行，其权力就越发受到限制，从而失去欧盟机构应有的作用。而包括《刑事大法典》、《绿皮书》在内的学者和官方的意见都倾向于将欧洲检察官办公室视为权力集成化的机构，除了有一名由委员会或议会委派的欧洲（总）检察长之外，其他成员（欧洲检察官或副检察官）都由成员国提议任命，即大部分资源建立在欧洲检察官或副检察官层面上，突出了以成员国为主的模式。而且为了使欧洲检察

官办公室运转有效，委员会不认为欧洲层面刑事法的法典化是必需的。[①] 也就是说，它们采取了较为中庸的方式来设计欧洲检察官办公室的组成。令人遗憾的是，《模范规则》在此问题上只字未提。

（二）争论点的解决

法律修改也好，学术讨论也罢，大部分是针对原《欧盟条约》第280条的规定及其缺陷。《绿皮书》认为，欧洲刑事司法的缺陷在于欧洲刑事执法区域并不具有整体性（并非单一司法区），于是导致侦查、起诉和审判不成体系、不具有连贯性。这是由成员国警察和司法机关仅在各自领土内授权实施行为所致，这些机构大部分时间都各自为战。欧盟成员国间有效的行政合作可由欧洲反欺诈办公室来主导，但刑事方面的合作仍处于缺失状态。虽然近年来有所改善，但条约修改之前案件的起诉仍掌控在成员国手中。传统、烦琐的司法合作严重阻碍了欧盟对财政利益犯罪的打击力度，案件拖延及有罪难罚等现象时有发生。

按照欧盟委员会的观点，《欧盟条约》需要在第280条后新增一条（作为第280a条）来规定欧洲检察官的任命与离职、主要任务和职能等。而《欧盟运行条约》则针对此项建议重新安排，详细阐述了其建立的程序并规定在刑事司法合作部分中。

关于欧洲检察官的争论，综合上述讨论主要归结为以下两大问题：

第一，需不需要建立欧洲检察官？如果将欧盟欺诈犯罪作为有组织犯罪的一种形式，那么没有数据表明这种形式的有组织犯罪比走私毒品、贩卖人口等其他有组织犯罪的数量更多或者更为严重，是否还有必要专门建立一个这样的机构呢？建立欧洲检察官办公室还有一个原因是认为欧盟刑事事项中司法互助的组织运转效率不高。但事实是否真的如此，得出该结论的依据是什么呢？如果没有任何实证数据表明这些判断，那么建立欧洲检察官的理由就站不住脚了，这些理由无形之中放大了问题的严重性。反对建立欧洲检察官办公室的学者认为，重心其实应该放在改进欧盟司法合作中的两个机构，即司法网和欧洲司法组织之上，而并非又增加一个欧洲检察官办公室这样的机构，这样的机构本质

---

①C. Fijnaut, M. S. Groenhuijsen. A European Public Prosecution Service: Comments on the Green Paper [J]. European Journal of Crime, Criminal Law and Criminal Justice, 2002, 10 (4). 321-336.

上与前两者没有区别，而且增加后主体过多显得更为混乱，故改进现存的机构比增加一个新的机构更加明智，更符合效率原则。这种争论随着《里斯本条约》的生效暂时告一段落。但《里斯本条约》只是“宣示性”地规定了欧洲检察官办公室，真正的实施还需要进一步的立法，而且之前的争论也会体现在后《里斯本条约》时代。

第二，后《里斯本条约》时代欧洲检察官办公室到底该如何设置？即对上述建立模式、组织形式、适用程序等内容的商讨。

（1）建立模式。建立模式反映的是政治层面的问题：合议庭模式是典型的国家间主义的体现；集中化和集成化模式是“国家间主义”和“超国家主义”的结合，不同的是前者倾向于“超国家主义”，后者倾向于“国家间主义”。笔者认为，既然要建立欧洲检察官办公室，那么就应该充分体现“超国家主义”，即集中化模式是较为理想的选择。由一名检察官和多名副检察官组成的欧洲检察官办公室，通过自主地侦查和起诉，能将其他干预降到最低程度，有助于打击欺诈犯罪，否则建立检察官办公室的作用就无法实现——即沦为与其他机构（如欧洲警察署和欧洲司法组织等）的同类（the same nature）机构，毫无意义，此其一；其二，鉴于此，应当制定较为统一的欧盟刑事实体法和程序法，而并非单纯地协调一致，这既有助于执法人员具体操作，又有利于加快欧洲一体化的前进步伐，逐步使刑事司法领域的事项向共同体事项靠拢。当然，“将干预降到最低程度”并非不受干预，那种“欧洲检察官既独立于当事方又独立于成员国和共同体机构”的想法显然过于简单。因为主检察官不完全独立——需要成员国的支持，只能说在最大程度上不受成员国干扰。而一旦适用新的欧盟法律，可能无法享有成员国的部分资源，此时应该加强欧盟与成员国间直接的联系和合作，消除影响欧洲检察官日常运作的不利因素。

（2）适用程序。同第一点类比，适用程序反映的则是法律层面的问题：适用程序的统一是在综合各成员国法律基础上的统一，使各成员国能接受新的欧盟法律。而要使它们接受，必须尽可能地使新的法律与各国法律差别趋于最小。例如，就证据的可采性而言，应该基于相互认可的原则，只要不存在重大违法（瑕疵）或严重侵害犯罪嫌疑人的利益等情形，在侦查行为地取得的证据在审判国都可以采纳，这也体现了“超国家主义”。又如，关于主体的资格，在某一成员国，其法律规定某些案件由检察官或审查法官取得证据，但移交给该国的证据是由一个行政机构（如欧洲反欺诈办公室）或执法官员（如刑事警察）取得的，那么，这些证据也应该有条件地被采纳，不得以“主体不适格”之理由拒绝。再如，关于书面证据，有些国家不承认书面证据，证人必须在法庭上口头作证（出庭作证）。这些程序不一致反映的正是各国法律系统间的差异。最大限度地调和各成员国法律并统一到欧盟立法中方为上策，因为立法能初步解决上述的证据可采性、取证主体、证据形式等一系列问题。下一步的计划就是要在统一立法中详细规定欺诈犯罪的侦诉主体、取得证据的手段、证据的有效形式、证据排除规则等各项事宜，当然还要涉及对各国犯罪嫌疑人和被告权利的保护问题。

而就在学者们讨论得难解难分之时，欧盟于 2013 年 7 月 17 日出台了《关于建立欧洲检察官办公室的理事会规则》（a Council Regulation on the establishment of the European Public Prosecutor's Office，这是欧盟委员会的一种建议——前面提到，欧盟委员会有向欧盟理事会提出立法动议的权力，故冠名“理事会规则”，所以从严格意义上来说，其名称应该为《欧盟委员会动议的关于建立欧洲检察官办公室的理事会规则》），其包含了欧洲检察官办公室的性质、结构、主要特征及适用法律等方面的内容，① 直接针对《欧盟运行条约》中“将具体的实施方案留给规则决定”的条款，将其付诸实施，从而细化欧洲检察官办公室运转流程并回应了学者们的各方观点。

从《关于建立欧洲检察官办公室的理事会规则》并结合上述分析来看，欧盟采取了“集成化结构”（a decentralised structure）之方式来设计欧洲检察官办公室——即偏向国家间主义（与笔者观点有所不同），具体方案为：(1) 一名欧洲检察官（the European Public Prosecutor）在四名副职（Deputies）的协助下领导该办公室，而侦查原则上由成员国委派的检察官（称作“委派检察官”，the Delegated Prosecutors）进行，他们是欧洲检察官办公室不可分割的一部分，但同时也会继续履行在成员国作为国家检察官的职能。不过，在效力于欧洲检察官办公室时，他们完全独立于国内的公诉机构。由此观之，欧盟委员会的建议是采取建立欧洲

①European Commission. European Public Prosecutor's Office [EB/OL]. http://ec.europa.eu/justice/criminal/judicial-cooperation/public-prosecutor/index_en.htm,2014-08-19.

检察官办公室模式中的折中模式（由欧洲检察官及其副职、委派检察官组成），目的在于充分利用成员国的资源。（2）至于法律，在没有统一前，除了遵循欧盟现有法律（包括本规则规定的侦查权及其适用情形、可采性证据法则等）外，还必须依靠成员国国内法，诸如电话监听等侦查措施还需要成员国法院的批准方可实施（侦查措施分为必须经法院批准方可实施的和所涉成员国需要批准方可实施的两类）。（3）而证据的可采性法则是：即便是成员国国内法在证据的采集和展示上有不同的规则，但只要不影响《欧盟基本权利宪章》（the Charter of Fundamental Rights of the European Union）中第 47 条和第 48 条所规定的程序公正性和辩护权，证据在审判中都可用。（4）对犯罪嫌疑人和被告人等的权利保护也有所规定，典型的如沉默权和无罪推定。（5）办案所依赖的信息的处理和保存也有所提及，甚至还安排了一名官员专司保护职责，这是一个亮点。（6）处理好与欧洲司法组织、欧洲警察署等欧盟机构以及第三国、国际组织等各方的关系也是必须做到的，而“集成化结构”为其提供了便利。关于本次规则的具体条款分布，如表 6-7 所示。[1]

表 6-7 《关于建立欧洲检察官办公室的理事会规则》条款

<table>
<tr><td rowspan="2">第一章</td><td rowspan="2">主题和定义</td><td rowspan="2"></td><td rowspan="2"></td><td>第一条</td><td>主题</td></tr>
<tr><td>第二条</td><td>定义</td></tr>
<tr><td rowspan="9">第二章</td><td rowspan="9">基本规则（总则）</td><td rowspan="5">第一节</td><td rowspan="5">欧洲检察官办公室的地位、组织和结构</td><td>第三条</td><td>欧洲检察官办公室的建立</td></tr>
<tr><td>第四条</td><td>欧洲检察官办公室的任务</td></tr>
<tr><td>第五条</td><td>独立性和问责制</td></tr>
<tr><td>第六条</td><td>欧洲检察官办公室的结构和组织</td></tr>
<tr><td>第七条</td><td>内部程序规则</td></tr>
<tr><td rowspan="3">第二节</td><td rowspan="3">欧洲检察官办公室成员的任命和解雇</td><td>第八条</td><td>欧洲检察官的任命和解雇</td></tr>
<tr><td>第九条</td><td>欧洲检察官副职的任命和解雇</td></tr>
<tr><td>第十条</td><td>委任检察官的任命和解雇</td></tr>
<tr><td>第三节</td><td>基本原则</td><td>第十一条</td><td>活动的基本原则</td></tr>
</table>

①See Proposal for a COUNCIL REGULATION on the establishment of the European Public Prosecutor's Office（COM/2013/0534 final）.

续表

		第四节	欧洲检察官办公室的权能	第十二条	管辖的犯罪行为范围
				第十三条	附带的司法管辖权
				第十四条	权力的实施
第三章	侦查、起诉和审判的程序规则	第一节	侦查行为	第十五条	案件来源
				第十六条	启动侦查
				第十七条	紧急措施和案件转交
				第十八条	实施侦查
				第十九条	特权或豁免权的解除
		第二节	信息处理	第二十条	信息的获得
				第二十一条	信息的收集
				第二十二条	案件管理系统、索引和临时工作文件
				第二十三条	索引和临时工作文件的功能
				第二十四条	进入案件管理系统
		第三节	侦查措施	第二十五条	侦查权能
				第二十六条	具体措施
		第四节	侦查和起诉权的终止	第二十七条	起诉到成员国法院
				第二十八条	撤销案件
				第二十九条	交易
		第五节	证据可采性	第三十条	证据可采性
		第六节	没收	第三十一条	没收财产的规定
第四章	程序保障			第三十二条	犯罪嫌疑人、被告人和其他人的权利范围
				第三十三条	沉默权和无罪推定
				第三十四条	法律帮助权
				第三十五条	与证据有关的权利
第五章	司法审查			第三十六条	司法审查

续表

第六章	数据保护			第三十七条	个人数据的处理
				第三十八条	个人数据存储的时间期限
				第三十九条	日志和文档
				第四十条	个人数据的授权进入
				第四十一条	数据保护官员
				第四十二条	进入权实施的方式
				第四十三条	修改、删除和限制处理权
				第四十四条	数据保护事项的责任
				第四十五条	欧盟数据监督员和国家数据保护机构的合作
				第四十六条	向欧盟数据监督员提起诉讼的权利
				第四十七条	未经授权或不正确处理数据的责任
第七章	财务和工作人员规定	第一节	财务规定	第四十八条	财务负责人
				第四十九条	财务预算案
				第五十条	预算的确定
				第五十一条	预算的执行
				第五十二条	账户的提交
				第五十三条	财务规则
		第二节	工作人员规定	第五十四条	一般规定
				第五十五条	借调的国家专家和其他人员
第八章	欧洲检察官办公室与合作者的关系规定	第一节	一般规定	第五十六条	共同规定
		第二节	与合作者的关系	第五十七条	与欧洲司法组织的关系
				第五十八条	与欧盟机关、机构和其他组织的关系
				第五十九条	与第三国和国际组织的关系
		第三节	个人数据的传递	第六十条	向欧盟机构或组织传递个人数据
				第六十一条	向第三国和国际组织传递个人数据

续表

第九章	一般条款			第六十二条	法律地位和运行条件
				第六十三条	语言安排
				第六十四条	保密
				第六十五条	透明度
				第六十六条	欧洲反欺诈办公室和欧洲审计法院
				第六十七条	分类信息保护的安全规则
				第六十八条	行政调查
				第六十九条	责任的一般制度
				第七十条	报告
第十章	最终条款			第七十一条	过渡性条款
				第七十二条	行政规则和计划文件
				第七十三条	通知
				第七十四条	审查条款
				第七十五条	生效

也就是说，欧盟认为“集成化结构”之模式仍是现阶段最为理想的选择，这也是妥协下的产物。当然，对欧洲检察官办公室的研究，除了学术层面的内容外，我们还应当赞扬欧洲学者们不懈努力和辛苦付出的精神。正是有了欧洲各国学者们的调研工作，如考察各成员国刑事立法的情形，才使得探讨有了理论价值和实践意义。这些无疑是侦诉主体改革进程中必不可少的环节，这种精神是值得每个人学习的。

第五节　本章小结

从欧洲警察署和欧洲司法组织到欧盟联合侦查小组再到欧洲检察官办公室这些欧盟范围内的“侦诉主体”之成立与发展来看，其反映的不仅是“侦诉主体”自身的变化，更多的是欧盟司法与内务合作、警务与司法合作乃至欧洲的一体化进程。这些“侦诉主体”帮助欧盟迅速成长，也为加快欧洲一体化进程铺平了道路。

一、欧盟范围内的侦诉主体发展评介

从《马约》到《阿约》再到《里斯本条约》，从“司法与内务领域合作”到“刑事领域内的警务与司法合作”再到“欧盟政策和内部行动”里“自由、安全与公正区域”的“刑事司法合作”、“警务合作”，法律不断地修改、完善而且司法合作、内务合作、警务合作等名称也在修改，但这些都只是形式上的，实质上的变化远不止于此。而这些最根本的修改也体现出了欧盟警务与刑事司法合作的发展趋势，甚至是整个欧洲一体化进程，或者说是其发展历程。

第一，《马约》创建了欧盟的“三大支柱”，每一根支柱的内容和决策方式不尽相同。单就“第三支柱”而言，本来包括庇护政策、外来移民政策、打击毒品犯罪、打击国际范围的欺诈犯罪、民事事项及刑事事项等的司法合作，以及关税合作，预防和打击恐怖主义、毒品走私、其他严重的国际犯罪等警务合作；而《阿约》显然将原本属于“第三支柱”的庇护政策、外来移民政策、民事事项等的司法合作剔除出去，只剩下警务合作和刑事事项的司法合作（这点从名称的变化亦可看出），而剔除事项被归到了“第一支柱”，这是欧洲政治一体化的第一步。随后，《里斯本条约》又将剔除出去的事项与警务合作和刑事事项的司法合作合并到了一起。不同的是，“第三支柱”被取消，“三大支柱”的统一成为欧盟必不可少的组成部分，这是欧洲政治一体化的第二步（见图 6-2、表 6-8）。

《马约》建立司法与内务领域合作即“第三支柱”
- 庇护、外来移民、民事司法合作（经《阿约》修改分离出“第三支柱”）
- 警务与司法合作（经《阿约》修改只剩其为“第三支柱”）
  - 警务合作：（可设联合侦查小组）；欧洲警察署；欧洲警察学校；警察局局长特别工作组
  - 司法合作：欧洲法院；欧洲司法协作网；欧洲司法组织（下设欧洲检察院）

经《里斯本条约》修改又合并

说明：分离与合并绝不是简单的重复，而是合作领域逐步向前推进的。这种合并绝不是恢复到原状，而是将其共同置于欧共体模式下，也即将警务与刑事司法合作纳入欧盟当中。

图 6-2　欧盟“第三支柱”与侦诉主体发展

表6-8　欧盟“第三支柱”的变迁

阶　段	法　律	创立和改变	内　容
创建时期	《马斯特里赫特条约》	创造“三大支柱”，“第三支柱”为“司法与内务合作”，政府间运作，突出了与欧洲警察署的合作	庇护政策；外来移民政策；民事事项的司法合作；刑事事项的司法合作；预防和打击恐怖主义、毒品走私、其他严重国际犯罪的警务合作
发展时期	《阿姆斯特丹条约》	将移民、签证以及民事事项的司法合作这一原本属于“第三支柱”的内容移到“第一支柱”，留有“警务合作和刑事事项司法合作”单作为“第三支柱”，政府间运作	将警务合作和刑事事项司法合作分开规定： （1）打击有组织犯罪，尤其是恐怖主义、贩卖人口、针对儿童的犯罪、非法贩运毒品和武器、贪污与欺诈犯罪的警务合作； （2）刑事案件的司法合作
		突出了立法“接近”	全体一致同意采取行动：共同立场、框架性决定、公约等
	《欧盟国家刑事司法互助公约》	互助的请求和特殊方式	赃物处理、控制下交付、联合侦查组、秘密侦查、无线电通信窃听、私人资料的保护
	《尼斯条约》	突出了与欧洲司法组织合作	
变革时期	《里斯本条约》	取消了“三大支柱”的分类，将“共同体方法/模式”扩展到刑事案件的警务合作和司法合作方面	犯罪领域包含：恐怖主义、非法贩卖人口、走私毒品和武器、洗钱、贪污、计算机犯罪和有组织犯罪等
		超国家运行	基于互相承认判决和司法决定、法规的接近

说明：对欧盟司法与内务合作的法律调整主要规定在《欧盟运行条约》第五编“自由、安全和公正的区域”中。“普通立法程序”（共同决策程序）适用于自由、安全与公正中的绝大多数事项并引入了“特定多数”表决制，这也标志着“第三支柱”的正式终结。不过虽然形式上取消了，但一些特性仍得以维系。

第二，“三大支柱”被取消意味着欧洲一体化又向前迈进了一大步。从表面上看，“三大支柱”形式上取消了，警务合作和刑事司法合作等事项也遵循普通立法程序（ordinary legislative procedure），[①] 合作能够更顺利地进行，但实质上，欧洲一体化俨然从最初的“经济一体化”向“政治一体化”延伸（渗透）。从最初的欧共体到《里斯本条约》生效前的欧盟，虽然称为“欧盟”，但远未达到一体化之目标。而在《里斯本条约》生效后，更多的运行体系都是依靠欧盟机构，也即“超国家”的方式完成的，该种模式在将来势必会占据主导。因为“超国家”的方式最重要的特点是依靠代表欧盟整体利益的机构来进行合作。

也即，“政府间”性质与“超国家”性质最根本的区别在于，一个是成员国之间（intergovernment）签署协议来共同完成某项事宜，另一个则是在成员国让渡部分主权的基础上通过欧盟的机构（sharing their sovereignty via the Community institutions）来完成某项事宜。这点还可以通过上述的“联合侦查小组”进行说明。对欧洲警察署来说，《阿约》第 K2 条规定各成员国主管机构采取特别侦查行动（包括有欧洲警察署代表组成的联合小组的具体行动）时，应当提供必要的便利和支持，鼓励成员国之间进行协作。《欧盟运行条约》第 88 条规定，欧洲警察署的任务是支持和加强由成员国警察机关和其他执法机构以及它们相互合作开展的预防和打击影响两国或多国的严重犯罪、恐怖主义及影响欧盟共同利益的犯罪之行动。欧洲议会和欧盟理事会通过采取普通立法程序决定欧洲警察署的结构、运行以及行动和任务的范围。其任务包括：收集、存储、处理、分析和交换信息，尤其是成员国主管机构或第三国提出的信息；协调、组织和联合实施由成员国主管机构或联合侦查小组（joint investigative teams）承担的调查和行动，必要时联合欧洲司法组织进行。也就是说，联合侦查小组从由欧洲警察署派员参加及协助到由欧洲议会和欧盟理事会共同管理，真正成为“欧盟”决策的一部分，具有一定的“超国家”性质。欧盟联合侦查小组最初多是国家间（政府间）签订协议成立，现在转变为以欧盟组织（欧洲议会和欧盟理事会）管理和（欧洲警察署、欧洲司法组织）牵头成立为主，即“超国家”层面得以初步确立。

---

①不过仍有少数事宜以“特别立法程序”（special legislative procedure）决定。

二、欧盟侦诉主体改革的启示

从上述建立欧洲检察官以及建立之后所要克服的难题不难看出，它们微观上反映的是组织形式、适用法律、证据可采性、程序性保障等一系列问题，而宏观上则体现的是合宪性、合法性等政治问题和主权问题。这些问题相互交织、纷繁复杂，问题的解决表现出“超国家主义”与“国家间主义”的博弈。

而欧盟警务与刑事司法的合作问题又何尝不是如此呢？欧盟警务与刑事司法合作虽然从“第三支柱”中解放出来，但这种解放并不完全，明显带有“第三支柱”的痕迹，而这种“遗留”则成为欧洲一体化前进道路上的障碍。警务与刑事司法合作的趋势如何把握，前行之路在何方（Quo Vadis）？这点或许可以从欧盟侦诉主体改革的启示中找到答案。

（一）更好地运用现存机制

在现存的警务合作、刑事司法合作机制中，欧洲警察署和欧洲司法组织是运用机制的桥梁，因为两大主体在信息交换机制、协调合作机制、共同打击犯罪机制的运作方面起着至关重要的作用，而要想更好地运用现存机制，就必须深刻理解这些机构的作用和功能。根据 2002 年欧盟理事会的一项决定建立的欧洲司法组织负责协调国内侦查和起诉，促进成员国主管机关间的合作，尤其是为引渡和互助要求提供方便，这也是不少学者认为它是欧洲检察官办公室的雏形（embryonic）之原因所在。所有成员国的检察官（或治安法官）在一个组织内工作是一个良好的开端，但欧洲司法组织的身份似乎只是一个协调人（facilitator）——（1）提醒国家主管机关对跨区域犯罪进行侦查或起诉；（2）协调跨境案件中各主管机关间的关系；（3）在案件管辖冲突时，使某成员国的主管机关认识到另一成员国的主管机关也许能更好地侦查或起诉；（4）在成员国间建立联合侦查小组（joint investigation teams）——它并没有实质性的权力。《里斯本条约》改变了欧洲司法组织的角色，从协调机构成为更积极主动的机构：（1）其任务是支持和加强成员国主管机构间的协调和合作；（2）被赋予启动刑事侦查的权力，尤其是涉及欧盟财政欺诈的案件（之前只能是要求成员国主管机关行使该权力)；(3) 可以决定有管辖冲突的案件的起诉地。[①]

也就是说，这些机构所承担的功能也在不断的变化之中。这些变化无疑更多的是朝着一体化方向迈进的，机构权力的增加有助于信息交换机制、协调合作机制更好地被应用，也有利于共同打击损害欧盟利益的犯罪。当然，除了应用现存机制之外，机构的进一步改革亦不可少。

(二) 进行深入的机构改革

在欧盟警务与刑事司法合作的未来动向上，主体的改革是发展趋势。针对欧盟的欺诈犯罪，涉及两大管辖主体：欧洲反欺诈办公室和欧洲检察官办公室。关于欧洲反欺诈办公室的“前途”，不少学者认为因保护欧盟财政利益而建立的欧洲检察官办公室势必要在欧盟的侦查和起诉层面影响到欧洲反欺诈办公室，它们的管辖存在部分重合，所以其关系应当明确界定。欧洲反欺诈办公室是保持现有的独立调查权还是将一部分权力与委员会分离，抑或将其权力完全交由欧洲检察官办公室，目前尚无定论。可能的趋势是欧洲反欺诈办公室将案件移交给欧洲检察官办公室，一来避免侦查资源的浪费，即欧洲检察官办公室可以使用欧洲反欺诈办公室的调查结果，二来其权力应受到欧洲检察官办公室的审查和监督。总的思想仍然是协调欧盟警务与刑事司法合作中各机构的关系，机构该合并的合并，权力该统一的尽量统一，避免机构过多而影响合作效率甚至导致权力滥用之情形发生。

欧洲检察官办公室目前由一级立法进行了初步设置，使其在保护欧盟财政利益案件中集中管理侦查和起诉，并在权限法院履行公诉职能。完善的方向则是进行二级立法，规定其结构和运转，并就下列事项采取一些特殊规则(事实上《关于建立欧洲检察官办公室的理事会规则》也这样做了，只等待欧盟理事会在适当的时候采纳——可能也有所变动，但正如上所述，笔者仍不赞同部分建议，而下面所说的特殊规则是笔者的观点，供商榷)。(1) 刑事实体法规则：尽可能多地统一具体规则(犯罪、刑罚和限制自由的期限)或协调一致，其余的参照国内法(国内法还是部分适用的)；(2) 侦查程序规则：尊重基本权利，国内法相互认可侦查措施(如搜查)、某些情形在欧洲层面协调一致(如欧

---

①See European Public Prosecutor: Will it Happen? A speech given by Barry Donoghue, Deputy Director of Public Prosecutions, at the Law Society Annual Conference, Budapest-28 March 2008.

洲逮捕令)，且受到成员国（治安、预审、侦查）法官的审查以及遵循特定的共同体规则；（3）起诉程序规则：强制起诉原则的例外（起诉权掌握在欧洲检察官手中)，以及与国家起诉机构对案件进行分流；（4）证据规则：证据可采性规则，如无特殊情况（无违反基本人权保障之情形)，在某一成员国获取的证据在其他成员国法庭具有可采性；（5）其他规则：欧洲检察官办公室和其他机构的关系，交换信息和数据保护的可能性以及国内法和刑事法院对欧洲检察官办公室实施行为后的审查程序。由此观之，欧盟警务与刑事司法合作的未来道路是朝着统一立法而前进的，尤其是应该建立刑事实体法和程序法最低限度的规则。就欧盟警务与刑事司法合作而言，至少应当在相关犯罪（类型)、刑罚、刑事责任等实体法规则以及调查、侦查、起诉等程序法规则上最低限度地统一，而法院（自由法官、羁押审查法院、审判法院）组织和审判规则，以及刑罚执行等规定仍可由国内法调整。① 即统一立法，至少是部分立法，无疑成为欧盟警务与刑事司法合作的出路，也是机构改革的方向。

（三）塑造一体化（系统化）的欧洲警务和刑事司法系统

无论是应用现行机制，还是进行机构改革，都是为了塑造一个整体性的欧洲警务系统和刑事司法系统，这也是欧盟警务与刑事司法合作的终极目标。

从整体上而言，欧盟警务与刑事司法合作可以被视为一个系统。系统的要素分为警务合作、刑事司法合作等，系统的结构就是合作中各主体间的关系，而包绕该系统的环境主要是国家的主权和政治意愿、经济一体化等。要使该系统发挥应有的功效，至少要从以下几个方面入手：

第一，要素。要素是系统中最活跃的因素。具体到警务与刑事司法合作，欧洲警察署、欧洲司法组织、欧洲司法协作网等较为重要。改革首先从它们开始。例如，明确欧洲警察署的地位和性质，赋予其实际的运作权力是当务之急，使其从仅具有服务功能到具有执法功能发展。而欧洲检察官办公室设立便是一个很好的开端，它对于整个系统的优化无疑有着强大的推动和促进作用。第二，结构。结构是要素间的关系。在

①See Green Paper on criminal-law protection of the financial interests of the Community and the establishment of a European Prosecutor, COM (2001) 715 final, Brussels, 11. 12. 2001.

警务与刑事司法合作中，处理好要素的关系亦至关重要。典型的如欧洲司法组织、欧洲法院等的权力监督问题，它们到底应不应该对整个欧盟进行权力运行的监督和制约是关键。第三，环境。欧洲一体化是整个合作的大背景，但在这个背景中，各成员国的主权则是重要的一环。解决好主权的让渡问题，就是为了更好地解决合作系统的问题。同时，应充分发挥经济一体化的影响，促进政治一体化、法律一体化、警务一体化、刑事司法一体化。此外，警务与刑事司法合作又可能是一个大系统的子系统，如将建立自由、安全与公正的区域视为一个大系统，那么边境检查、避难和移民政策、民事事项的司法合作与刑事事项的司法合作、警务合作都是该系统的子系统，或者说是自由、安全与公正的区域系统的要素，而警务与刑事司法合作这一要素以及其与其他要素形成的结构等直接影响着区域系统的功能。所以，无论是警务与刑事司法合作本身也好，还是自由、安全与公正的区域也罢，都是依靠警务合作、刑事事项的司法合作而运转的，不解决好它们存在的问题及相互关系，就不可能形成自由、安全与公正的区域，欧洲一体化也就不可能达到。

申言之，系统理念要求我们从整体上透析警务与刑事司法合作的方向和进展，以期对其道路进行适当的调整。这是欧洲一体化的要求，同样也是一种启发。

首先从惩治欧盟财政利益欺诈犯罪入手，统一部分规则，初步实现欧洲在警务和刑事司法领域内的一体化。财政利益是联系经济一体化与警务一体化、刑事司法一体化的纽带，从打击财政利益欺诈犯罪入手有助于欧洲警务和刑事司法系统的形成。例如，欧盟在保护财政利益方面集中侦查和起诉以便保证警务与司法在共同区域内有效和公平实施就是一个良好的开局，因为统一侦查和起诉、统一立法是以“欧洲领土原则”为前提的，该原则意味着欧洲是一个自由、安全和公正的区域，是一个整体，诸如欧洲逮捕令在各成员国有效。这是警务和刑事司法系统进化所必不可少的要求。以欧洲检察官办公室的建立及二级立法为契机，既统一了刑事实体法和程序法，又集中了侦查权和起诉权，成为欧洲警务与刑事司法一体化的前奏，也是打造一个全新的欧洲警务与刑事司法系统的先决条件。

（四）建立健全法治化、科学化的合作体制

无论从合作的广度（不仅仅是合作，还涉及法律的接近、协调与统一）还是深度（从经济领域渗透到政治领域）来看，欧盟警务与刑事司法合作都有一套属于自己的规则。这套规则的关键词就是“法律”与“主体”。欧盟性质的“主体”，即超国家的“主体”之设立有助于协调各种层次的合作，而“法律”既可以是“主体”设立之依据，又可以成为“主体”行为之导向。用“法律”来规定“主体”，体现了法治理念，为建立健全法治化的合作体制打下了坚实的基础。

首先，不管是区域间合作，还是国际合作，都需要依靠法律（可以是公约、条约等多种形式）来维系。没有法律的合作是不成立的，甚至是无法想象的。欧盟警务与刑事司法合作，包括联合侦查小组、欧洲警察署、欧洲司法组织、欧洲检察官办公室在内的主体所涉诸多事宜即是制定和颁布大量的法律文件付诸实施的。当然，这些或由各成员国共同签订的法律，或由欧盟通过的法律首先必须是良法。这体现了法治原则的贯彻和落实。

其次，法律应该被严格执行。法律的执行实际上是公正、效率、自由等诸多价值实现的途径，也是解决好权力与权力、权力与权利之间的关系以及协调好共同打击刑事犯罪时各参与主体关系的重要手段，而“主体”则是法律执行的主导者。任何合作都不是凭空产生的，都是在特定的权力结构、体制系统中运行的。显然，主体的建立、法律的统一是法治化的保障，只有使警务与刑事司法合作在法治化的状态下运行，欧洲一体化才有可能。

此外，现今社会是一个信息化高速发展的社会，离开了信息，打击犯罪寸步难行。实际上，欧盟的警务合作有两个核心：一个是欧洲警察署；另一个是“申根协定”，即以“申根协定”为基础开展的合作。除了有《申根协定》和《申根执行协定》外，最重要的还有“申根信息系统”（the Schengen Information System，SIS）。[①]《申根执行协定》第四

---

①关于“申根信息系统”，可参见欧盟委员会的相关介绍（http://ec.europa.eu/dgs/home-affairs/what-we-do/policies/borders-and-visas/schengen-information-system/index_en.htm）；何家弘．刑事司法大趋势——以欧盟刑事司法一体化为视角［M］．北京：中国检察出版社，2005：450-457. 即关于“申根协定体系下的警务合作”的论述。值得注意的是，《申根协定》后来被《阿约》并入。这点在《阿约》议定书部分“B 欧洲联盟条约和建立欧洲共同体条约附加议定书”中“关于将申根成果并入欧洲联盟框架的议定书”有详细论述。中文版参见欧共体官方出版局．欧洲联盟法典（第二卷）［M］．苏明忠译．北京：国际文化出版公司，2005：322-326.

篇的第一章建立申根信息系统、第二章运行和利用申根信息系统、第三章保护个人数据和数据的安全等从不同角度诠释了该系统的操作问题，而“信息”（数据）则是该系统的关键所在。哪些信息可以收集，哪些信息可以被成员国利用，这些信息应该如何利用从而达到目的，如何保护这些信息等问题，不仅是申根系统所要解决的，更是我们在信息化大背景下需要解决的。因为处理好了这些问题，就能更好地利用信息来开展警务与刑事司法合作。信息是开展合作的基石，也是合作中面临的挑战。为了给其他新加入的成员国以法律依据，并更新落后的技术，欧盟又开发出了第二代的申根信息系统（SIS Ⅱ），从而契合了《阿约》的规定。

值得注意的是，申根信息系统（包括第二代）与欧洲警察署信息系统所储存的信息之用途不同，前者在于预防和甄别对公共秩序和安全产生的威胁（prevention and detection of threats to public order and security），后者则在于侦查有组织犯罪（investigations into organised crime）。不过，这些信息系统都是为警务与刑事司法以及推进各国法律的统一服务的。要善于利用这些“信息系统”来主导事务（保障安全也好，侦破案件也罢），解决好信息利用和保护之间的关系，达到一个平衡。应充分应用“信息主导警务”、“信息主导侦查”的理念，将“信息”用活，从而为合作铺平了道路。

虽然申根信息系统是“政府间”性质且人们担忧其可能被滥用，欧洲警察署等欧盟机构中的信息系统也还有这样或那样的问题（如何基于基本人权和国家安全利益来保护信息等），但不可否认它们在欧盟警务与刑事司法合作领域的作用。没有这些信息系统，也就没有进一步的合作，亦没有欧洲的一体化。当然，欧盟要建立健全科学化的合作机制，必须依靠一整套完备的信息交换、利用、保护机制以及科学化的管理机制，这样才能充分发挥“信息”的各项功能并“规范”各类信息。

（五）赢得一场政治上的较量

从上述内容来看，欧盟警务与刑事司法合作的发展趋势必定是警务与刑事司法的一体化。而这体现了国家主权观和超国家治理两种理念的冲突，妥协的结果就是确立了辅助性和灵活性原则，“多速欧洲”（Multi-speed Europe）得以体现。从这个角度来看，对警务与刑事司法合作及一体化进程的讨论恐怕已然超出了纯学术讨论的范畴，而更多地进入到欧盟政治视野。[①]

在自由、安全和公正的区域内，警务与刑事司法合作和政治倾向体现在机构的改革上，如表 6-9 所示。[②]

表 6-9　警务与刑事司法合作和欧盟机构现状与趋势

现　状（亟待解决的问题）	核心机构	未来趋势
除特殊情况外决策需一致通过	欧洲议会、欧盟理事会	有效多数成为规则（常态）、一致同意成为例外
权能有限	欧洲执法机构	强化欧洲警察署权力、对欧洲检察官办公室进行二级立法
不遵守决定得不到制裁	欧洲法院	扩大司法程序的适用范围、树立裁判机构权威

欧洲一体化是政治基础上的一体化，亦是法治基础上的一体化。[③]实现法治除了有良好的法律外，还需要良法被很好地执行。就“良法”而言，欧盟不断在制定和修改法律，尤其是反复修改《欧盟条约》，目的就是使欧盟运行更加通畅；就执行而言，由于不同国家立场不尽相同，所以执行难免有所不力，且会产生矛盾和冲突，而这反过来又影响到了后期的法律修改与制定。所以，在欧盟层面上，赢得与成员国之间的较量是推进警务与刑事司法合作、一体化乃至政治一体化所必需的前提。

欧盟警务与刑事司法合作将走向何处？通过对欧盟侦诉主体的全面梳理我们得知，欧盟警务与刑事司法合作应该建立在更好地应用现存机制、全面进行机构改革的基础上，塑造一个较为完整的欧洲警务与刑事司法系统，使其更具有协调性和包容性；赢得一场政治的较量，使超国家性质在欧盟机构中得以显现。而欧盟警务与刑事司法合作一系列的改

---

①王展鹏．跨国民主及其限度——欧盟制宪进程研究［M］．北京：人民出版社，2010：206.

②［法］多米尼克・斯特劳斯-卡恩．赞成！欧盟宪法的未来［M］．裴晓亮译．北京：中信出版社，2005：26-27.

③秦亚青．观念、制度与政策——欧盟软权力研究［M］．北京：世界知识出版社，2008：155.

革和发展趋势亦是我国司法体制改革的他山之石：全面梳理侦查、审查起诉、审判等相关程序——涉及侦查主体、侦查行为、审查起诉主体及原则、司法审查、证据可采性、法律适用等问题，并进行改革，使各程序成为诉讼系统的优化要素，推进程序系统有序地运行。

第七章　比较与借鉴

第二至第六章分别阐述了法国、德国、英国、俄罗斯、欧盟的侦诉主体问题，每章中也有对这些国家侦诉主体的评价以及不同国家（地区）相关问题的比较。本章将从更为宏观的角度对前面的内容进行全面总结，试图对我国以及世界上其他国家、地区的侦诉主体改革乃至警务、司法改革提供可以参考的路径，从而为区域一体化、刑事一体化找到前行的方向。

第一节　成员国与欧盟的协调一致与相互影响

一、欧盟对成员国的影响：法律上的协调一致与“欧洲化”

成员国与欧盟法律的发展方向是协调，其结果就是一致与“欧洲化”。

首先，成员国法律为了满足欧盟的整体利益，不得不作出相应的调整，当然“整体利益”通常指欧盟层面的立法（文件）所体现出来的利益。例如，就联合侦查小组的有关事项而言，欧盟通过了专门的《欧盟成员国刑事互助公约》（2000 年）和《关于联合侦查小组的框架决定》（2002 年），接下来法国 2004 年通过修法的方式将联合侦查小组纳入《刑事诉讼法典》（第四卷“几种特别诉讼程序”第十编“国际司法协助”第二章“法国与其他欧盟成员国之间司法协助的专门规定”第二节“联合侦查小组”）范畴。具体而言，根据 2004 年 3 月 9 日第 2004－204 号法律（Créé par Loi n°2004－204 du 9 mars 2004－art. 17 JORF 10 mars 2004），在法国《刑事诉讼法典》中创设第 695-2 条和第 695-3 条规定联合侦查小组（Des équipes communes d’enquête），这两条分别规范了法国是案件（侦查）主办国和协办国的情形。当法国是主办国时，其他国家可以行使法国法律规定的权力，但显然需要在协办国国内侦查权力范围内行使（防止侦查权的扩大使用），而且主办国的领导权不得转让；当法国是协办国时，仍是在法国法规定的权限范围内行使权力，如果权限范围超出他国权力，还需主办国同意。[①] 显然主办国拥有一定的特权（prérogatives），而更为详细的权力可以在参与国签订的协议中具体化。[②] 这些说明，在侦查权与国家主权之间的选择上，优先保障国家主权。

其次，成员国的法律趋于“欧洲化”。何谓“欧洲化”？“欧洲化”意味着欧洲的趋同之势，“欧洲化”的标准也许并未制定，但这种可意会不可言传的本质或许就是“欧洲化”的特点。还是以联合侦查小组为例，德国是在专门法律《刑事事项国际互助法》（Gesetz über die internationale Rechtshilfe in Strafsachen，IRG）第 61b 条（§61b Gemeinsame Ermittlungsgruppen）[③] 中加以规定的，英国则是在 2002 年《警察改革法》（Police Reform Act 2002）的第 103 条和第 104 条、[④] 2005 年《严重有组织犯罪和警察法》（Serious Organised Crime and Police Act 2005）第 30 条[⑤]等相关法律条文中规定的，而这两个国家都是从国际上的联合侦查小组入手，显然适用的区域范围更大。

联合侦查小组在法国法律中的体现凸显了欧盟对成员国的影响，使法律具有“一致性”；而它在德国和英国法律中的体现则凸显了“欧洲化”趋势。协调一致与“欧洲化”的区别在于前者的相似性更高，后者的范围更广。当然，协调一致和“欧洲化”表达了这样的观点：欧盟法的效力高于国内法，国内的法律必须进行调整与修改。这种调整与

①Article 695 - 2, Article 695 - 3, Code de Procédure Pénale, http://www.legifrance.gouv.fr/affichCode.do; jsessionid = 3F2C176A152FE8D778BADE1FEEDA7520.tpdjo02v_3? idSectionTA = LEGISCTA000006167503&cidTexte=LEGITEXT000006071154&dateTexte=20140629.

②Floriano Chareyron. Equipes communes d'enquête et Droit pénal français [D]. [Thèse de Master]. Toulon: Université du Sud Toulon-Var, 2011.

③§61b Gemeinsame Ermittlungsgruppen, Gesetz über die internationale Rechtshilfe in Strafsachen, http://www.gesetze-im-internet.de/irg/_61b.html.

④Article 103, Article 104, Police Reform Act 2002, http://www.legislation.gov.uk/ukpga/2002/30/part/6/crossheading/international-joint-investigation-teams#text%3D%22Joint%20Investigation%20Teams%22.

⑤Section 30, Serious Organised Crime and Police Act 2005, http: //www.legislation.gov.uk/ukpga/2005/15/section/30#text%3D%22Joint%20Investigation%20Teams%22.

修改不论是有意还是无意，都是对成员国的法律一种优化。

二、成员国对欧盟的影响：欧洲一体化的联邦或超国家方向

（一）联邦主义与超国家主义之争

欧盟成员国也好，欧洲其他国家也罢，就大陆法系和英美法系的传统而言，大陆法系传统是多数国家“欧洲化”的一种依存，即便非欧盟成员国的俄罗斯也认为必须在“大陆法传统中求发展并实现‘欧洲化’”——这带有明显的地缘政治因素。

自从1957年《罗马条约》签订以来，“欧洲各民族成为越来越紧密的联盟”一直就是欧洲一体化（European integration，也有学者认为是“欧洲整合”）的主要目标。如果从《罗马条约》的签订时间算起，欧洲一体化已经有了长达半个多世纪的发展。若将欧洲一体化的过程看做是欧洲整体化、趋同化、系统化的发展，则可把欧洲的政治一体化、经济一体化、军事一体化、文化一体化、法律一体化等视为系统的要素。1992年2月7日签订的《马约》，即最初的《欧洲联盟条约》（The Treaty on European Union，TEU）将这些要素进行了简化：《马约》创建的欧盟“三大支柱”将欧洲一体化的要素简化为三大要素——经济方面的要素、共同外交与安全方面的要素、司法与内务方面的要素，而后两个要素或多或少都带有政治因素。显然，只要这三大要素及其组成的结构能够整体化，整个欧洲将会达到系统化。虽然《里斯本条约》将这三大要素进行了整合，即看似变成了一个整体要素，但由于运行机制不同，它们实际上还是各自分离的，如图7-1所示。

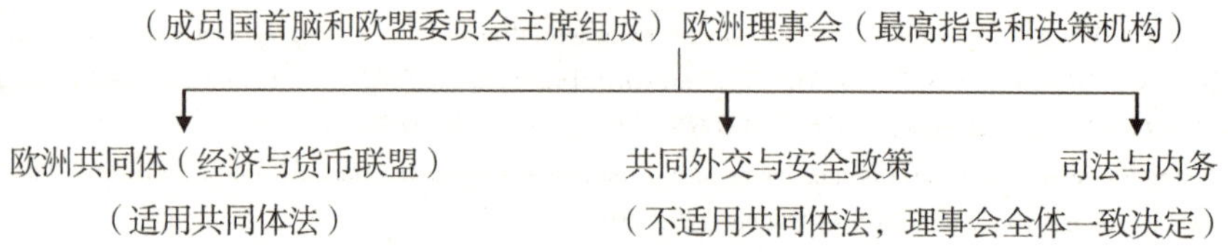

图7-1　欧盟“三大支柱”及运行机制

要使欧洲达到一体化，其过程仍是：将经济、共同外交与安全、司法与内务等方面的要素及其组成的结构进行优化，使共同外交与安全、司法与内务要素向经济要素靠拢，同时对欧盟所处的环境进行优化；其

结果是：欧盟系统的建立——整合成功。对于欧洲一体化的方向，有的学者认为是新的联邦制国家建立，而有的学者则持相反意见，认为欧盟系统的建立仅仅是“以欧盟成员国加强共同体的超国家权力为目标”而已，并非要建立欧洲联邦制国家。① 两种观点是不同国家对欧洲一体化走向的意愿表达。

表 7-1 反映出了成员国的主张对欧盟有着深远的影响。遵循大陆法系传统的德国是联邦制，在一体化的道路选择中，欧洲联盟与德国联邦的相似度极高，而这种联邦的特性与瑞士、美国联邦还不尽相同。故有学者认为，种种迹象推断出“欧盟整合的德式联邦主义趋势”。② 这是基于德国在“权力的集中”、“行政的主导性”、“共识政治”等方面对欧盟整合的内涵与趋势产生的影响。③ 但法国对此表示反对，认为“祖国的欧洲”才是欧洲一体化的实质，欧盟代替不了成员国，也无权在较大程度上限制成员国，与联邦和州的紧张关系并不相同。而英国则是强调主权至上，不仅反对联邦主义，亦不苟同超国家主义。三个大国对欧盟的影响造就了欧洲一体化未来的方向，左右了欧洲一体化的进程。

表 7-1　不同国家对欧洲一体化的立场、观点

国　家	立场、观点
英国	强调国家主权原则，最为反对超国家主义和欧洲联邦主义
德国	主张一体化继续推进：用经济一体化换取政治一体化
法国	倡议欧洲联盟，但“祖国的欧洲”仍是基本论调
意、比、荷、卢	主张加强共同体的超国家特性

而事实上，联邦制国家现在未建立，并在可预见的将来亦不可能建立。欧洲各国对自身的主权地位尤为重视，它们不可能完全让出自己的

①黄正柏．欧洲一体化进程中的国家主权问题研究［M］．武汉：湖北长江出版集团，湖北人民出版社，2011：196-197.

②吴振逢．德国联邦制度与欧洲整合［M］．台北：五南图书出版股份有限公司，2011：267.

③吴振逢．德国联邦制度与欧洲整合［M］．台北：五南图书出版股份有限公司，2011：262.

主权，而且几个大国对欧洲一体化的反应和态度不一亦导致建立联邦制国家充满了困难。例如，法国和德国之间的博弈——两国都想担任欧洲一体化的领导者；英国的特殊性——对欧洲一体化持放任的态度，最近甚至还希望退出欧盟。简言之，欧盟中三个最重要的国家——法国、德国和英国的想法不一，前两者对欧洲一体化持积极态度——法国欲借此来限制德国的权力使其“欧洲化”，德国则想借此来恢复其平等地位和权利，[①] 但各自都想成为欧洲一体化的领袖，后者则对欧洲一体化持消极态度，甚至想远离欧洲一体化。[②] 因为英国从煤钢共同体以来就一直认为国家主权尤为重要，不可让渡，且其本身又与欧洲大陆的关系若即若离，反而重视与美国的关系，而其受到战争的经历也与欧洲大陆其他一些国家有所不同（受迫害不深），故其消极的态度不难理解。[③] 甚至同一个国家在不同时期的立场和观念也会有所差别。而这显然与各国的政治倾向有关。

由此看来，欧洲一体化的理论之争或许并不在于联邦主义（federalism）与超国家主义（supra-nationalism）——因为联邦国家在很长时期甚至在欧洲发展整个历程中都将无法达到，而超国家主义相比联邦主义则较为中庸（虽也有相似之处），即欧洲一体化的目标是“建立超越民族国家的机构，行使一些本来属于民族国家行使的权力或职能”，这较为容易达成。而且部分学者进一步认为，各国让渡给共同体的并非国家主权本身（sovereignty itself），而是从属于主权的“治理权”（“派生权”），[④] 故其理论之争仍在于“超国家主义”与“政府间主义”。也就是说，从欧洲一体化的结果能够反映出欧洲一体化的相关理论；反过来，持不同理论的学者各自心中欧洲一体化的目标和情景是不同的。这是各成员国相互博弈的结果，这个结果对欧盟的趋势做出了预测。

（二）超国家主义的发展与未来

这些年来，“联盟”有着“超国家”的含义，即欧洲一体化能使欧

---

①黄正柏．欧洲一体化进程中的国家主权问题研究［M］．武汉：湖北长江出版集团，湖北人民出版社，2011：146.

②古莉亚．欧洲一体化的悖论［M］．长春：吉林大学出版社，2010：143-154.

③黄正柏．欧洲一体化进程中的国家主权问题研究［M］．武汉：湖北长江出版集团，湖北人民出版社，2011：144.

④黄正柏．欧洲一体化进程中的国家主权问题研究［M］．武汉：湖北长江出版集团，湖北人民出版社，2011：13，16，498-499.

盟成为一个久远的政治联盟。1992 年的《马约》和 2007 年的《里斯本条约》将“共同体”（community）替换为“联盟”（union）使欧盟更具有超国家性质。《里斯本条约》更加肯定地认为，欲使欧盟成为一个联系更加紧密的联盟，各成员国必须明确地同意分享权力（sharing powers）。①

一些实务工作者和学者们总是试图解决欧洲一体化理论的困惑，但最终发现，“政府间主义”部分包含着“超国家主义”，“超国家主义”亦部分包含着“政府间主义”，即虽然它们在某些方面确实互不包容，但两者也在走向一种平衡（trade-off）。还有学者认为“政府间主义”和“超国家主义”的发生机理不同，不过它们互为条件（prerequisite）。对此，其他一些学者则持怀疑态度，认为与其说两者在不断地较量，不如说两者作为一种“观念”正在融合。换言之，将欧盟视为一个多层级的、政治性的—行政管理性的系统（a multilevel political-administrative system）意味着两种理念不可相互分离。一般认为，尽管“政府间主义”和“超国家主义”（潜台词是：成员国和欧盟机构）有联系，但这种联系的本质需要具体化。正如放权（decentralization，下放权力）和集权（centralization，中央控权）通常被视为相反的事物，但实际上它们在某种程度上是相互依靠的（interdependent），即放权中涉及集权，反之亦然。因此，有学者不单独提放权或是集权，而是使用集权—分权（centralization-decentralization）这个词表示这种现象。而正是这种类比，将“政府间主义”与“超国家主义”之间的关系本质化了。

详言之，从观念的角度理解欧洲一体化，需要的不是由《里斯本条约》带来的结果（两者的平衡到底是较多还是较少偏向于超国家主义）问题，而是考虑政府和欧盟机构如何加强联系的问题。② 也就是说，在各成员国政治与欧盟政治的交锋中，主权问题虽是关键，但解决

---

①Adriaan Schout, Sarah Wolff. The ‘Paradox of Lisbon’: Supranationalism-Intergovernmentalism as an Administrative Concept[C]. Finn Laursen, The EU's Lisbon Treaty: Institutional Choices and Implementation. Burlington, VT: Ashgate, 2012. 21.

②Adriaan Schout, Sarah Wolff. The ‘Paradox of Lisbon’: Supranationalism-Intergovernmentalism as an Administrative Concept[C]. Finn Laursen, The EU's Lisbon Treaty: Institutional Choices and Implementation. Burlington, VT: Ashgate, 2012. 23.

问题的结果并不是谁赢谁输，而是应该实现政治的双赢。尤其是在具体问题，如侦诉主体的改革上，如何做到双赢才是核心所在。

第二节 侦诉主体设置及其改革的基础、动力

一、侦诉主体设置的基础

（一）普通侦诉主体的设置：主体功能

在论述主体功能之前，有必要提及本书对侦查主体的称谓。在第二、三、四（法、德、英）章中，我们以（司法）警察（机关、人员）作为主要的“侦查主体”表达；在俄罗斯一章中，我们以侦查人员（侦查机关）作为主要的“侦查主体”表达。这就有了警察和侦查人员的称谓区别。一方面，这一区别是根据各国法律的规定——法律对人员的称谓不同；另一方面，在俄罗斯警察具有另外的含义。2011 年之前，警察指“民警”——带有典型的历史特色，这是根据 1991 年《民警法》[①] 所确定的，而“民警”也仅指内务部的刑事民警和治安民警，范围狭窄。根据国家杜马 2011 年 1 月 28 日通过、2011 年 2 月 7 日生效的《警察法》（Федеральный закон“О полиции”от 07. 02. 2011 N 3-ФЗ，принят ГД ФС РФ 28. 01. 2011[②]），警察得以“正名”，该法将“民警”（милиция）改为“警察”（полицию），[③] 并改革了内务部。[④] 也就是说，在俄罗斯联邦，警察有专门的归属，有专门的指向。

---

①关于俄罗斯联邦《民警法》的中译本可参见：刘伯祥主编 . 外国警察法［M］. 北京：中国法制出版社，2007：709-727.

②Федеральный закон “О полиции” от 07. 02. 2011 N 3 - ФЗ（принят ГД ФС РФ 28. 01. 2011，действующая редакция от 04. 02. 2014），http：//www. consultant. ru/popular/police/.

③Признать утратившими силу：1）Закон РСФСР от 18 апреля 1991 года № 1026 - I “О милиции”（Ведомости Съезда народных депутатов РСФСР и Верховного Совета РСФСР，1991，№ 16，ст.503），Статья 55. О признании утратившими силу отдельных законодательных актов РСФСР и отдельных законодательных актов（положений законодательных актов）Российской Федерации，ФЕДЕРАЛЬНЫЙ ЗАКОН ОТ 07. 02. 2011 N 3 - ФЗ（РЕД. ОТ 28. 06. 2013 С ИЗМЕНЕНИЯМИ，ВСТУПИВШИМИ В СИЛУ 30. 06. 2013）“О ПОЛИЦИИ”，http：//zakonbase. ru/zakony/o-policii/.

④Андрей Медведев. На смену милиции придет полиция［EB/OL］. http：//www. vesti. ru/doc. html？id=384326&cid=，2014-04-24.

在欧洲主要国家和欧盟，除了刑事诉讼法、相关程序法和其他法律在规定侦查主体时对警察机关和侦查机关有特别区分外，在实践中也相对应地用不同的称谓。不过，这两大主体的含义历来都存在一定的交叉：侦查机关包含警察机关，这是由警察机关的性质和职责决定的，但并非所有警察机关都是侦查机关（存在并非侦查机关的警察机关，当然这是内部的分工）；反过来，警察机关是主要的侦查机关，尤其是在英国，因检察机关并不具有广泛的侦查权，侦查的任务主要落在警察机关身上。而至于欧盟（可以作为广义的“地区”理解），则情况较为特殊：欧盟的警察机关——欧洲警察署并无实质上的侦查权，有侦查权的机关反倒是欧洲检察官办公室这一个集侦查和审查起诉于一身的机关，两者并不存在包含关系，这既是由欧盟机构单一又是由欧盟机构较少具备实质性权力所造成的。所以表 7-2 以及图 7-2 展示的对象有一定的不同。

表 7-2　欧洲主要国家和欧盟侦查机关和警察机关比较

国家和地区	侦查机关	警察机关（内部区分）
法国	司法警察机关、检察机关、预审法官	司法警察机关、其他警察机关
德国	警察机关、检察机关	作为侦查机关的警察机关和其他警察机关
英国	警察机关、其他特殊机关	作为侦查机关的警察机关和其他警察机关
俄罗斯	侦查机关、调查机关	作为侦查机关的警察机关和其他警察机关
欧盟	欧洲检察官办公室	欧洲警察署

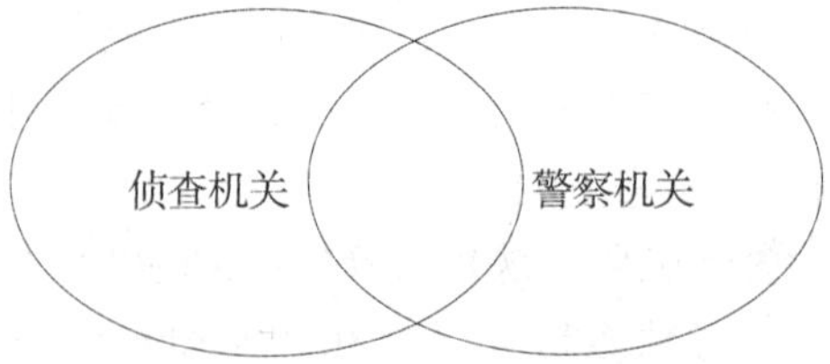

图 7-2　欧洲主要国家侦查机关和警察机关的关系

无论是侦查机关，还是警察机关，抑或是检察机关，主体的功能是设置侦诉主体的基础。对社会而言，侦查机关、警察机关、检察机关三者的功能属性不同：侦查机关的功能在于侦查刑事案件，警察机关的功能在于维护社会秩序，检察机关的功能在于审查起诉刑事案件以及监督侦查程序。侦查机关和警察机关之所以有交叉之处，完全是因为上述各自的功能可能存在重合——侦查案件、迅速破案在某种程度上就是为了维护社会秩序；反之，维护社会秩序的手段之一便是侦破案件。

（二）特殊侦诉主体的设置

特殊是相对于一般而言的，这里的“特殊”不仅是指相对于本国国内其他（普通的）侦诉主体较为特别，还指相对于欧洲其他国家或欧盟范围内的侦诉主体较为特别。

特殊侦诉主体设置的原因大致有两个：第一，有必要专门设置特定的侦查主体和/或审查起诉主体，以期应付新型犯罪或特殊犯罪；第二，现行侦查主体和/或审查起诉主体运作不顺畅而作出必要调整，以期另辟蹊径。这两个原因也有可能共同促成了某个特殊侦诉主体的设置，英国反严重欺诈办公室（相比于国内其他侦诉主体）就是最好的说明。首先，严重的欺诈犯罪给英国造成无法估量的损失，威胁到了公共利益，必须专门成立机构对付这类特殊类型的犯罪；其次，当时英国确有警察机构、起诉机构、商业和工业部以及其他机构负责欺诈案件的侦查和起诉，但执法不力、效率低下，导致严重欺诈犯罪盛行，必须另起炉灶成立新的机构。于是，英国反严重欺诈办公室应运而生。

特殊侦诉主体设置的结果也有两个：第一，成立新的机构；第二，调整原有机构。成立新的机构有可能是成立一个与原有机构组织上并不相干的机构，亦有可能是在原有机构的基础上分离出来部分机构组成全新的机构，后者与调整原有机构存在交叉，即这两个结果亦有可能同时发生。俄罗斯联邦“大侦查机构”（相对于欧洲其他国家或欧盟范围内的侦诉主体）则是成立的一个新机构——与此同时调整了原有机构。对俄罗斯联邦而言，“大侦查机构”是一个全新的机构，但细究起来，它合并与调整了诸多机构。首先，检察机关侦查委员会从检察机关中分离出来，变成了一个较为独立的新机构——新的侦查委员会，其主要组成部分包括中央侦查部门、主要军事侦查部门、俄罗斯联邦八大联邦区的侦查部门等；其次，调整了现行侦查机构——俄罗斯联邦安全局、麻醉品和精神药物管控机关、内务部机关，将它们内部的侦查部门纳入新的侦查委员会中。于是，特殊侦查机构诞生——一个全新的侦查委员会（见表 7-3）。

表 7-3　特殊侦诉主体设置的原因、结果与代表

设置原因	设置结果	代　表
有必要专门设置	成立新机构	欧洲检察官办公室、英国反严重欺诈办公室
现行不力而调整	调整原机构	俄罗斯联邦侦查委员会

（三）基础：法律

全书多次提到，（普通和特殊）侦诉主体的设置离不开法律，因为离开了法律，侦诉主体本身就得不到承认，设置侦诉主体就是违法行为。只有颁布正式的法律才能更好地避免侦诉主体毫无根据地私自设置、任意设置等现象发生。

由表 7-4 观之：第一，在法国、德国和俄罗斯等成文法国家，由刑事诉讼法（典）来规定侦诉主体——当然还有其他法律对其进行补充规定；而在英国，是由相关的法律对侦诉主体进行规制的。第二，某一侦诉主体可能是由一部法律（专门立法）规定，也可能是由多部法律同时规定，而某部法律则可能是专门针对某一侦诉主体的，抑或针对不同的侦诉主体，但无论如何，只要这些法律、法令等规范性文件具有较高的效力，足以规制侦诉主体，便可使之在合法状态下运行。

表 7-4　全书研究的侦诉主体及对应的法律

国家/区域	法　律	对应的主体
法国	刑事诉讼法典、加强刑事程序衡平法	司法警察、检察官、预审法官
	国家警察职业道德准则法令	司法警察
	关于改革司法警察地域组织的法令	地区警察局
	关于调整巴黎警察局服务的法令	大巴黎警察总局
德国	刑事诉讼法	警察、检察官、侦查法官
	联邦警察法	联邦警察
	建立联邦刑事警察局法、联邦刑事警察局法	联邦刑事警察
	法院组织法	检察机关
英国	都市警察法、警察与刑事证据法、刑事司法法、警察和司法法	警察
	犯罪起诉法、皇家检察官守则	警察、检察官
	刑事司法法、反严重犯罪法、严重和有组织犯罪与警察法	反严重欺诈办公室
俄罗斯	刑事诉讼法典	调查和侦查机关、检察机关
	检察机关组织法	检察机关
	侦查委员会法	侦查委员会
欧盟	马斯特里赫特条约、阿姆斯特丹条约、尼斯条约、里斯本条约	欧洲警察署、欧洲司法组织
	建立欧洲警察署公约	欧洲警察署
	建立欧洲司法组织决议	欧洲司法组织
	阿姆斯特丹条约、欧盟成员国刑事互助公约、关于联合侦查小组的框架决定	联合侦查小组
	里斯本条约	欧洲检察官办公室

正是基于此项理由，俄罗斯部分学者对《检察机关组织法》仅仅是普通联邦法律而不是联邦宪法性法律耿耿于怀，因为它与俄罗斯联邦《宪法法院法》、《司法体系法》以及《仲裁法院法》相比，效力略低，这样会造成执行不统一或执行不力之弊端。故，学者建议将包括《检察机关组织法》在内的一些重要法律（如《刑事诉讼法典》等）提升到宪法性法律层面，使其具有较高的法律效力①（见表 7-5）。

表 7-5　欧洲主要国家和欧盟规定侦诉主体的法律（文件）比较

国家或地区	法律效力高低	法律统一与否	法律细化与否
法国	效力高	较为统一	较为细致
德国	联邦与州级别不同	不统一	较为细致
英国	效力高	较为统一	较为细致
俄罗斯	高低不一	较为统一	较为细致
欧盟	效力高	较为统一	原则性规定

二、侦诉主体改革的基础与动力

（一）司法体制、行政体制改革的双驱动

侦诉主体改革总体来说属于司法体制改革的一部分，司法体制改革向前推进的同时促使侦诉主体发生变化。然而行政体制改革同样对侦诉主体的改革产生较大的影响，这是由侦查主体和/或审查起诉主体本身的性质（具有一定的行政性）所决定的。

先以法国为例。本书第二章提到，法国 2007 年 3 月 5 日《加强刑事诉讼（程序）衡平法》中规定了以下事项：设立预审合议庭（Dispositions instaurant la collégialité de l' instruction）、设立预审中心和预审法官共同管辖（Dispositions relatives aux pôles de l' instruction et à la co-saisine des juges d' instruction）、确保先行羁押例外特性（Dispositions tendant à assurer le caractère exceptionnel de la détention provisoire，即保障先行羁押是例外）、强化刑事程序的对抗性特征（Dispositions

①［俄］Ю. Е. 维诺库罗夫主编．检察监督［M］．第七版．刘向文译．北京：中国检察出版社，2009：406（译者注部分）．

renforçant le caractère contradictoire de la procédure pénale)、确保刑事程序的效率（Dispositions tendant à assurer la célérité de la procédure pénale)、加强对未成年人的保护（Dispositions renforçant la protection des mineurs)。《加强刑事诉讼（程序）衡平法》是一部综合性法律，除了涉及侦查主体（预审法官）外，还涉及司法体制改革更为深层次的内容：控辩双方的对抗、诉讼的效率。我们可以这样理解：正是因为必须加强控辩双方的对抗，使法国的刑事诉讼程序在新时期得到必要的转型，侦查主体（权力）应当进行改革；而只有侦查主体（权力）进行了大幅度的革新，司法体制改革才能得以顺利进行，它是司法体制改革的基础。

无独有偶，法国2000年6月15日第2000-516号法律——《加强保障无罪推定和被害人权利法》(Loi n° 2000-516 du 15 juin 2000 renforçant la protection de la présomption d' innocence et les droits des victimes，也称作“基谷法”，因时任司法部部长伊丽莎白·基谷——Élisabeth Guigou 而得名）在“加强保障无罪推定”中，特别规定了“司法警察的权力控制”（Dispositions relatives au contrôle de l' autorité judiciaire sur la police judiciaire),[①] 它与其他条款——拘留、侦查过程中律师的委任、预审法官审查方式、扩大当事人在侦查过程中的权利等共同形成了保障体系。对侦查主体权力的控制意味着司法体制改革已经开始，整体性的改革带动了权力的变迁，为侦诉主体的改革带来了动力。

再以英国为例。英国虽然保留了判例法的传统，但近年来成文法也在不断出台，且纷繁复杂的成文法规范了不同的领域，不少新法的出台除了规定某一领域的事项外，还对之前的某些旧法进行了修改。2006年的《警察和司法法》(Police and Justice Act 2006）是在英国司法体制和行政体制新一轮改革的形势下出台的。该法不仅规定了“警察改革”、“警察权力”，还解释了“犯罪与反社会行为”，亦提到了“监督者”,[②] 是一部综合性的法律。对侦诉主体及其权力的控制的全新规范，

---

①Article 15，Article 16，Article 17，Loi n°2000-516 du 15 juin 2000 renforçant la protection de la présomption d' innocence et les droits des victimes，http：//www.legifrance.gouv.fr/affichTexte.do?cidTexte=JORFTEXT000000765204&fastPos=3&fastReqId=1924642865&categorieLien=id&oldAction=rechTexte.

②See Police and Justice Act 2006，http：//www.legislation.gov.uk/ukpga/2006/48/contents.

则体现在该法对 1996 年《警察法》、2002 年《警察改革法》、2003 年《刑事司法法》的修改和补充中。

由此看来，法律与侦诉主体、行政体制和司法体制改革事项有着复杂的关系：某一个侦诉主体只规定在一部法律中，抑或某一个侦诉主体规定在不同的法律中；一部法律只规定侦诉主体事宜，抑或一部法律除了规定侦诉主体外还规定相关行政体制和司法体制改革事项。这不仅说明行政体制和司法体制相辅相成，改革必须同步进行，还证实了侦诉主体确实与体制改革有着莫大的关联。[①]

（二）实践中的迫切需求

实践需要从另一侧面要求侦诉主体进行改革，实践亦成为侦诉主体改革的动力。

1. 冤假错案。法国的乌特罗案（以案件发生地命名）、德国的鲁道夫·卢普案（以被害者姓名命名）、[②] 英国的霍奇森案（以被告人姓名命名）[③] 或多或少地推动了侦诉主体的改革。冤假错案并不是一个孤立的事件，它随时有可能发生，用“偶然发现”这个词形容意想不到的冤假错案再合适不过了。

一方面，某些案件的“真相”随着技术（尤其是 DNA 技术）的向

---

①就我国而言，在 2013 年 11 月 12 日中国共产党第十八届中央委员会第三次全体会议通过的《中共中央关于全面深化改革若干重大问题的决定》中给出了相同的“信号”。“推进法治中国建设”要求“深化行政执法体制改革”，即整合执法主体，从而相对集中执法权，推进综合执法，着力解决权责交叉、多头执法问题，建立权责统一、权威高效的行政执法体制。执法主体的整合意味着行政体制的改革，同时也促进了司法体制的改革。主体的改革牵一发而动全身。

②2009 年 3 月，一辆汽车在德国巴伐利亚州多瑙河畔被打捞上来。奇怪的是，根据对车内死者 DNA 的分析，死者竟然是七八年前（2001 年 10 月）早就“死亡”的鲁道夫·卢普——法官在 4 年前（2005 年）裁定鲁道夫·卢普被其妻子、两个女儿、大女儿的男朋友杀害并肢解。DNA 分析结果一出引发了轩然大波，极大地打击了公正的司法体系。关于案件的详情可参见张建伟. 德国：再叫真的民族也有错案［N］. 法律文化周刊，2013-06-21（5）. 该文还介绍了其他几个典型案例，同样值得参考。

③1982 年，霍奇森因“杀害”特蕾莎而被判入狱。27 年后，即 2009 年，该项判决被推翻——霍奇森的 DNA 与现场遗留的 DNA 不符。关于该案的详细报道可参见 2009 年 3 月 18 日的《泰晤士报》（The Times），网络版可见《因发现错误霍奇森的谋杀定罪在 27 年后被撤销》（http：//www. thetimes. co. uk/tto/news/uk/crime/article1875854. ece）。随后，霍奇森的律师欲起诉法庭科学服务部门（Sean Hodgson's lawyer to sue Forensic Science Service over errors, http：//www. thetimes. co. uk/tto/news/uk/crime/article1875862. ece）。

前推进变得十分脆弱。主体的权力、司法体系受到不同程度的冲击，引发了刑事司法系统内的权力限制问题的争论。这涉及如何实现公平正义。在大陆法系的法国、德国，检察官虽领导警察开展侦查，但实际上侦查工作几乎都是由警察完成的，检察官的侦查权不过是特殊状况下的补充而已。更可怕的是，检察官往往直接将警察获取的证据提交法院，不进行严格审查，这种情况在 DNA 技术向前发展的当今时代会暴露出以往大量的冤假错案。另一方面，错案同时促进了先进的侦查手段和技术之发展。警察和检察官必须掌握这种先进的方法，必须相对独立地对案件开展侦查。例如，1998 年，德国联邦议会通过《DNA—鉴定法》（DNA-Identitätsfeststellungsgesetz），并由联邦刑事警察局建立中央级别的 DNA 资料库（DNA-Datei）。基于冤假错案时有发生，联邦刑事警察局甚至还准备为动物和植物建立 DNA 数据库以便侦查（一些案件的痕迹物证可能需要靠这些 DNA 信息来进行识别与核实）。

由此看来，冤假错案、先进技术与侦诉主体的权力相互交织、彼此牵连。冤假错案与真相相对应。那么，真相（Wahrheit）是什么？警察行使侦查权进行勘查或许能从犯罪现场得知一二。这种勘查离不开先进的技术，检测技术对现场勘查提供了支持。所以，冤假错案迫使技术向前发展、侦诉主体（权力）进行改革。冤假错案反映出了下列问题：警察和司法（Polizei und Justiz）的紧张关系——打击犯罪的热情和追求真相的目标真的很难统一。在修订法律时要处理好这些关系并不十分容易，但又不得不加以修订。

诚然，一方面，从冤假错案的角度来说，即便进行了技术的革新、侦诉主体（权力）的优化，也未必能够杜绝冤假错案的发生——因为追求真相的秘密武器（Wunderwaffe）“DNA 检测”的某些方法甚至本身就有缺陷。在每一起案件中，我们通过对获取证据的组合来追求真相，但最终的结果可能并非真相，而是一种事实存在的“概率”（Wahrscheinlichkeitsaussage）。既然是概率，就很有可能不是真相。[①] 另一方面，从证据评价的角度来看，证据错误的评价迫使修改侦诉主体所

---

①对鲁道夫・卢普一案的评论，可参见德国《明镜》周刊（Der Spiegel）2011 年第 22 期（2011-05-30）——其在封面上就指出：误判，司法能多公平？（Fehlurteile Wie gerecht kann justiz sein?）该期杂志还引用了多个冤假错案来探讨司法公平等一系列问题，电子版可见 http://www.spiegel.de/spiegel/print/d-78689615.html。

遵循的证据（取证）规则，但“自由心证”（freien Beweiswürdigung，自由评价证据）原则始终存在，这种证据评价体系会受到来自内部和外部的双重压力（Druck von innen，Druck von außen）。所以，冤假错案会因为各种原因而继续存在下去，但同时我们又不得不承认，冤假错案在某种程度上仍然是改革的动力，法国 2007 年《加强刑事诉讼（程序）衡平法》的出台就是一例。

2. 实务改革。在侦查主体的实务改革中，警务改革是首先要讨论的，警务改革的实质就是警务工作主体的改革。这点在英、美两国体现得尤为明显，这与英国是近代职业警察发源地有关。而历经多次的警务改革对侦查主体产生了深远的影响①（见表 7-6）。

表 7-6　多次警务改革的实践与特征/内容

警务改革	时　间	特征/内容
第一次	1829 年	伦敦都市警察的建立
第二次	20 世纪初	警察专业化运动
第三次	20 世纪中期	警察配备现代化装备
第四次	20 世纪 60 年代	社区警务改革
第五次	21 世纪	警察私有化运动②

警务改革带动了侦查主体的变化，尤其是 21 世纪以来警察私有化运动在侦查领域引发了侦查主体的扩大化，这体现在英国 2002 年的《警察改革法》（Police Reform Act 2002）中。该法第 38 条规定，任何警察局的警官都可以雇用社区维持官（community support officer）、侦查（调查）官（investigating officer）、羁押官（detention officer）、押送官（escort officer）作为警力的补充（当然他们是在警官的领导和监督下开

①对于警务改革的详细情况有多部专著可以参考，如王大伟．欧美警察科学原理——世界警务革命向何处去［M］．北京：中国人民公安大学出版社，2007：437-505；李温．英国警察法历史发展与当代改革研究［M］．哈尔滨：黑龙江人民出版社，2009：166-196.

②“警察私有化运动”，又称为“警察之外的警务工作”（Policing Beyond the Police），是指私人警务（保安、私人侦探）正在和传统的警务主体（警察）一同构建 21 世纪新的警务体系，他们共同承担着维护社会安全的责任。

展相应的工作)。[1] 就雇用的侦查官之权力而言，该条提到在《警察改革法》附件4的第2部分有详细说明：他们可以根据1984年《警察与刑事证据法》中相关的“搜查”、“扣押”条款实施相应的“侦查权”。[2]

本来，第五次警务改革的目的是缓解警力不足，使得更多的人参与到维护社会治安当中来。但是，改革却牵涉侦查领域，使得原本不具有侦查权的人员可以参与侦查。对此，我们可以从两个方面来进一步分析：第一，警务改革的依据《警察改革法》是英国议会通过的法律(UK Public General Acts)，效力等级高，所以就合法性而言是不存在什么问题的（对照我国的警务改革而言，主体的设置无法律依据，两者形成了鲜明的对比)。第二，警务改革的“警务”给大多数人的印象仅限于或主要限于社会治安方面，如对社区警务的理解。但在警务改革的同时改变了侦查领域内的权力主体，治安与侦查相互联系起来——它们的联系点就是“警察”这个主体，只因该主体既能维护治安，又能开展侦查（关于这点在本章第三节“侦诉主体的权力”部分有详细描述)。这才使得“为了缓解警力不足的警务改革（实务改革）也是侦诉主体改革的基础与动力”这一基本观点能够成立。当然，这种雇用非侦查人员来行使侦查权的合理性如何尚待讨论。

不过，主体的多元化或许真的就是侦诉主体前行的方向，俄罗斯同样如此。这点从俄罗斯联邦侦查主体和调查主体多达8个就可以看出：(1）俄罗斯联邦侦查委员会；(2）俄罗斯联邦安全局；(3）俄罗斯联邦内务部机关；(4）麻醉品和精神药物管控机关；(5）俄罗斯联邦边防安全机关；(6）俄罗斯联邦法警机关；(7）国家消防机关；(8）俄罗斯联邦海关机关。当然，这些都是公权力主体（与英国雇用其他主体行使公权力不同)。俄罗斯联邦目前最大的改革莫过于将侦查委员会从检察院体系中独立出来，较好地化解了侦查与司法之间的矛盾：使侦查组织

---

①Section 38, Police powers for police authority employees, http: //www. legislation. gov. uk/ukpga/2002/30/section/38.

②Part 2 Investigating Officers, Schedule 4 Powers exercisable by police civilians, http: //www. legislation. gov. uk/ukpga/2002/30/schedule/4.

自成体系，与司法相互独立。[①] 而论及“警务”，在俄罗斯是指内务部机关的警察履行职责时所开展活动的总称，这点可以从上述的2011年1月28日通过、2011年2月7日生效的《警察法》中得以体现。该法规定了俄罗斯警察的宗旨、任务、法律依据、法律地位、组织、权力和义务、强制措施、使用武力和特殊手段及枪支、招募与培训、社会保障、监督等方面的内容，其最大的特征是将行政与刑事方面的权力统一规定。[②] 在法律和实践中，内务部机关的改革[③]亦是新增内务部中央机关机构，旨在通过对机构精确的定位而提高单个警力执法之效率，虽然说主要增加的是与“警务”或“治安”有关的司、局，但无疑对整个内务部机关中的侦查机构带来了一系列的影响，促使其进行同步的改革。[④]

这点可以承接上面的分析——通过表7-2列示的机关种类和图7-2的交叉示意得知，侦查主体与警察主体有着千丝万缕的联系，同时也可导出侦查主体与警务主体的联系。而通常认为，侦查主体体系中的司法警察、刑事警察和警务（治安）主体体系中的行政警察、治安警察在功能和权力等方面有所不同，这种不同在本章第三节中会有阐述，而这里提及此旨在说明警务（治安）主体体系的变迁与改革是能够对侦查主体体系产生巨大的影响的，两者有个互动的节奏。[⑤]

---

①张杰．中国与俄罗斯警务合作与警务比较［M］．北京：中国人民公安大学出版社，2012：185.

②ФЕДЕРАЛЬНЫЙ ЗАКОН ОТ 07.02.2011 N 3－ФЗ（РЕД. ОТ 28.06.2013 С ИЗМЕНЕНИЯМИ，ВСТУПИВШИМИ В СИЛУ 30.06.2013）“О ПОЛИЦИИ”，http：//zakon-base.ru/zakony/o-policii/.

③有学者指出，21世纪以来俄罗斯内务部进行了两次较为重大的改革：第一次是在21世纪初，旨在通过一系列的措施提高警察打击犯罪（尤其是恐怖主义犯罪）的效率和力度；第二次是在2010年左右，颁布了一批法律文件旨在提高公众对警察的信任度和警察工作的透明度——实际上将“民警”改为“警察”就有此方面的考虑（不是简单地将词语进行修改和替换这么简单）。详见张杰．中国与俄罗斯警务合作与警务比较［M］．北京：中国人民公安大学出版社，2012：36-50.

④张杰．中国与俄罗斯警务合作与警务比较［M］．北京：中国人民公安大学出版社，2012：13.

⑤正如上述，这里的警务指的是狭义上的“警务”，特指“治安”方面，于是才有了“互动”一说。

（三）主体规律的遵循

侦诉主体改革是在遵循主体发展规律的基础上进行的，侦诉主体经历了多次的分与合，呈现出相关的“控审分离”、“侦控分离”、“侦查主体分离”、“侦查主体合并”、“侦控合一”等阶段，如图 7-3 所示。

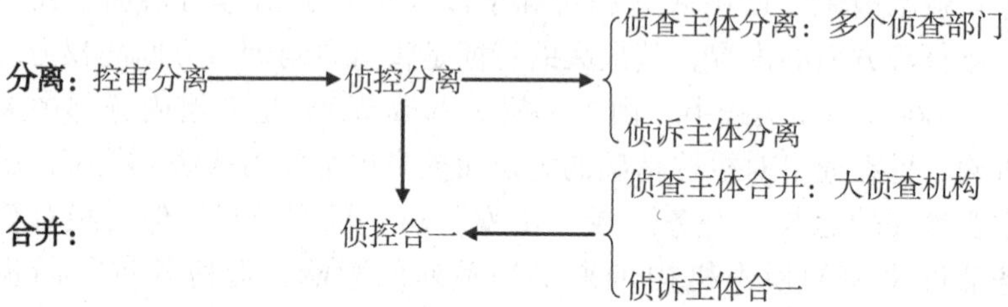

图 7-3　侦诉主体的分离与合并趋势

简言之，侦诉主体的分离有两层含义：侦查主体与审查起诉主体的分离，侦查主体内部机构的分离。侦诉主体的合并同样有两层含义：侦查主体内部机构的合并，侦查主体和审查起诉主体的合并。在侦诉主体分离之后，侦诉主体又有合并趋势，但这种“合并”并非简单地“还原”，而是对侦诉主体进行更深入的优化：虽然合并，但只是整体上的合并，内部还是有所区分的，也就是说之前内部是没有区分的。

欧洲主要国家在设置侦诉主体时，大多能遵循上述规律，使得侦诉主体的运转得以保障。典型的是俄罗斯联邦在看到机构多而乱之时，努力朝“大侦查机构”的设计方向迈进。又如欧盟在看到诸如欧洲警察署、欧洲司法组织没有实权的弊端之时，成立欧洲检察官办公室这个集侦查和审查起诉功能于一体的侦诉主体来打击跨国间的严重犯罪，是现时代“侦诉合一”（“侦控合一”）的典范。这两例其实对我国检察机关的改革有所启示，它们是两个不同的方向：俄罗斯联邦“大侦查机构”构建的基础是将存在于检察机关的侦查委员会独立出来，直接使检察机关丧失了侦查权，这也与我国部分学者提倡将检察院关于打击贪污贿赂等犯罪的侦查权分离出来的观点不谋而合；欧洲检察官办公室成立的基础则是将侦查和起诉融于一身，这与我国检察院的现行体制相同，即集部分侦查权和全部审查起诉权于一身，而重点是内部机构关系的优化问题。这两条路径展示了包括我国在内的世界大多数国家和地区对侦查机关和审查起诉机关的设置、关系等的改革路线或者说思路：要么分离，要么合一。分离有利于厘清机构的职权，合一有利于提高侦诉效率；但与此同时，分离需要加强机构间的联系与沟通，合一则需要优化机构的权力。何去何从？有待各国和地区自行选择。

第三节 侦诉主体的权力

一、侦查主体的双重权力

上节提到，侦查主体之所以拥有预防犯罪和打击犯罪的双重权力，是因为侦查主体的双重身份，而本质上是主体功能设置差异引起的。这尤其体现在警察这一侦查主体上。

在法国，有行政警察和司法警察之分。前者有行政管理权（无行政处罚权），但一般无侦查权；后者有侦查权，能够打击犯罪行为（违警罪、轻罪和重罪）。不过，在特殊情况下，两者的身份可以转换——行政警察可转换成为司法警察行使侦查权。

在德国，法律亦十分清楚地区分了两种权力：一种是规定在各州警察法当中，警察可以采取预防措施的权力；另一种是规定在刑事诉讼法当中，为侦查犯罪之目的而限制个人权利的权力。某些措施，如拘留、搜查、扣押和电子监控等，两种权力都允许实施，但是各自有不同的法律适用条件。对公众或个人造成（未来）伤害的危险通常仅仅引起警察的预防性权力，因此不应当规定在刑事诉讼法当中。① 也就是说，德国的警察机构有双重职能：因为隶属于内政部，它的主要任务是保障公共安全不受危害和威胁；当它参与刑事诉讼时，在刑事犯罪侦查过程中享有有限的权力。② 其实在第三章已经分析到，德国联邦警察局和联邦刑事警察局是并列的，联邦警察局中由行政警察（也译作治安警察）来负责众多事项的治安管理和控制、日常生活的治安维护。③ 行政警察

---

①[德] 托马斯·魏根特．德国刑事诉讼程序［M］．岳礼玲，温小洁译．北京：中国政法大学出版社，2004：99（脚注 284）．

②宋英辉，孙长永，朴宗根．外国刑事诉讼法［M］．北京：北京大学出版社，2011：285.

③钟碧莹．德国警察主体法律体系评析及对我国的启示——以治安职能为核心［J］．河北法学，2013，31（5）．147.

不可涉及刑事执法事项,[1] 刑事警察则专门负责打击犯罪、侦破案件。

虽然第五章重点阐述的是俄罗斯调查人员和侦查人员，但其中有一部分是内务部的警察——根据《警察法》的相关规定。然《警察法》中没有明确指出“刑警”和“治安警”的区别，只是笼统地说警察的任务、职责等,[2] 这种区分是基于不同的标准。不过，这两种同属内务部的警察是必不可少的：一种行使发现、预防、揭露和惩处犯罪的权力，另一种行使维护社会秩序、保障个人财产和生命安全之权力。[3]

从法国、德国、俄罗斯的警察分类来看（见表 7-7）：第一，针对案件的不同性质（刑事与治安或行政管理），三国对警察的职能进行了分工并规定了不同的称谓，这些体现的正是警察拥有两种权力或存在两种不同权力的警察。如上所述，我们既可以从侦查主体体系来看待这种现象，又可以从警务主体体系分析内在价值，它们是侦查/警务主体分工精细化之体现。第二，虽然区分了不同类型的警察，但这些警察在执法过程中还是有一定的联系的，如法国的行政警察在一定条件下可转换成为司法警察行使侦查权，俄罗斯的治安警察和刑事警察在执法过程中有互动，只有德国的（行政）警察和刑事警察区分得较为严格。第三，关于两种不同的分类——“联邦警察”、“地方警察”与“刑警”、“治安警”，是由警察趋于地方化（都市化）引起的，深层次原因则涉及去（取）向问题以及管理体制（横向与纵向）问题。[4]

①钟碧莹．德国警察主体法律体系评析及对我国的启示——以治安职能为核心［J］．河北法学，2013，31（5）.150.

②ФЕДЕРАЛЬНЫЙ ЗАКОН ОТ 07.02.2011 N 3-ФЗ（РЕД. ОТ 28.06.2013 С ИЗМЕНЕНИЯМИ, ВСТУПИВШИМИ В СИЛУ 30.06.2013）“О ПОЛИЦИИ”, http://zakonbase.ru/zakony/o-policii/.

③张杰．中国与俄罗斯警务合作与警务比较［M］．北京：中国人民公安大学出版社，2012：23.

④张杰．中国与俄罗斯警务合作与警务比较［M］．北京：中国人民公安大学出版社，2012：16-23.

表 7-7 法、德、俄三国警察类型及权力

国家	类型	拥有权力（职责）	类型	拥有权力（职责）	两者关系
法国	行政警察	有行政管理权（无行政处罚权），但一般无侦查权	司法警察	有侦查权、打击犯罪行为（违警罪、轻罪和重罪）	行政警察可转换成为司法警察行使侦查权
德国	（行政）警察	治安管控和维护	刑事警察	侦查权	同属内政部，区分细致（严格区分）
俄罗斯	治安警察	行政管理权	刑事警察	侦查权、打击犯罪权	同属内务部，执法过程有互动

表 7-8 是根据部分学者针对俄罗斯警务改革方案的看法总结出来的，有两点值得商榷。首先，就政治倾向而言，不能说区分“联邦警察”与“地方警察”就是追随西方，而区分“刑警”与“治安警”就是拥抱东方，法国属于西方，其同样是区分“行政警察”与“司法警察”。事实上，这种区分的依据是国家体制，美国是典型的联邦制国家，所以区分“联邦”与“地方”，这种区分不可能适用所有西方国家。此外，就管理体制而言，区分“联邦警察”与“地方警察”是为了更好地适应现代警察的横向功能，这比区分“刑警”与“治安警”强调垂直功能更符合打击犯罪、预防犯罪的趋势，能更好地体现警察的功能，而且在措辞上“联邦”与“地方”相对温和——这种观点有其合理之处。但还得回到第一点上，这种区分与政治色彩有关，即很大程度上取决于国家整体的体制、环境以及相关因素，而非仅仅从警察本身功能来设计。于是，在这种情况下，改革现有的警察体制就显得十分有必要，如俄罗斯联邦“大侦查机构”之设想应运而生。在不改变现有基本体制的情况下，进行部分微调是切实可行的。

表 7-8　联邦警察、地方警察与刑警、治安警的比较

称　谓	联邦警察	地方警察	刑警	治安警
职　责	犯罪侦查与预防	犯罪侦查与预防	犯罪侦查	犯罪预防
管理体制	横向性	横向性	垂直+平行	垂直性
政治倾向	西方		东方	

也就是说，侦查主体的双重权力体现在联邦警察、地方警察与刑警、治安警之分上，就某一类型的警察而言，他们可能同时具有侦查权和其他权力，这里也论及“一警多能”的现象。这种同时拥有不同类权力的状态是当今社会形势复杂多变所要求的，我们不可能去强求“一警一能”或“一警一权”，这对侦查破案也可能不利。所以，我们需要提高警察的个人素质，使之成为多面手，即在各国现行侦查体制下，除了侦查机构的权力需要重组和优化，侦查人员个人的能力也亟待提升。

二、审查起诉主体的多重权力

审查起诉主体的权力需要分两步进行分析：第一步，何谓审查起诉主体？在欧洲主要国家和欧盟，审查起诉主体除了检察机关外，还有其他机构，如英国的反严重欺诈办公室。第二步，这些主体仅有审查起诉权吗？答案显然是否定的。它们除了拥有审查起诉权外，还可能拥有全部案件或部分案件的侦查权以及法律监督权，如法国、德国审查起诉主体拥有全部案件的侦查权，英国的部分审查起诉主体拥有某些案件的侦查权，俄罗斯审查起诉主体虽无侦查权但有法律监督权。也即审查起诉主体的权力是多重的、复合的。

而仅以最重要的审查起诉主体——检察机关为例，其分类也有所不同，如图 7-4 所示。

- 检察机关
  - 侦查主体
    - 管辖全部案件——当然享有领导权：法国、德国
    - 管辖部分案件——可能（不）享有领导权：欧盟
  - 非侦查主体
    - 不管辖案件——享有监督（制约）权：俄罗斯
    - 不管辖案件——享有指引权：英国

图 7-4　检察机关分类

检察机关既可能是侦查主体，也可能不是侦查主体：当其是侦查主体时，可能管辖全部案件，如法国和德国，也可能管辖部分案件，如欧盟；当其不是侦查主体时，享有监督（制约）权或指引权。也就是说，不论是否为侦查主体，检察机关在包括侦查程序在内的全部刑事诉讼程序中的地位是重要的，从某种意义上讲可归结为“监督者”，只是监督对不同的国家和地区意义不同而已。

第四节　侦查主体间、侦诉主体间的关系

一、侦查主体间的关系

（一）分工：管辖

侦查主体间的关系首先表现在分工上，即不同侦查主体对案件的管辖范围不同。侦查主体不仅指符合条件的（司法）警察，还指其他主体，这些主体绝大多数与警察不属于同一体系（见表 7-9）。

表 7-9　欧洲主要国家侦查主体概览

国　家	侦查主体（人员）	归　属	管　辖
法国	司法警官、警员	内政部	绝大部分刑事案件
	特定职责的官员与工作人员	其他部（如经济、财政和工业部）	《海关法典》、《普通税务法典》等规定的刑事案件
	检察官	司法部	全部案件
德国	刑事警察	内务部	绝大部分刑事案件
	联邦情报人员	联邦情报局	收集恐怖主义等严重犯罪信息、侦查
	检察官	司法部	全部案件
英国	警察	内务部	绝大部分刑事案件
	反严重欺诈办公室侦查人员	独立	严重欺诈犯罪案件

续表

国家	侦查主体（人员）	归属	管辖
俄罗斯	刑事警察	内务部	大部分刑事案件
	侦查委员会侦查人员	独立	与公职人员犯罪有关的案件
	俄罗斯联邦安全局侦查人员	独立	与危害国家安全犯罪有关的案件
	麻醉品和精神药物管控机关侦查人员	独立	与麻醉品和精神药物犯罪有关的案件

1. 除“检警一体”的法国和德国的检察官天然拥有全部犯罪案件的侦查权外，其他国家的绝大部分刑事案件都由隶属于内政部/内务部的警察进行侦查，这说明警察仍是主要的侦查主体。

2. 除法国特定职责的官员与工作人员在侦查过程中具有司法警察身份之外，其他国家除警察外的侦查主体都不是警察，他们隶属于不同的部门（法国特定职责的官员与工作人员也属于不同部门），这些部门大都与内政部/内务部并列或平行。

3. 除俄罗斯侦查人员在某些案件上存在交叉管辖外，其他国家的侦查人员具有对某一案件的专属管辖权，这就是所谓的侦查主体间的“分工”。这是一个国家对侦查主体设置所要解决的程序法意义上的问题。

这里涉及的另一个问题就是“行业”侦查主体（即我们通常说的“行业”警察）。从法国来看，其“行业”侦查主体在侦查过程中虽具有司法警察身份，但仍属于与内政部并列的其他部门（海关人员和税务人员属于经济、财政和工业部）；从俄罗斯来看，包括麻醉品和精神药物管控机关在内的其他侦查机关的侦查人员不属于警察序列，且各类机关与内务部是平行关系。就这点而言，对比我国“行业”警察既具有警察身份又隶属于两个部门之现状，欧洲主要国家的“行业”侦查主体的单一归属值得借鉴，这种归属模式厘清了“职能”与“业务”之间的关系。

（二）合作大于制约：侦查模式

不同部门的侦查人员不仅在“管辖”上进行了分工，还在接下来的侦查过程中进行了深层次的配合。

针对侦查模式（见表 7-10），我们做以下分析：

表 7-10 欧洲主要国家的侦查人员类别与侦查模式/类型

模式/类型	国　家	侦查人员类别	“警种”类别
一步式侦查	英国	警察	相同
	德国	检察官+警察	相同
二步式侦查	法国	司法警察/检察官→预审法官	相同
	俄罗斯	调查人员→侦查人员	不同

第一，以警察实施侦查为例，对“一步式侦查”和“二步式侦查”可能有不同的理解——如果仅指“警察”内部的分工，即某一刑事案件如无例外自始至终都由一个部门的警察开展侦查被称为“一步式侦查”的话，那么法国的侦查模式或许只能归为“一步式侦查”，此时“二步式侦查”意味着某一刑事案件由两个部门的警察开展侦查；如果做广义解释，侦查可能要由两个警察部门或者一个警察部门和另一个侦查部门开展就被称为“二步式侦查”的话，那么法国的侦查模式便为“二步式侦查”，此时的“一步式侦查”意味着某一刑事案件仅由一个警察部门开展侦查。因为法国的侦查分为“初步侦查”和“正式侦查”，这说明“侦查人员类别”和“‘警种’类别”是有区别的，它们是区分侦查模式的关键所在，也是广义、狭义侦查模式的区别之核心。而说“可能”则意味着并非每一起案件都进行“二步式侦查”。此外，虽然德国也是“检察官+警察”两大主体的模式侦查，但鉴于“检警一体”，我们将他们看作一体，而且在法律上警察也是检察官的“附属官员”，① 故看做是“一步式侦查”，以区别于法国还存在“预审法官”这一主体背景下的侦查模式。

第二，基于上述解释，并从表 7-10 可知，“一步式侦查”和“二

①［德］托马斯·魏根特．德国刑事诉讼程序［M］．岳礼玲，温小洁译．北京：中国政法大学出版社，2004：51.

步式侦查”并不是按法系划分的，因为同为大陆法系的法国和德国，前者是“二步式侦查”，后者是“一步式侦查”，而是不同国家按照其侦查体制并结合实际情况所表现出来的侦查模式，无所谓法系之分。

以上两点便是我们通常所说的“一步式侦查”和“二步式侦查”侦查模式之异同。基于此，我们还可以延伸出以下两点：

第三，将法国和俄罗斯的相关法律进行比较，可以得知，两国法律都区分了“调查”和“侦查”。笼统而言，对于较轻犯罪，两国都采取“调查”程序（法国亦称“初步侦查”程序）；对于重罪，两国都采取“（正式）侦查”程序。不同的是，法国的“调查”是由司法警察和检察官共同完成的，不涉及预审法官，而（正式）“侦查”则有预审法官的参与，司法警察受其指挥和领导，不过“调查”和“侦查”同一案件的司法警察一般不会更换；而俄罗斯的“调查”则是由调查机关和调查人员完成的，一旦发现需要“侦查”，则交由侦查人员完成，显然并非同一主体（即主体转换），而且“调查”和“侦查”过程并未涉及检察官（改革后，检察机关不拥有侦查权）。另外，两国“调查”的含义也有所不同。法国将司法警察参与的“正式侦查”前的行为活动统称为“调查”，而俄罗斯还有一个“侦缉”活动，即调查机关和调查人员除了“调查”外，还可以在提起刑事诉讼前进行“侦缉”，类似于我国的“立案”前“调查”（但行为内容不同），而且俄罗斯的“调查”与“侦查”无实质性区别，只是案件管辖范围和主体有所不同。这也是法国和俄罗斯主体的一些异同点。

第四，就主体间的“配合”而言，看起来“一步式侦查”模式下只有警察这一主体，无所谓侦查主体间的合作，但基于“检警一体”模式的国家的检察官和警察之间仍可产生合作。“二步式侦查”由于是由两个警察部门或者一个警察部门和另一个侦查部门开展的，就涉及了合作问题——就两个警察部门而言，可能合作程度更大；就一个警察部门和另一个侦查部门而言，可能制约程度更大（当然也有合作）。

欧洲主要国家侦查主体间的关系可总结如表 7-11 所示。

表 7-11 欧洲主要国家侦查主体间的关系

侦查主体归属	关 系	代表国家与主体类型
同一系统	有管辖分工、配合	俄罗斯：调查人员、侦查人员
不同系统	有管辖分工、配合	英国：警察和其他部门侦查人员
	无管辖分工、配合	德国：警察和检察官
	无/有管辖分工、有配合与制约	法国：警察、检察官和预审法官

二、侦诉主体间的关系

对欧洲主要国家和欧盟侦查主体的设置、主体间的关系进行进一步深化研究，可以发现其侦诉主体的设置及侦诉主体间关系的规律和模式，如表 7-12 所示。

表 7-12 欧洲主要国家和欧盟侦诉主体设置及其关系

国家/地区	侦查主体设置	侦查主体关系	侦诉主体关系
法国	司法警察、检察官、预审法官	检察官管辖所有司法警察侦查的案件、预审法官管辖司法警察侦查的重罪案件	检警一体：检察官领导司法警察
德国	刑事警察、检察官	检察官管辖所有刑事警察侦查的案件	检警一体：检察官领导刑事警察
英国	警察、反严重欺诈办公室侦查人员	警察和反严重欺诈办公室侦查人员对案件有分工管辖，侦查中相互配合	检警分离：检察官对警察等侦查主体办案有指引作用

续表

国家/地区	侦查主体设置	侦查主体关系	侦诉主体关系
俄罗斯	警察、其他部门的侦查人员	警察和其他部门的侦查人员对案件有分工管辖，侦查中相互配合	监督：检察机关监督侦查过程、协调各侦查机关
欧盟	欧洲检察官办公室	唯一一个真正意义上的“侦查”主体	侦诉主体合一

从表7-12来看，侦查主体的关系有三种模式：（1）检察官管辖所有警察侦查的案件（法国、德国模式）；（2）警察和其他侦查人员对案件分工管辖、侦查中相互配合（英国、俄罗斯模式）；（3）只有一个单独的侦查主体（欧盟模式）。这与上面的分析一致。而就侦诉主体的关系而言则有四种模式：（1）检警一体（法国、德国模式）；（2）检警分离（英国模式）；（3）检察监督（俄罗斯模式）；（4）侦诉主体合一（欧盟模式）。就检警关系而言：在大部分的英美法系国家或地区，检警关系基本是“分离”的，且检察机关几乎不会对案件展开侦查（一般无侦查权，非侦查主体）；在大部分的大陆法系国家或地区，检警关系基本是“一体”的（有侦查权，是侦查主体）；在俄罗斯以及受其影响较大的中国大陆，检警关系是“监督与被监督”的。这里衍生出了学者们所说的“强警察”与“弱警察”、“强检察”与“弱检察”之分：以检察机关是否拥有侦查权以及侦诉关系如何为标准，有两个组合，即“强警察和弱检察”、“弱警察和强检察”。

显然，根据法律，法国和德国是“弱警察和强检察”，英国是“强警察和弱检察”。而在俄罗斯，虽然检察机关不再拥有侦查权，但鉴于《检察机关组织法》第1条规定的联邦检察机关对宪法和法律的遵守、执行等情况具有法律监督权，[①] 第 2 条规定的具体监督范围，[②] 检察机关的监督权是强大的，理应归为“弱警察和强检察”（前提是“强警察”和“强检察”不能同时存在）。我们从表 7-13 中也能看出欧洲主要国家的“检察监督”之区别。

---

①1. Прокуратура Российской Федерации - единая федеральная централизованная система органов, осуществляющихот имени Российской Федерации надзор за соблюдением Конституции Российской Федерации и исполнением законов, действующих на территории Российской Федерации (в ред. Федерального закона от 10.02.1999 N 31-ФЗ), ФЕДЕРАЛЬНЫЙ ЗАКОН “О ПРОКУРАТУРЕ РОССИЙСКОЙ ФЕДЕРАЦИИ” от 17.01.1992 N 2202-1 (действующая редакция от 21.07.2014), http://www.consultant.ru/popular/prosec/49_1.html#p41.

②2. В целях обеспечения верховенства закона, единства и укрепления законности, защиты прав и свобод человека и гражданина, а также охраняемых законом интересов общества и государства прокуратура Российской Федерации осуществляет: надзор за исполнением законов федеральными министерствами, государственными комитетами, службами и иными федеральными органами исполнительной власти, представительными (законодательными) и исполнительными органами субъектов Российской Федерации, органами местного самоуправления, органами военного управления, органами контроля, их должностными лицами, субъектами осуществления общественного контроля за обеспечением прав человека в местах принудительного содержания и содействия лицам, находящимся в местах принудительного содержания, органами управления и руководителями коммерческих и некоммерческих организаций, а также за соответствием законам издаваемых ими правовых актов (в ред. Федеральных законов от 10.02.1999 N 31-ФЗ, от 01.07.2010 N 132-ФЗ); надзор за соблюдением прав и свобод человека и гражданина федеральными министерствами, государственными комитетами, службами и иными федеральными органами исполнительной власти, представительными (законодательными) и исполнительными органами субъектов Российской Федерации, органами местного самоуправления, органами военного управления, органами контроля, их должностными лицами, субъектами осуществления общественного контроля за обеспечением прав человека в местах принудительного содержания и содействия лицам, находящимся в местах принудительного содержания, а также органами управления и руководителями коммерческих и некоммерческих организаций (в ред. Федеральных законов от 10.02.1999 N 31-ФЗ, от 01.07.2010 N 132-ФЗ); надзор за исполнением законов органами, осуществляющими оперативно-розыскную деятельность, дознание и предварительное следствие; надзор за исполнением законов судебными приставами (абзац введен Федеральным законом от 10.02.1999 N 31-ФЗ); надзор за исполнением законов администрациями органов и учреждений, исполняющих наказание и применяющих назначаемые судом меры принудительного характера, администрациями мест содержания задержанных и заключенных под стражу; уголовное преследование в соответствии с полномочиями, установленными уголовно-процессуальным законодательством Российской Федерации; координацию деятельности правоохранительных органов по борьбе с преступностью; возбуждение дел об административных правонарушениях и проведение административного расследования в соответствии с полномочиями, установленными Кодексом Российской Федерации об административных правонарушениях и другими федеральными законами (абзац введен Федеральным законом от 21.11.2011 N 329-ФЗ), ФЕДЕРАЛЬНЫЙ ЗАКОН “О ПРОКУРАТУРЕ РОССИЙСКОЙ ФЕДЕРАЦИИ” от 17.01.1992 N 2202-1 (действующая редакция от 21.07.2014), http://www.consultant.ru/popular/prosec/49_1.html#p41.

表 7-13　欧洲主要国家检察监督比较

国　家	法国	德国	英国	俄罗斯
模　式	检警合一	检警合一	检警分离	检察监督侦查
监督范围	诉讼程序	诉讼程序	诉讼程序	法律程序
监督环节	整个诉讼过程	整个诉讼过程	多为审前阶段	整个诉讼过程

由此观之，各国对侦查权的限制显然不同，由多到少依次为俄罗斯、法国和德国、英国。不过，检察官的实际地位与法律地位正逐渐趋于不同。① 一方面，在大部分的大陆法系国家和地区，检察官是当然的侦查主体，有权亲自对案件进行侦查，但实际上，他们一般只是行使对警察的指导权并将重点放在审查起诉上，很少亲自开展侦查。当然，在实行"检警一体"模式的国家，检察官本身就可以对（司法、刑事）警察的侦查行为进行"控制"和"监督"，也即侦诉主体的关系实质是领导与被领导、指挥与被指挥；而在"控制"侦查主体方面，检察官这一审查起诉主体也发挥着重要的作用，典型的如德国检察官对某些措施的批准和决定。但从狭义的"司法控制"来看，主要还是（预审或自由和羁押、侦查）法官承担该项任务。另一方面，在大部分的英美法系国家和地区，检察官只注重审查起诉的质量，一般不参与或亲自侦查，但近些年来有所改变，即检察官也对某些类型的案件进行侦查（辅助侦查）。申言之，在大陆法系国家和地区，法律规定由检察官指导、指挥侦查，但实践中大部分侦查任务是由警察完成的；在英美法系国家和地区，法律规定检察官和警察的关系是"相互独立"的，但实践中检察官引导侦查、建议侦查方向亦不少见，检察官的侦查权在实践中表现为扩大趋势。两大法系在此方面的融合趋势较为明显。不过在融合的同时，两大法系也并未放松对侦查权的控制，即便是大陆法系国家的大部分案件由检察官开展侦查转由警察开展侦查亦如此。例如，在前

---

①Beatrix Elsner，Chris Lewis，Josef Zila. Police Prosecution Service Relationship Within Criminal Investigation［J］. EuropeanJournal on Criminal Policy and Research，2008，14（2-3）. 203-224.

面第三章中提到，为了克服实践中警察权力的扩张，德国司法部和内政部组成了联合委员会，在1975年召开了两次会议并发布了《重新确定警察局——检察院关系的指导原则》。该原则表示，法律规则应该更加适应现实的发展需要。学者们也提出了类似的建议，例如，在检察院内部设立特别部门以加强和改善对侦查程序的监督，允许检察院直接利用由警察局建立的数据库以及强化警察向检察官汇报的义务，等等。①

所以，在检察官可以成为侦查主体时，其与警察是平行关系，（司法、刑事）警察应当为“事实层面”的主导者，检察官应当为“法律层面”的监督者，将两者的角色进行相应的调整是比较明智的选择。这对我们国家的启示在于：与其讨论是奉行“检警一体”还是“检警分离”之改革，还不如重点关注具体的检察机关和公安机关的关系，并加以完善，不拘泥于某种模式。因为限制权力最有效的方法就是“权力制约权力”，而根据公权力机关的地位，显然检察机关对侦查权的控制和制约是重中之重。首先，无论是采取“检警一体”还是“检警分离”模式，检察机关对警察机关都有一定程度的制约能力（这与上面所说的主体间主要是“配合”关系并不矛盾，只是侧重点不同），只是方法有所区别：大陆法系国家和地区主要通过“领导侦查”来控制警察的侦查权（当然也通过审查起诉程序来控制，不过笔者认为这里的“领导侦查”可能更倾向于“配合”，当然也有少数的“控制”意味），英美法系国家和地区主要通过审查起诉来限制警察的侦查权，不管哪种模式都能够起到较好的效果。反观我国，检察机关对公安机关的这种制约略显“薄弱”。其次，对于采取“检警分离”模式的国家，检察机关的管辖权逐渐变大，我国在某种意义上类似于“检警分离”，但检察机关的管辖权则是逐渐变小。最后，“控制”侦查权的主体可能本身就是侦查主体，也可能不是侦查主体，而“控制”则主要体现在程序的授权和审查上——这些主体从诉讼流程上又分为事前授权主体、事中审查主体、事后审查主体。而我国无论哪一类主体中都有检察官——其他国家的事前授权主体有预审法官、大陪审团，也有检察官，我国有检察官；其他国家的事中和事后审查主体是法官，而我国也有检察官的身影。这些足以说明检察官在我国的地位之高。退一步讲，正如

---

①宋英辉，孙长永，朴忠根．外国刑事诉讼法［M］．北京：北京大学出版社，2011：285.

前述，审查主体能够充分发挥其作用还好，但就目前来看，它只能算作是一个“虚位主体”。这让人不得不担忧我国的侦查权制约之前景。

第五节 对我国侦诉主体发展与改革的具体启示

在前面论及欧洲主要国家和欧盟侦诉主体的过程中，或多或少地提到了这些侦诉主体对包括我国在内的其他国家侦诉主体发展与改革的启示，本节摘其要点来讨论它们对我国的具体启示。

一、侦诉主体设置的启示

（一）设置侦诉主体的法律启示

从表 7-4 来看，法国的司法警察、检察官和预审法官三大侦诉主体由《刑事诉讼法典》《加强刑事程序衡平法》《关于改革司法警察地域组织的法令》《国家警察职业道德准则法令》《关于调整巴黎警察局服务的法令》等法律和法令进行调整。德国的警察、检察官两大侦诉主体由《刑事诉讼法》《法院组织法》《联邦刑事警察局法》等法律进行调整。英国的警察、反严重欺诈办公室、检察官三大侦诉主体由《警察与刑事证据法》《犯罪起诉法》《皇家检察官守则》《刑事司法法》等法律和守则进行调整。俄罗斯联邦的侦查机关（含侦查委员会）、检察机关两大侦诉主体由《刑事诉讼法典》《检察机关组织法》《侦查委员会法》等法律进行调整。欧盟的欧洲检察官办公室由《里斯本条约》等条约进行调整。

申言之，无论是在规定侦诉主体的文件方面还是在修改关于侦诉主体的文件方面，欧洲主要国家和欧盟的做法值得肯定。第一，在规定侦诉主体的文件方面，它们要么按法律规定来设置侦诉主体，如法国《刑事诉讼法典》明确了哪些人员可以成为侦查主体，且规定除某些特定人员之外其他人员的司法警察身份都只是暂时的、待定的；要么先由法律规定能设置侦查主体文件的效力等级，然后在法定的文件内详细规定侦查主体组成机构或人员，如欧盟联合侦查小组的成立。即便是在非成文法的英国，也是通过大量的法律来详细规定侦诉主体的。至于德国，由于其区分了联邦法律和州法律，故出现了规定侦诉主体的法律不够统一及效力等级不一致等问题，这当然与德国的政治体制有关，不过单就联邦法律而言，其还是较为统一的。第二，在修改关于侦诉主体的文件方面，它们不定期地审查已经颁布的文件，该废止的废止、该合并的合并、该完善的完善、该细化的细化，以便能够兼顾各个部门的情况来统筹全国（区域）的刑事诉讼（包括侦诉）程序，并用狭义的法律或由其规定具有同等效力的文件加以固定，这样就会有条理得多，也便于侦诉主体实际操作。例如，法国对《刑事诉讼法典》、英国对《刑事司法法》、俄罗斯联邦对《检察机关组织法》、欧盟对《欧盟条约》都在进行不定期地修订与完善，从而使得法律规定不细致、适用不统一、效力受质疑等问题迎刃而解，以适应时代的需求。

一般而言，法律规定得详细与否决定着法律是否完善、法律能否很好地被执行，因为法律对诸事宜规定得越详细，该法律便越完善，并能够很好地被执行。然而，如果一部法律对所有的实践操作规定得过于详细的话，则会在某种程度上扼杀侦诉主体之主体性的发挥。这看似较为矛盾，详细不行，粗略似乎也不合适。如果我们抛开其他的规定，单就侦诉主体的规定而言，法律的完善是不容置疑的。从正面来说，不存在法律严格规定并将主体细化侦诉主体的主体性就得不到充分发挥之情形；从反面来说，这是执法资格的必然选择，是不能做出让步的，否则权力将会极大扩张。因为如果不详细规定并限制权力，那么在实践中，协警、辅警等“不适格主体”有时就会打擦边球而独立行使侦查权，导致权力不当蔓延。所以，单就侦诉主体这一事项而言，法律越完善、越详细就越能掌控好权力。

欧洲主要国家、欧盟无论是在规定侦诉主体的文件方面还是在修改关于侦诉主体的文件方面的做法，对我国现行关于侦诉主体相关文件存在的“不严谨”、“弹性大”、“可操作性不强”、“局限性”等诸多弊病之根治是一种启示。在借鉴法国、德国、英国、俄罗斯等国家和欧盟做法的基础上，我国应当由全国人大及其常委会修改法律，详细规定侦诉主体，包括侦诉机关和人员，这样能细化和统一种类繁多的相关文件并将其上升到法律层面。但由于已经出台了新修订的《刑事诉讼法》，近期再次修改的可能性不大，故权宜之计是梳理现存所有关于侦诉主体的规范性文件，将条款逐一审查并通盘考虑各部门的利益，顾全大局，待时机成熟后由全国人大及其常委会制定严谨而又具可操作性的法律来规定侦诉主体及其管辖、关系等问题，这样可从根本上解决司法解释等相关规范性文件效力低、相互矛盾且可操作性不强等一系列问题，也能在某种程度上弥补立法之缺陷。

（二）设置侦诉主体的体制启示

1. 侦诉机构总体体制启示

对我国侦诉机构总体体制有启示的包括上述的俄罗斯联邦的“大侦查机构”和欧洲检察官办公室。前者将检察机关的侦查权剔除，使得检察机关专职审查起诉；后者则是将侦查机关和审查起诉机关合二为一，接近我国现行检察机关体制。实际上，我国学者已经对“检察机关是否应当拥有侦查权”这一论题讨论了多年，结果是维持现状。俄罗斯联邦将侦查委员会从检察机关中分离出来的目的是：既让侦查机关形成一个统一的机构，又让检察机关专门实施法律监督，职能分开，较为清晰，那么这种模式适合我国现行体制吗？答案是否定的。这种模式对我国现行体制是一个巨大的冲击，在没有做足充分的准备工作之前，切不可贸然改变，否则会重蹈“侦审合一”（侦查和预审合一，下述）改革不太成功之覆辙。这毕竟涉及宪法及所有其他相关法律的修订。所以，在维持现状的情况下，借鉴欧洲检察官办公室的做法，合理地分清内部的侦查权和审查起诉权，设计好检察机关内部的体制，方为上策。

2. 侦查机构体制启示

在侦诉机构总体体制确定下来后，逐步对侦查机构的内部体制进行改革是可行的，此时就可适当借鉴俄罗斯联邦关于侦查机构合并的构想。而且，从法国的司法警察中心局、德国的联邦刑事警察局来看，它们也是将侦查机关尽量统一起来，不仅提高了侦查的效率，还厘清了侦查权与行政管理权纠缠不清的关系。

具体做法是将我国现行的刑事侦查、国内安全保卫、经济犯罪侦查、禁毒、边防管理、治安管理、交通管理、消防管理等机构中行使侦查权的部门独立出来，形成一体化的“大刑侦机构”。这些部门里剩下的行使诸如行政管理权的其他机构可以维持现状，仍承担现行职能。

无论如何，侦诉机构体制也好，侦查机构体制也罢，其改革始终要遵循主体的发展规律。主体的发展规律要求做到“分合适度”，某些机构不宜分离的就暂时不要分离以维持现状，某些机构应该合并的就果断地进行合并以加大改革步伐，以理顺相关体制，避免不必要的混乱。

在“大刑侦机构”形成后，还有两点需要进一步说明，其一是侦查模式问题。从借鉴角度来看，“一步式侦查”和“二步式侦查”不是以法系来区分的，所以我们国家采取哪种模式都不重要，重要的是保证效率和公正。而我国在“侦审合一”后，从“二步式侦查”（两个警察部门）转为“一步式侦查”，但没有达到预期效果。“二步式侦查”中第二步的预审人员是侦查的关键，其起到坐实证据、深挖犯罪等作用，“侦审合一”合并后功能却退化（弱化）了，一些案件的办理质量大不如前，这才出现了部分公安机关恢复预审机构的做法。而在没有恢复预审机构的公安机关内部，应该以“大刑侦机构”的构建为契机，多补充具有预审专业能力的侦查人员进入侦查机构，并提高现有侦查人员的预审能力，同时加大法制部门对案件的审核力度。

3. “行业”警察体制启示

“大刑侦机构”形成后第二点需要说明的便是“行业”警察问题。如前所述，欧洲主要国家的“行业”侦查主体只属于某一个系列。法国、俄罗斯的相关人员属于警察序列之外的其他行政序列，我国相关人员既属于警察序列又属于其他行政序列，双重体制使得这些“行业”警察（公安）执法时权责不清、管理时略显混乱。那么，我们能否借鉴法国、俄罗斯的具体模式呢？笔者认为，法国和俄罗斯的单一归属模式可以借鉴，但其归属其他部门（非警察序列）则在中国行不通。在我国，最好将这些“行业”警察（公安）归到公安体系当中，才符合我国国情。如果将其归到各自的行业之内，势必仍然会存在双重管理和混乱局面。更为严重的是，一旦归于各行业，必定使其拥有特定行业里有关案件的侦查权，这在法理上是不能接受的（法国的海关人员也只是在行使职责并满足一定条件时才具有司法警察身份），因为权力无法控制。

所以，理想的做法是将我国现行的“行业”警察（公安）进行整体上的合并（可借助铁路、交通、民航等部门归属交通运输部的契机）全部归到“大刑侦机构”里，一步到位。换言之，可将其组成新的“行业”警察（公安）局并从属于“大刑侦机构”（是“大刑侦机构”的一个部门），以后如果还想增加“行业”警察（公安），可直接在此体系中调整。这样一来，既保证了方式的灵活多变性，又很好地厘清了人事管理和业务管理关系，有利于统一领导和部署。

概言之，本部分主要解决了侦诉主体及侦查主体（公安机关）的体制问题：检察机关应当继续拥有侦查权，只是要优化其内部的侦查部门和审查起诉部门的关系；公安机关的侦查部门应该全部合并成“大刑侦机构”，并将“行业”公安纳入（见图7-5）。

- 侦诉主体体制
  - 检察机关
    - 继续保留侦查权
    - 优化内部侦查部门和审查起诉部门的权力
  - 公安机关：“大刑侦机构”
    - 合并现行机构中行使侦查权的部门
    - 合并现行“行业”公安

图7-5　对我国未来的侦诉主体体制设计

二、侦诉主体的权力与观念启示

（一）侦查主体权力启示

侦诉主体分为侦诉机构和侦诉人员两大部分，在讨论完侦诉机构后，有必要研究侦诉人员。这里的侦诉主体之权力与观念主要指侦诉人员的权力和观念。实践中冤假错案的防治和实务改革中警务改革的推广不仅要求大力发展先进的技术、简化臃肿的机构，还有赖于侦诉人员素质之提高、技能之提升。

以公安机关的侦查人员为例，如前所述，“一警一能”既不符合客观规律，也不符合打击犯罪的要求，“一警多能”才是时代的需要，这就需要提高侦查人员的能力。法国、德国、俄罗斯（司法、刑事）警察（侦查人员）的“一警（人）多能”（法国行政警察在某种情况下还能以司法警察的身份行使侦查权），不仅是由警察或侦查人员所在机构的性质决定的，更与预防犯罪与打击犯罪自始至终密切相连这一态势有关。这要求“大刑侦机构”中的警察（侦查人员）既能够处理自身职权范围内的案件，还能够在遇到特殊情况时，“初步”处理一般的违法行为和其他主体管辖的刑事案件（说“初步”，是因为在紧急情况下必须迅速处理这类事项，随后则应该将案件移交给有管辖权的行政机关人员或其他侦查人员）。

申言之，我们既不鼓励盲目地将绝大部分权力赋予某一个警种（这里的“警种”是指某一具体的侦查部门），又要注意培养不同警种的综合能力。民警首先要“入行”并掌握该警种的专业知识，然后适当掌握其他警种的专业知识，做应急之用。如 2010 年公安部出台的《公安机关人民警察执法资格等级考试办法》第十九条第一款规定，人民警察必须取得基本级执法资格。未取得基本级执法资格的，不得办理案件。第八条第二款规定，新入警的人民警察应当在上岗之日起一年内申报并参加基本级执法资格等级考试。第九条第一款和第三款规定，执法资格等级有效期为五年，自人民警察取得执法资格等级之日起计算。人民警察应当在执法资格等级有效期届满前，重新申报并参加执法资格等级考试。第三条规定，执法资格等级考试主要测试应试人员应当具备的法律知识和从事公安执法工作的资格等级，内容包括：法学基础理论、社会主义法治理念、公安机关常用法律规定和案例评析、执法办案操作规程等。对于公安机关刑事犯罪侦查、经济犯罪侦查、治安管理、出入境管理、交通管理、禁毒、消防机构的人民警察，考试内容除前款规定的内容外，还包括警种专业法律知识和案例评析、执法办案操作规程等内容。也就是说，第一，侦查人员要想依法实施侦查行为，必须取得资格，且这个资格不是终身的，只有五年有效期，过了时限必须重新取得。这值得肯定。第二，在资格考试中，除了通识性知识外，“大刑侦机构”中的侦查人员（当然从该办法来看还有上述机构中的行政管理人员）必须掌握与所属警种相关的知识。但是唯一不足的是，从执法资格等级考试内容来看，每个警种只考查单一专业知识，并不涉及其他警种知识，这与“一警多能”的要求存在差距。所以，笔者建议在今后的执法资格等级考试中，除了考查每个警种本身的专业知识外，还应适当加入一定量的其他警种的专业知识，尤其是侦查方面的知识，以便侦查人员做到对知识的掌握既广又精。

考试只是一个手段，不能为了考试而突击应付，素质的提高还依附于平时办案经验的积累和科学方法的运用，以及定期的培训。就培训而言，法国分为最初的培训（la formation initiale）和后续的培训（la formation continue）。所谓“最初的培训”，是指在国家警察学校参加的入职前的培训。所谓“后续的培训”有两层含义：第一层含义是针对所有警察的持续培训；第二层含义是专门为打击有组织犯罪、恐怖主义、抢劫、贩卖人口、金融犯罪的警察开展的系统化、专业性的培训（强调“spécialisation”)，以及定期进行的知识更新培训。[①] 这种专门针对某一类型犯罪侦查进行培训的做法值得推广，这种培训既能使侦查人员掌握此类犯罪的基本特征、作案手法、侦查方法，又能定期更新相关知识（如作案手法的变化、侦查方式的转变等）。当然，我国也有这种专门的培训，如公安部定期举办的“打击电信诈骗犯罪侦查员培训班”就是对目前电信诈骗高发而举办的一种培训。通过培训优秀的侦查员以加大对此种犯罪的打击力度，强化知识和方法。预防和打击某一种类型的犯罪必须要了解和熟悉它，方可有针对性地采取一系列的手段加以应对。当然，这种培训不应该仅针对少数几种犯罪类型，也不应该止于某一次培训。这种培训应该是分别针对不同警种对相关类型犯罪的侦查培训，也应该是一种常态式的培训——培训一次不可能一劳永逸，应该定期举行。在增加必要的培训次数的同时，还应注重每次培训的质量，不能将培训看做是走过场。

就科学方法的运用而言，欧洲主要国家和欧盟采取的是以“信息”为中心的机制。一个国家或地区的信息系统越发达，能够使侦查人员发挥其主体性的几率就越大、侦查的主动性就越强。先以法国为例。如前所述，在法国司法警察中心局中有一个技术与科学警察分局，其研发和管理一些档案库和信息库，为侦查破案等提供支持。包括通缉犯档案库（le fichier des personnes recherchées，FPR）、被盗车辆档案库（le fichier des véhicules volés，FVV）、违法行为处理系统（le système de traitement des infractions constatées，STIC）——该系统中有关于已处理的违法行为的事实、行为人、被害人等相关信息，为后续的侦查破案（数据碰撞）提供了线索和来源。[②] 当然，这些（信息）库和系统不仅仅是为（司法）警察服务，有时也会给检察官和预审法官带来帮助。信息不仅在同一部门内部共享，还可以与其他部门分享之做法为打破部门间的壁垒奠定了技术上的基础。再以英国为例。国家 DNA 数据库（the United

①Police nationale. La formation des personnels de police judiciaire [EB/OL]. http://www.police-nationale.interieur.gouv.fr/Organisation/Direction-Centrale-de-la-Police-Judiciaire/La-formation-des-personnels-de-police-judiciaire，2014-10-01.

②Police nationale. La sous-direction de la police technique et scientifique [EB/OL]. http://www.police-nationale.interieur.gouv.fr/Organisation/Direction-Centrale-de-la-Police-Judiciaire/Sous-direction-de-la-police-technique-et-scientifique，2014-10-01.

Kingdom National DNA Database，NDNAD）始建于1995年，2007年管理权交给国家警务改革机构（the National Policing Improvement Agency，NPIA）。截至2012年3月，库中已有近600万份个人资料，且现在每月以3万份的速度递增，[①] 最终的状态是全体英国公民，甚至是到英国旅行的人都会在国家DNA数据库中留下信息。[②] 在侦查过程中，当侦查人员将采集到的新信息输入数据库后系统会自动将新信息与库中原有记录进行配对，这种配对既能帮助识别某人身份的真实性，又能扩充和更新资料以便日后侦查之用。此外，英国还有国家指纹数据库（National Fingerprint Database）等。[③] 最后以欧盟为例。第一代和第二代申根信息系统（the Schengen Information System）的使用、运行乃至数据安全保护，都是为了更好地规范哪些信息可以收集、分析、利用，这些信息对现在或将来的侦查人员预防和打击犯罪起着至关重要的作用。欧洲检察官办公室同样有其运转的信息系统——案件管理系统（the Case Management System）并有专门人员管理，便于对其管辖范围内的案件进行处理和研判。

从法国、英国和欧盟建立的信息系统或库来看，科学的方法之运用不仅表现在这些系统或库的更新上，也体现在侦查人员侦查思维的转变过程中，更凸显了不同部门间的信息应该实现共享等方面。这要求我们积极探索信息化时代下新的侦查方法和手段，利用“从人到案”、“从事到案”、“从案到案”的多元化侦查模式，发挥侦查人员的主观能动性和创造性，建立信息模型，通过信息的反复核对和碰撞来获取线索，为破案奠定坚实的基础。

（二）审查起诉主体权力启示

总体而言，审查起诉主体主要是指检察官，而检察官除了拥有审查起诉权（公诉权）外，还可能有侦查权、诉讼监督权。实质上，这些权力为广义的法律监督权，可以用以下公式来表示：

---

①Wikipedia. United Kingdom National DNA Database［EB/OL］. http://en.wikipedia.org/wiki/UK_National_DNA_Database,2014-06-24.

②BBC. All UK ‘must be on DNA database’［EB/OL］. http://news.bbc.co.uk/2/hi/uk_news/6979138.stm,2007-09-05.

③当然，近些年来库中信息快速的增加引来了不少争议，因为这些信息大多采集自并非有罪之人，而这被许多司法区认为是不合法的。

（补充）侦查权+审查起诉权+诉讼监督权=刑事诉讼中的法律监督权

具体到英国检察官的公诉权、法国和德国检察官的侦查权及公诉权、俄罗斯联邦检察官的公诉权及诉讼监督权、欧洲检察官办公室的侦查权及公诉权，实际上都是法律监督权的具体表现，此其一；其二，这些国家和地区的检察官要么只有一种权力，要么兼具两大权力，但不会拥有全部三种权力，以防止某一主体拥有过大权力而无限膨胀——俄罗斯联邦检察机关的改革可能就是出于此种考虑。三种权力可用图 7-6 表示。

法律监督权
- 侦查权：自侦权、领导侦查权——法国、德国、欧盟
- 公诉权：审查起诉权——法国、德国、英国、俄罗斯、欧盟
- 诉讼监督权：狭义的法律监督权——俄罗斯

图 7-6　法律监督权的类型

侦查权，有两层含义：自侦权和领导侦查权。自侦权和领导侦查权有一定的联系，即主体有领导侦查权在某种程度上当然也会有自侦权，如法国、德国。但这点在区域性的范围就不太适用了，因为我们不能说欧洲检察官办公室的侦查权是一种领导侦查权。公诉权，即审查起诉权，欧洲主要国家和欧盟的审查起诉主体都拥有，这也是“检察官”一词的应有含义。诉讼监督权，虽说其他国家审查起诉主体也可能拥有一部分，但典型的要数俄罗斯的检察官了，这点从俄罗斯联邦《刑事诉讼法典》和《检察机关组织法》中可以看出。

实际上，在考察审查起诉主体时，从其权力来看，有三个问题值得讨论：第一，所有国家的检察官都有侦查权、公诉权、诉讼监督权吗？答案是否定的，这点可以从图 7-6 看出。第二，检察机关只有这三种权力吗？答案是肯定的。就目前来看，检察官在刑事诉讼中尤其是侦查和审查起诉程序中仅有这三种权力。第三，这三种权力除了检察官，还有其他主体会拥有吗？答案也是肯定的，如警察拥有侦查权，英国反严重欺诈办公室拥有公诉权，法官（预审法官、治安法官）拥有诉讼监督权。

由此看来，还有四点值得我们进行对比分析：

其一，就侦查权而言，法国和德国的检察官拥有全部案件的侦查权，欧盟的检察官拥有部分案件的侦查权，而我国的检察官也是拥有部分案件的检察权。看起来我国检察官在侦查方面的功能与欧盟的检察官相同，实则不然。除了管辖案件类型不同外，欧盟检察官的管辖范围也仅限于其拥有侦查权的案件，而我国的检察官还有补充侦查权，可以认为是自侦权的一个延伸。这种补充侦查权反倒是将侦查权扩充至全部案件类型（管辖的案件类型及于全部）。不过，虽然法律如此规定，但实践中补充侦查的情形并不多见，大多是退回侦查。

其二，就审查起诉权而言，法国检察官在决定是否起诉时考虑两个方面，即追诉“是否具备法定条件”和“是否适当”，此外还有启动替代程序的权力；德国检察官认为有充分理由时便可提起公诉；英国检察官决定起诉与否时考虑“是否有足够的证据”和“是否符合公共利益”。法国遵循“适时追究原则”，德国遵循“强制起诉原则”，英国遵循“自由裁量原则”，俄罗斯检察官在确保“合法性”和“有效性”的基础上支持公诉。我国检察官的起诉权规定于新修订的《刑事诉讼法》第一百七十二条，即人民检察院认为犯罪嫌疑人的犯罪事实已经查清，证据确实、充分，依法应当追究刑事责任的，应当作出起诉决定。这类似于德国的“强制起诉原则”，当然也有少数例外，且新修订的法律增加的“当事人和解的公诉案件诉讼程序”较为类似于法国的替代性程序。

其三，就诉讼监督权而言，综合上述各章的结论，要么体现为批准或同意某些令状、侦查行为的实施，如法国检察官有权发布通缉令等、德国检察官有权发布查缉通告和扣押邮件等——当然，这些都是警察无法自行实施的（得不到批准或同意不得进行），而我国检察官只有在逮捕这一强制措施实施过程中是此类情形；要么表现为监督刑事诉讼法等法律的实施，如俄罗斯联邦检察机关应当对多个国家权力机关和人员恪守普通人与公民权利、自由原则的情况以及对有关机关在侦查活动、调查活动中遵守法律的状况等进行监督，我国检察官也是对侦查活动全过程进行监督。也即，诉讼监督权除了具有监督侦查程序的内涵外，还意味着一定程度上的决定权或同意权。

其四，就三种权力综合而言，在 2006 年《最高人民检察院工作报告》有关用语的说明中亦明确了“法律监督”的含义——这是建立在

《宪法》和《人民检察院组织法》具体条文基础之上的。法律监督职能包括：a. 批准和决定逮捕；b. 提起公诉；c. 职务犯罪侦查；d. 立案监督；e. 侦查活动监督；f. 审判监督；g. 刑罚执行和监管活动监督。而在侦查和审查起诉程序中，密切相关的是 c、b、a、e。其中，c 对应侦查权，b 对应审查起诉权，a 和 e 对应诉讼监督权。也就是说，我国检察官同时具备这三种权力——与法国、德国、英国、俄罗斯和欧盟检察官的权力范围都不相同，这不禁让人生疑，就连之前拥有这三种权力的俄罗斯都将侦查权从检察系统中分离出去，我国是否也应当另设一个侦查机关专司职务犯罪侦查？就目前来看，尚未走到这一步，理由有两点：其一，在《宪法》等法律还未修改以及实践还未进行（试行）等情形下，不宜变革，牵一发必动全身；其二，检察官权力看似强大（有三种权力），但实际上其诉讼监督权相当“弱”，不足以使其成为三极中的一极，因为包括“不批捕”或“追加批捕”以及“纠正违法”在内的事项理应属于诉讼监督的内容，但我国仅有逮捕这一强制措施被划在监督范围之内，其他强制措施的审批或同意无须经检察官之手，且一些严重侵害犯罪嫌疑人人身、财产利益的侦查行为（活动）亦不在监督范围之内。[①] 所以，当务之急是解决这一极的问题，待本质上的问题处理好以后，是否分离再另做他论。这也是抓住事物的主要矛盾之做法。诉讼监督权不进行优化，即便将侦查权分离出去，还是无法实现侦诉程序的法治化。

以上只是一个初步的对比和论证过程，由于这些权力或多或少都涉及主体间的关系，所以留在下面相关部分进行具体设计。

（三）侦诉主体观念启示

侦诉主体的观念有两层含义：一层是法治化的观念，另一层是科学化的观念。法治化主要以人权保障为核心，科学化则主要以先进思想为核心。

1. 以人权保障为核心。打击犯罪与保障人权自始至终都是一对矛盾，在法国、德国、英国、俄罗斯等欧洲主要国家同样存在这样的矛盾，只是这些法治国家对此平衡之做法与我国不同。在不同的刑事程序

①刘计划．侦查监督制度的中国模式及其改革［J］．中国法学，2014，177（1）．243-265.

体系中，侦查最终的问题确实绝大多数都集中在“真实”价值（the value of truth）和其他价值（other values）的冲突上。就英国而言，由于历史、政治等原因，相比于“真实”这一价值，似乎包括“公正”、“正义”在内的其他价值更占上风，即多数情况下两者发生冲突时会牺牲“真实”而追求其他价值；相比之下，法国虽更多地追求“真实”，但最近刑事程序改革的导向也有所变化，因为要使法律更加符合《欧洲人权公约》之要求。①

英美法系国家追求控辩双方平等、整个程序公正的核心价值观（推崇的理念）以及大陆法系国家近些年来转变部分价值观的做法给我国以启示——侦诉主体权力行使过程中观念扭曲之状况应该要有所改观，因为落后的理念与侦诉主体法治化的前进方向不符。从借鉴的角度来讲，近些年欧洲部分国家在一味追求“实体真实”的基础上走向对“程序正义”的关注和重视，在考虑“效率”的同时不断向“公平”、“公正”倾斜等做法是值得学习的。例如，法国 2000 年 6 月 15 日第 2000-516 号法律确立了“无罪推定”（présumée innocente）原则②并放置于《刑事诉讼法典》典首，③ 德国废除侦查法官的侦查权，皆说明“公平”、“公正”理念贯穿于整个诉讼程序是当今世界法律发展的趋势。所以，我们必须重新审视各种价值之间的关系，使程序更加符合“公平”、“公正”之要求。这当然要求我们在限制侦诉主体某些权力的同时还要充分保障犯罪嫌疑人的权利。

2. 以先进思想为核心。先进思想，是指符合时代要求的思想观念。

---

①Mary Ann Glendon, Paolo G. Carozza and Colin B. Picker. Comparative Legal Traditions—Text, Materials and Cases on Western Law［M］. Third Edition. St. Paul, MN: Thomson/West, 2007. 218-219.

②Article préliminaire Ⅲ, Code de procédure pénale: Toute personne suspectée ou poursuivie est présumée innocente tant que sa culpabilité n' a pas été établie. 只要没有确定有罪，任何一个犯罪嫌疑人或受到追诉的人都应该被推定为无罪。

③对典首条文最近的一次修改是 2013 年 8 月 5 日第 2013-711 号法律的第 4 条（Modifié par LOI n°2013-711 du 5 août 2013 portant diverses dispositions d' adaptation dans le domaine de la justice en application du droit de l' Union européenne et des engagements internationaux de la France-art. 4），里面包含了律师辩护权、翻译帮助权的相关内容。http://www.legifrance.gouv.fr/affichCode.do;jsessionid=4BFD446459BE240DF150F0D99C323091.tpdjo17v_2?idSectionTA=LEGISCTA000006098229&cidTexte=LEGITEXT000006071154&dateTexte=20140831.

时代在发展，我们不能故步自封。欧洲主要国家和欧盟信息网络的建立，不仅是一种做法的更新，也是一种观念的变迁。科学的思维观念要求我们用正确的方式来对案件进行处理，这尤其体现在侦查过程中。之前的事实真相是“审”出来的，而现在我们不能单纯依靠“审”，还要将事实真相“比”出来、“串”出来、“挖”出来、“看”出来。这就意味着要用新的理念不断武装侦诉主体，突破藩篱，提高侦诉活动的效率。

三、侦查主体、侦诉主体关系的启示

（一）主体间协作启示

主体间的协作不仅包括同一序列主体内部机构或人员的协作，还包括不同序列主体间的协作，甚至亦囊括了同一序列上下级主体（有时也有不同序列上下级主体）之间的协作。

1. 同一系统内部机构或人员间的协作。这类协作主要体现在配合上。在公安机关内部，同样是侦查机构，它们在运作过程中肯定会有合作，而情报部门则对侦查部门破获案件起着支撑作用；在检察机关内部，职务犯罪侦查部门和审查起诉部门亦有协作关系。

就情报部门而言，欧洲主要国家和欧盟都将其视为非侦查部门，它是提供侦查信息的职能部门。虽然不是侦查部门，但侦查过程不可忽略它的存在，在信息化高速发展的今天，离开了信息和情报就等于在很大程度上失去了方向，会增加侦查的难度，使侦查工作变得被动。故，我们应当探索建立一套情报工作体系，不仅单设情报部门，还可以在刑警、治安、交警、网安等不同侦查部门中下设情报中心，由情报部门统筹，这样不仅能提高效率，还能加强专业研判，即通过侦查主体内部机构的改变盘活整套机制。

2. 不同系统机构或人员间的协作。不同系统机构或人员间，如检察机关（检察官）和警察（公安）部门（警察），既有管辖分工也有配合，或者无管辖分工但有相互配合。这里重点强调的是配合关系。如何在不同侦查主体间形成合力打击犯罪，是各国不断调整管辖范围、机构的目的。欧洲部分国家的“配合”主要体现在两者都可以管辖全部案件或信息共享、深度交流等方面。而我国情况略有不同，主要是两者关系的几次调整都涉及公安机关和检察机关各自管辖案件的范围，当然这使得检察机关更加专业化，成为打击职务犯罪的专门机关。正是这种与“检警合一”大不相同的模式，使得双方在对某一犯罪嫌疑人所犯罪行的管辖中有配合之可能。而新修订的《公安机关办理刑事案件程序规定》和《人民检察院刑事诉讼规则（试行）》也都依循原来的做法，即某一侦查主体在侦查过程中，发现属于另一侦查主体管辖的案件时，应当移交给另一侦查主体；涉嫌主罪属于哪个侦查主体管辖的，就由该主体主侦查，另一主体予以配合。

法国、德国检察官主导全部案件的做法，英国检察官没有侦查权的特性，以及俄罗斯联邦侦查委员会与其他侦查机关管辖的案件本身就有一定交叉的状态，显然无法供我们直接借鉴，但也不能说这些做法、特性和状态毫无意义，至少这种“侦查一体化”的理念统领着全部案件的管辖是可以学习的。也即，我们不需要进行“检警一体”的改革，而是另辟蹊径，将配合定位在“最初受理的侦查机关”上。这样既可以避免侦查过程中主罪的转换、两大机关认识不同等情形，又可以提高侦查的效率，始终贯彻“侦查一体化”的理念，杜绝人为地割裂双方的联系。

3. 中央与地方主体间的协作。“侦查一体化”的理念不仅存在于不同系统的机构或人员之间，还应该存在于上下级同一序列或不同序列的侦诉主体之间，即中央与地方侦诉主体间。中央与地方侦诉主体间的关系也存在分工协作等问题。单一制国家的主权不可分割但又要考虑地方的多样性，如何选择是同类国家需要考虑的。① 类比到侦诉主体，既要通盘考虑全国整体的侦诉主体，进行一体化的设计，又要充分考虑到各地实际情况的不同，有针对性地适当调整。

中央和地方在侦诉主体这一范畴中的协作主要表现为管辖权范围的划分。这涉及级别管辖和案件纵向管理体制问题。就公安机关而言，下级公安机关认为案情重大需要上级公安机关侦查的刑事案件可请求上一级公安机关管辖。② 这是一项基本的规定，即通常所说的上级公安机关能管辖下级公安机关侦查的案件。根据新修订的《公安机关办理刑事

①黄凯斌．法国分权改革与地方治理研究［M］．北京：中国社会科学出版社，2012：181.

②参见新修订的《公安机关办理刑事案件程序规定》第21条第3款。

案件程序规定》：县级公安机关负责侦查发生在本辖区内的刑事案件；设区的市一级以上公安机关负责重大的危害国家安全犯罪、恐怖活动犯罪、涉外犯罪、经济犯罪、集团犯罪案件的侦查。[1] 显然，这种规定较为模糊。何为“重大”，不甚明确；设区的市一级以上公安机关包括市级、省级、国家级公安机关，而这三级公安机关各自负责的案件为何亦不清晰。中央公安机关（公安部）究竟对哪些案件拥有管辖权如果都无法确定的话，势必会导致中央和地方侦查管辖权的不对称。[2] 而这类问题同样存在于检察机关的侦查管辖中。即就检察机关而言，《人民检察院刑事诉讼规则（试行）》第 13 条第 2 款规定，最高人民检察院立案侦查全国性的重大犯罪案件，省、自治区、直辖市人民检察院立案侦查全省（自治区、直辖市）性的重大犯罪案件，分、州、市人民检察院立案侦查本辖区的重大犯罪案件，基层人民检察院立案侦查本辖区的犯罪案件。何谓“全国性的重大”、“全省（自治区、直辖市）性的重大”、“本辖区的重大”亦没有统一标准。此时，就应该从实践中找到出路，明确各级别侦查主体管辖的具体范围，将规则细化。这其实也是分工协作顺畅的保障。

中央与地方的权力本身就不对称，再加上上级与下级的权力划分有时候并不十分严格，法律规定也只是原则性地宣示，故有的国家将权力下放，而这其实也是改变中央与地方权力关系的一种方法，如法国关于司法警察地域组织的改革说明，尽管法国是一个高度中央集权的国家，但在某种程度上也不可避免地向地方政府做出了一些让步。而法国警察管理体制的发展趋势是，从中央集中领导体制到适当分散权力、建立地方警察体制。我国将铁路运输检察院划归地方亦是明证。所以，在必要的时候，局部调整中央集权式的权力模式，对于侦诉主体较好地自我管理、自我优化能起到一定的推动作用，也能提高主体的积极性，使其保质保量地完成各项任务。当然，权力下放的基础是权力集中（即在集权基础上的放权），即便法国在最近的改革中扩大了地方（大区、省、市镇）的自主管理权（自治权），也未从根本上改变中央集权之特征，国家派专门机构管理和协调地方事务便是典型的例子（法国的内政部

①参见新修订的《公安机关办理刑事案件程序规定》第 21 条第 1、2 款。

②王守宽．中国刑侦体制改革研究［M］．北京：群众出版社，2009：176.

下设地方事务总部，即“la direction générale des collectivités locales”，负责协调和监督中央派驻地方的官员，[①] 而我国却没有类似的管理协调部门）。概言之，采用“简政放权”与“加强中央政府的权威”并重的、适度分权的权力结构模式是侦诉主体协调发展的必经之路。[②] 当然，还必须防止中央机关的侦诉职能过于弱化而地方机关的侦诉职能过度膨胀现象的发生。

总的来说，中央与地方的关系并非单向的中央对地方或者地方对中央，而是双向的，即相互影响的。另外，从中央与地方关系的发展规律［一些原来实行中央集权的国家（如法国）逐步实行权力下放和地方分权，增强了地方政府的自治权力，以及实行地方政府分制的国家（如英国）朝着集权方向发展］来看，可以得出以下结论：要解决中央与地方侦诉主体的关系问题，除了有必要明确双方各自管理的事项（如规定具有哪些情形应交由中央侦诉机关进行侦查和起诉，其中可详细规定案件数额下限、性质等，典型的如数额多少以上以及涉外事务、多国多边事务等案件应该归中央管辖）外，还应该由法律设置专门的部门或机构对中央与地方的关系进行协调。此外，中央还要积极支持地方警务改革、检察机关机构改革，不断地丰富单一制国家内各体制的内涵，增强单一制国家中央对内的弹性设计，[③] 形成由地方到中央、从中央到地方的双方的、良性的互动。适当让出部分权力是通行做法，虽然这与欧洲国家让权给欧盟有本质区别，但还是有相似之处：以管辖的角度为突破口，理顺中央和地方（欧盟和成员国）的关系。

（二）主体间制约启示

这里的制约主要是侦查程序中哪些主体能够对侦查主体形成约束之意。在前述各章中都提及检察官、法官对侦查主体的制约，具体如 7-14 所示。

---

①Ministère de l’ Interieur. Collectivités territoriales ［EB/OL］. http：//www. interieur. gouv. fr/Le-ministere/Collectivites-territoriales，2013-09-14.

②刘俊杰．当代中国权力制衡结构研究［M］. 北京：中共中央党校出版社，2012：179.

③黄凯斌．法国分权改革与地方治理研究［M］. 北京：中国社会科学出版社，2012：187.

表 7-14　欧洲主要国家和欧盟对侦查权主体的制约

国家/地区	事前授权主体	事后审查主体
法国	检察官、预审法官、自由与羁押法官	法官
德国	检察官、侦查法官	法官
英国	治安法官	法官
俄罗斯	法官	法官
欧盟	成员国法官	成员国法官

说明：所谓“事前授权”，是指某些侦查行为或措施的实施，应当提前获得批准、同意；所谓“事后审查”，是指对已经发生的侦查行为或措施应当在实施后接受审核，看其是否违法。

通过比较，我们发现：第一，虽然法国、德国的检察官对某些措施具有一定的决定权，但是对于逮捕、羁押等影响犯罪嫌疑人重大人身权利的事项还是由预审法官、自由与羁押法官、侦查法官来决定；第二，即便在诉讼监督权较为强大的俄罗斯，其相关的强制侦查行为（措施）依然由法官来决定；第三，在欧盟，检察官办公室对一些侦查行为更是没有决定权，这些侦查行为只能依靠成员国法官的批准或同意才能实施。

反观我国，在法官监督缺失的情况下，诉讼监督权被转移给检察官，形成了我国监督主体一元化的现状。通过对比得知，在诉讼监督方面，我国与俄罗斯的相近之处较多，但其新近的改革打破了检察官集侦查、公诉、监督等权力于一身的局面（即剥离了侦查权），并且监督也不是体现为对强制侦查行为的事前审查，而是针对侦查活动等，这一系列做法值得我们思考。我国检察官的诉讼监督分为自侦时的监督和其他侦查主体侦查时的监督，前者存在的问题是同体性、非独立性，后者存在的问题是非中立性、滞后性。归结而言就是诉讼监督权的“过窄”和“过轻”。“过窄”，是指检察院的监督很大程度上只是体现为对逮捕这一项强制措施的批准，对其他强制措施或侦查行为是“放任”的；“过轻”，是指检察院对违法行为的纠正、制裁手段过软，无法起到震慑作用。即便是新修订的《人民检察院刑事诉讼规则（试行）》扩大了纠正违法行为的范围（也是事后监督）、细化了纠正违法行为的程序，[①] 但部分学者仍认为这只是当前的权宜之计，还是治标不治本。治本的最好方法是诉讼监督主体的正确回归。

在我国，侦查阶段的诉讼监督权主要由检察机关内部的侦查监督部门行使，实为“侦查监督权”，而诉讼监督权本义应当是“法院监督权”。[②] 权力归位后，不仅解决了检察机关职能混杂、角色冲突等问题，还能消除检察机关监督非中立性、滞后性等弊端。也即，我们要建立的是一个对侦查权进行综合制约的体系，形成主体多元化、对象宽泛化和事前事后监督同时化的模式。[③]

主体间制约的未来模式：
- 主体：多元化——法官、律师以及其他主体等
- 对象：宽泛化——逮捕、羁押、搜查、扣押、监听等
- 过程：同时化——事前审批、事后审查并纠正违法等

图 7-7　主体间制约的未来模式

详言之，这个体系应该这样设计：对逮捕、羁押、搜查、扣押、监听等严重影响犯罪嫌疑人人身、财产权利的侦查措施或行为的批准应该由法官（或者类似于德国，设置专门的侦查法官）进行，同时，增加律师对这些措施批准过程（答辩）的参与权；加大对违法侦查行为的审查力度，除了排除非法手段取得的证据外，还应当对侦查人员提出纠正意见，纠正意见由侦查机关核实后督促执行。此时的检察机关便可以提前介入到公安机关的侦查中，进行指导，给出法律意见等（类似于英国检察机关的做法）。也就是说，现阶段要发挥打击职务犯罪侦查权的优势、稳固审查起诉权的作用、优化诉讼监督权的效力，将后者逐步分离出去，变“三权”为“两权”，使得让出去的这“一权”归为法院的法官所有。

（三）主体间关系总体上的启示

通过上面的分析，我们应该将侦查主体间、侦诉主体间的关系延伸

---

①详见新修订的《人民检察院刑事诉讼规则（试行）》第 565 条和第 566 条。

②林钰雄．检察官论［M］．北京：法律出版社，2008：150-156.

③刘计划．侦查监督制度的中国模式及其改革［J］．中国法学，2014，177（1）．243-265.

至侦查和审查起诉程序中的主要主体间的关系，而这种关系的理想模式可以用八个字来概括：配合有利、制约有力。“配合有利”意味着侦诉主体间应当加强协作并共享信息，“利”于侦查和审查起诉；“制约有力”则意味着诉讼监督主体要强化程序控制权和制裁权，实实在在地对侦诉过程进行监督，“力”度足够。

表 7-15 主体间关系的理想模式

侦诉主体	诉讼监督主体
配合有利：促进协作、信息共享	制约有力：强化程序控制权、制裁权

第八章　结语：研究侦诉主体的三个维度

本书首先对法国、德国、英国、俄罗斯和欧盟的侦诉主体进行了全面的梳理，接着对它们的相似点和不同点进行了分析，展开了一定程度的比较，最后借鉴相关内容，找出了对我国侦诉主体发展和改革的启示。纵观这些内容，都是围绕着侦诉主体的历史沿革、现行状态、未来改革以及各国和地区侦诉主体的设置包括特设机构、权力、关系等来论述的，只是每一个国家和地区的侧重点不同和角度不同而已。

讨论侦诉主体，可以从三个维度进行：侦诉主体权力与观念、侦诉主体体制、侦诉主体机制。所谓侦诉主体权力与观念，是指侦诉主体所应该有的权力（排除异化权力）和具备的理念，笔者认为法治化和科学化是侦诉主体改革过程中需要把握的；所谓侦诉主体体制，是指侦诉主体的设置等问题（是分散还是合一），笔者认为目标是建立统一的侦查机关；所谓侦诉主体机制，是指侦诉主体的运行机理，具体可指侦查主体与审查起诉主体间的关系以及侦诉主体与其他主体的关系（是“检警合一”还是“检警分离”，是集权还是分权，是检察官监督还是法官监督），笔者认为“检警合一”与“检警分离”各具优劣，应当具体设计而不要一味强调固定的模式，同时笔者亦认为建立和完善信息化机制和法官监督机制是我国未来的发展方向（见表 8-1）。

表 8-1　研究侦诉主体的三大维度

角　度	内　容	改革目标
角度一	侦诉主体的权力与观念	法治化和科学化
角度二	侦诉主体的体制	建立统一的侦查机关；侦查一体化、检察一体化
角度三	侦诉主体的机制	检察指导侦查；集权下的分权；建立和完善信息化机制和法官监督机制

综上所述，一方面，欧洲主要国家的法治化经验、欧盟的科学经验为我国侦诉主体的改革提供了可以借鉴的内容。当然，这些内容我们应该选择性地加以理解和消化，旨在为我国侦诉主体体系之构建提供观念上的支撑和技术上的帮助。另一方面，欧洲主要国家和欧盟在《里斯本条约》生效后的相互作用使得整个欧洲迈向“自由、安全和公正”区域的步伐加快，但是其中阻碍亦不少，对困难克服的过程也是值得其他国家和地区研究的。即除了法治化、科学化的趋势是需要把握的以外，一体化过程本身也是一笔宝贵财富，可以深挖。①

①Paul Craig. The Lisbon Treaty：Law，Politics，and Treaty Reform ［M］. Oxford：Oxford University Press，2010. 378.

附录 1　附表和插图索引

表 1-1　广义、狭义的主客体与人、物的关系 …………………… 3
表 2-1　法国内政部司法警察机构（部分）概览 …………… 12
表 2-2　法国司法警察的分类及职权 …………………………… 17
表 2-3　法国刑事程序中受委托查案的三大主体权力比较 …… 42
表 2-4　法国刑事程序中三大公权力主体关系 ………………… 43
表 3-1　德国侦查阶段法官名称与主要职责的变化 ………… 56
表 3-2　德国部分侦查措施的决定主体及法条依据 ………… 59
表 3-3　德国审前阶段公权力主体的功能演变 ……………… 61
表 3-4　法、德两国检察机关（检察官）比较 ……………… 64
表 4-1　英国警察拘留权的相关主体及其职责 ……………… 79
表 4-2　英国金融犯罪的类型 ………………………………… 94
表 4-3　英国侦诉主体的设立及其权力依据 ……………… 104
表 4-4　法、德、英三国警察机关、检察机关及检警关系
　　　　比较 ………………………………………………… 105
表 4-5　法、德、英三国检察制度比较 …………………… 106
表 5-1　俄罗斯联邦调查和侦查机关、人员及其权力 ………… 115
表 5-2　俄罗斯联邦侦查和调查人员分布 ………………… 118
表 5-3　俄罗斯联邦侦查委员会组织结构 ………………… 121
表 5-4　俄罗斯联邦检察机关和检察长的权力 …………… 134
表 5-5　法、德、英、俄四国检察机关性质及权力比较 ……… 137
表 6-1　欧盟多层级治理机构 ……………………………… 138
表 6-2　欧洲警察署工作方向与重点 ……………………… 146
表 6-3　欧洲警察署和欧洲司法组织对比 ………………… 150
表 6-4　法国建立联合侦查小组概况（2004—2009 年）　…… 159
表 6-5　打击欧盟财政利益犯罪的可能性措施 …………… 170

表 6-6 建立欧洲检察官办公室的模式 …………………… 173
表 6-7 《关于建立欧洲检察官办公室的理事会规则》
条款 ……………………………………………… 177
表 6-8 欧盟“第三支柱”的变迁 ………………………… 182
表 6-9 警务与刑事司法合作和欧盟机构现状与趋势 ………… 190
表 7-1 不同国家对欧洲一体化的立场、观点 ……………… 195
表 7-2 欧洲主要国家和欧盟侦查机关和警察机关比较 ……… 199
表 7-3 特殊侦诉主体设置的原因、结果与代表 …………… 201
表 7-4 全书研究的侦诉主体及对应的法律 ………………… 202
表 7-5 欧洲主要国家和欧盟规定侦诉主体的
法律（文件）比较 ………………………………… 203
表 7-6 多次警务改革的实践与特征/内容 ………………… 207
表 7-7 法、德、俄三国警察类型及权力 ………………… 213
表 7-8 联邦警察、地方警察与刑警、治安警的比较 ………… 214
表 7-9 欧洲主要国家侦查主体概览 ……………………… 215
表 7-10 欧洲主要国家的侦查人员类别与侦查模式/类型 …… 217
表 7-11 欧洲主要国家侦查主体间的关系 ………………… 219
表 7-12 欧洲主要国家和欧盟侦诉主体设置及其关系 ……… 219
表 7-13 欧洲主要国家检察监督比较 …………………… 222
表 7-14 欧洲主要国家和欧盟对侦查权主体的制约 ………… 240
表 7-15 主体间关系的理想模式 ………………………… 242
表 8-1 研究侦诉主体的三大维度 ………………………… 243

图 1-1 侦诉主体研究的横纵轴 ……………………………… 5
图 2-1 法国预审法官权力系统演化 ………………………… 31
图 2-2 法国侦查程序中公权力主体关系 …………………… 43
图 3-1 主体与行为、证据的关联 …………………………… 63
图 4-1 英国现代承担起诉职能的主体的变迁 ……………… 82
图 5-1 俄罗斯联邦侦查主体体系构建的可能性方案 ………… 136
图 6-1 国际上的主权与合作之分析 ……………………… 152
图 6-2 欧盟“第三支柱”与侦诉主体发展 ……………… 181
图 7-1 欧盟“三大支柱”及运行机制 …………………… 194

图 7-2　欧洲主要国家侦查机关和警察机关的关系 …………… 200
图 7-3　侦诉主体的分离与合并趋势 ………………………… 210
图 7-4　检察机关分类 ………………………………………… 214
图 7-5　对我国未来的侦诉主体体制设计 …………………… 228
图 7-6　法律监督权的类型 …………………………………… 232
图 7-7　主体间制约的未来模式 ……………………………… 241

附录 2　欧洲主要国家和欧盟法律查询网站

一、法国： www. legifrance. gouv. fr

可查询：

《刑事诉讼法典》（Code de Procédure Pénale，CPP）；

《刑事审理法典》（Code d' instruction criminelle）；

《加强刑事诉讼（程序）衡平法》（Loi n°2007-291 tendant à renforcer l' équilibre de la procédure pénale）；

《加强保障无罪推定和被害人权利法》（Loi n° 2000-516 du 15 juin 2000 renforçant la protection de la présomption d' innocence et les droits des victimes）；

《人权和公民权利宣言》（Déclaration des droits de l' homme et du citoyen）；

《国家警察职业道德准则法令》（Code de déontologie de la police nationale）。

二、德国： www. gesetze-im-internet. de

可查询：

《联邦警察法》（Bundespolizeigesetz，BPolG）；

《联邦刑事警察局法》（Bundeskriminalamtgesetz，BKAG）；

《刑事诉讼法》（Strafprozeßordnung，StPO）；

《法院组织法》（Gerichtsverfassungsgesetz，GVG）；

《刑事事项国际互助法》（Gesetz über die internationale Rechtshilfe in Strafsachen，IRG）。

三、英国：www. legislation. gov. uk

可查询：
《都市警察法》（Metropolitan Police Act）；
《温彻斯特法规》（Statute of Winchester）；
《警察与刑事证据法》（Police and Criminal Evidence Act）；
《刑事司法法》（Criminal Justice Act）；
《警察和司法法》（Police and Justice Act）；
《警务与犯罪法》（Policing and Crime Act）；
《犯罪起诉法》（Prosecution of Offences Act）；
《皇家检察官守则》（the Code for Crown Prosecutors）；
《引渡法》（the Extradition Act）；
《警察改革法》（Police Reform Act）；
《严重有组织犯罪和警察法》（Serious Organised Crime and Police Act）。

四、俄罗斯：zakonbase. ru

可查询：
《刑事诉讼法典》（уголовно-процессуальный кодекс Российской Федерации）；
《检察机关组织法》（Федеральный закон "О прокуратуре Российской Федерации"）；
《侦查委员会法》（Федеральный закон "О Следственном комитете Российской Федерации"）；
《警察法》（Федеральный закон "О полиции"）。

五、欧盟：europa. eu

可查询：
《马斯特里赫特条约》（Maastricht Treaty）；
《阿姆斯特丹条约》（Amsterdam Treaty）；
《尼斯条约》（Treaty of Nice）；
《里斯本条约》（Treaty of Lisbon）；

《建立欧洲警察署公约》（the Convention establishing Europol）；

《欧盟成员国刑事互助公约》（la Convention relative à l'entraide Judiciaire en Matière Pénale）；

《关于联合侦查小组的框架决定》（Council Framework Decision of 13 June 2002 on joint investigation teams）；

《欧盟基本权利宪章》（the Charter of Fundamental Rights of the European Union）。

参 考 文 献

一、中文（含译文）参考文献

1. 中国社会科学院语言研究所词典编辑室．现代汉语词典［M］．2002 年增补本．北京：外语教学与研究出版社，2002：2506.

2. 刘涛．刑事诉讼主体论［M］．北京：中国人民公安大学出版社，2005：34-35.

3. 王大伟．欧美警察科学原理——世界警务革命向何处去［M］．北京：中国人民公安大学出版社，2007：33，437-505.

4. 张穹，谭世贵．检察制度比较研究［M］．北京：中国检察出版社，1990：1-3.

5. 樊崇义，吴宏耀，种松志．域外检察制度研究［M］．北京：中国人民公安大学出版社，2008：122，129-133.

6. 宋英辉，孙长永，朴忠根．外国刑事诉讼法［M］．北京：北京大学出版社，2011：189-191.

7. 魏武．法德检察制度［M］．北京：中国检察出版社，2008：26-34.

8. 曾正一．侦查法制专题研究［M］．桃园：台湾“中央警察大学”出版社，2006：123-124.

9. 綦甲福，赵彦，朱宇博等．德国情报组织揭秘［M］．北京：时事出版社，2013：312.

10. 程汉大，李培锋．英国司法制度史［M］．北京：清华大学出版社，2007：404-405，423.

11. 李温．英国警察法历史发展与当代改革研究［M］．哈尔滨：黑龙江人民出版社，2009：102-104，166-196.

12. 张彤．欧盟法概论［M］．北京：中国人民大学出版社，2011：

47-76，465-467.
13. 何家弘．刑事司法大趋势——以欧盟刑事司法一体化为视角［M］．北京：中国检察出版社，2005：450-457.
14. 王展鹏．跨国民主及其限度——欧盟制宪进程研究［M］．北京：人民出版社，2010：206.
15. 秦亚青．观念、制度与政策——欧盟软权力研究［M］．北京：世界知识出版社，2008：155.
16. 黄正柏．欧洲一体化进程中的国家主权问题研究［M］．武汉：湖北长江出版集团，湖北人民出版社，2011：13，16，144，146，196-197，498-499.
17. 吴振逢．德国联邦制度与欧洲整合［M］．台北：五南图书出版股份有限公司，2011：262，267.
18. 古莉亚．欧洲一体化的悖论［M］．长春：吉林大学出版社，2010：143-154.
19. 刘伯祥主编．外国警察法［M］．北京：中国法制出版社，2007：709-727.
20. 张杰．中国与俄罗斯警务合作与警务比较［M］．北京：中国人民公安大学出版社，2012：13，16-23，36-50，185.
21. 王守宽．中国刑侦体制改革研究［M］．北京：群众出版社，2009：176.
22. 黄凯斌．法国分权改革与地方治理研究［M］．北京：中国社会科学出版社，2012：181，187.
23. 刘俊杰．当代中国权力制衡结构研究［M］．北京：中共中央党校出版社，2012：179.
24. 林钰雄．检察官论［M］．北京：法律出版社，2008：150-156.
25. 薛建成等编译．拉鲁斯法汉双解词典［M］．北京：外语教学与研究出版社，2001：27，157，1868，1875.
26. 欧共体官方出版局．欧洲联盟法典（第二卷）［M］．苏明忠译．北京：国际文化出版公司，2005：322-326.
27. 罗结珍译．法国刑事诉讼法典［M］．北京：中国法制出版社，2006：65.
28. ［法］勒内·达维．英国法与法国法：一种实质性比较［M］．

潘华仿，高鸿钧，贺卫方译．北京：清华大学出版社，2002：50.

29. ［法］贝尔纳·布洛克．法国刑事诉讼法［M］．罗结珍译．北京：中国政法大学出版社，2009：89－95.

30. ［法］M. 戴尔玛斯·玛蒂，［荷］约翰·A. E. 佛菲勒．欧盟刑事法：欧盟财政利益的刑事法保护［M］．贾宇，喻贵英，付玉明译. 北京：法律出版社，2009：211－231.

31. ［法］多米尼克·斯特劳斯－卡恩．赞成！欧盟宪法的未来［M］．裴晓亮译．北京：中信出版社，2005：26－27.

32. ［德］托马斯·魏根特．德国刑事诉讼程序［M］．岳礼玲，温小洁译．北京：中国政法大学出版社，2004：23，40，43，50－51，99，126－127.

33. ［德］克劳斯·罗克辛．德国刑事诉讼法［M］．吴丽琪译．台北：三民书局，1998：724.

34. ［俄］K. Φ. 古岑科．俄罗斯刑事诉讼教程［M］．黄道秀等译. 北京：中国人民公安大学出版社，2007：135，297.

35. ［俄］Ю. E. 维诺库罗夫主编．检察监督［M］．第七版．刘向文译．北京：中国检察出版社，2009：1－2，406.

36. ［荷］皮特·J. P. 泰克编．欧盟成员国检察机关的任务和权力［M］．吕清，马鹏飞译．北京：中国检察出版社，2007：60，114－117.

37. ［日］冈田朝太郎等口授，郑言笔述，蒋士宜编译．检察制度［M］．北京：中国政法大学出版社，2003：6－13.

38. 王雅琴．俄罗斯司法改革与法律监督制度的完善［C］．黄道秀主编．俄罗斯法研究（第一辑）．北京：中国政法大学出版社，2013：263.

39. 陈立军．秋季村规与中世纪村庄共同体的日常生活［J］．兰州学刊，2010，207（12）．181－185.

40. 施鹏鹏．不日而亡——以法国预审法官的权力变迁为主线［J]. 中国刑事法杂志，2012，139（7）．127.

41. 周勇．欧盟司法与内务合作的新功能主义解读［J］．国际论坛，2012，80（2）．73－78.

42. 赵嵘．欧盟司法与内务合作：进展、问题与走向［J］．现代国际关系，2008，230（12）.37-42.

43. 方长平. 欧盟司法与内务合作：动力、机制与问题［J］. 欧洲，2000，18（6）.53-59.

44. 钟碧莹. 德国警察主体法律体系评析及对我国的启示——以治安职能为核心［J］. 河北法学，2013，31（5）.147，150.

45. 刘计划. 侦查监督制度的中国模式及其改革［J］. 中国法学，2014，177（1）.243-265.

46. 黄道秀译. 俄罗斯联邦侦查委员会法［J］. 国家检察官学院学报，2014，22（3）.156-176.

47. 赵路译. 俄罗斯联邦检察院组织法［J］. 中国刑事法杂志，2010，113（5）.112-127.

48. ［俄］列·戈洛甫科. 俄罗斯侦查制度的现状与发展［J］. 黄道秀译. 国家检察官学院学报，2014，22（2）.161-162.

49. ［荷］约翰·A. E. 维瓦勒. 欧盟司法区域的构建［J］. 廖明，吴伶俐译. 国家检察官学院学报，2009，17（5）.153-159.

50. 张建伟. 德国：再叫真的民族也有错案［N］. 法律文化周刊，2013-06-21（5）.

51. 法新社. 法国将设立“大巴黎警察总局”［EB/OL］. http：//www. oushinet. com/172-1304-36542. aspx，2014-03-01.

52. 张麟. 国外警察制度［EB/OL］. http：//www. hsdcw. com/html/2013-7-9/556970. htm，2013-07-09.

二、外文参考文献

（一）英文参考文献

53. Stephen Inwood. A History of London［M］. New York：Carroll & Graf Publishers，1998. 591.

54. Sir Maurice Sheldon Amos. British Justice：An Outline of the Administration of Criminal Justice in England and Wales［M］. London：Longmans Green for the British Council，1944. 17.

55. Mary Ann Glendon，Paolo G. Carozza and Colin B. Picker. Comparative Legal Traditions—Text，Materials and Cases on Western Law［M］. Third Edition. St. Paul，MN：Thomson/West，2007. 218-219.

56. Paul Craig. The Lisbon Treaty: Law, Politics, and Treaty Reform [M] . Oxford: Oxford University Press, 2010. 378.

57. Y. E. Y. Vermeulen. The European Public Prosecution Service Contribution to the European Union's Area of Freedom, Security and Justice [D] . [Master Thesis of European Public Law] . Noord-Brabant: Tilburg University, 2010.

58. Peter Kiernan. The Role and Responsibilities of the Serious Fraud Office in Fighting Fraud within the United Kingdom [C] . Masahiro Tauchi, Work Product of the 126th International Senior Seminar Visiting Experts' Papers (Annual Report for 2004 and Resource Material Series No. 66) of United Nations Asia and Far East Institute for the Prevention of Crime and the Treatment of Offenders (UNAFEI), Japan: 1-26 Harumi-cho, Fuchu, Tokyo183-0057, 2005. 91-98.

59. Richard Alderman. Preventing serious economic crime: the SFO's priorities and successes [C] . Harry Travers, BCL Burton Copeland, Serious Economic Crime: A boardroom guide to prevention and compliance, London: White Page Ltd, 2011. 18.

60. Peter Crowther. Preparing for a "dawn raid"-and dealing with the aftermath [C] . Harry Travers, BCL Burton Copeland, Serious Economic Crime: A boardroom guide to prevention and compliance, London: White Page Ltd, 2011. 178.

61. Jürgen Kapplinghaus. Joint Investigation Teams: Basic Ideas, Relevant Legal Instruments and First Experiences in Europe [C] . UNAFEI, Proc. of 134th International Training Course Visiting Experts' Papers (Resource Material Series No. 73) of United Nations Asia and Far East Institute for the Prevention of Crime and the Treatment of Offenders, Japan: 1-26 Harumi-cho, Fuchu, Tokyo183-0057, 2007. 29-33.

62. Farah Lopes de Lima, José Antonio. Europol as the Director and Coordinator of the Joint Investigation Teams [C] . Centre for European Legal Studies, The Cambridge Yearbook of European Legal Studies (Volumn 9), Cambridge: Cambridge University Press, 2006-2007. 314-328.

63. Adriaan Schout, Sarah Wolff. The 'Paradox of Lisbon': Supranational-

ism-Intergovernmentalism as an Administrative Concept[C]. Finn Laursen, The EU's Lisbon Treaty:Institutional Choices and Implementation. Burlington, VT:Ashgate,2012. 21,23.

64. Fraud Advisory Panel. Fraud Reporting: a shared responsibility [R]. London: Fraud Advisory Panel Publication, 2010.

65. Monty Raphael, John Benstead. Roskill Revisited: Is there a case for a unified fraud prosecution office [R]. London: Fraud Advisory Panel Publication, 2010.

66. Anita C. Esslinger. The UK's Serious Fraud Office Announces Guide to Self-Reporting of Overseas Corruption by Corporations [R]. London: Bryan Cave LLP, 2009.

67. Marianne Wade. EuroNEEDs-Evaluating the need for and the needs of a European Criminal Justice System [R]. Freiburg im Breisgau (Germany): Max Planck Institute for Foreign and International Criminal Law, 2011.

68. Lothar Kuhl, Sébastien Combeaud. From the Corpus Juris to the European Public Prosecutor [R]. Cambridge: Centre for European Legal Studies Occasional Paper, Faculty of Law, University of Cambridge, 2004.

69. Roderick Munday. The Roskill Report on Fraud Trials [J]. The Cambridge Law Journal, 1986, 45 (2). 175-179.

70. Petter Gottschalk. Categories of financial crime [J]. Journal of Financial Crime, 2010, 17 (4). 441-458.

71. Sandeep Savla. Serious Fraud Office Powers under Section 2 of the Criminal Justice Act 1987 and Police and Criminal Evidence Act 1984 [J]. Journal of Financial Crime, 1997, 4 (3). 223-231.

72. Barbara Mills. Controlling Commercial Fraud: The Role of the Serious Fraud Office [J]. Managerial Auditing Journal, 1991, 6 (3). 30-32.

73. Simon N. M. Young. Why civil actions against corruption [J]. Journal of Financial Crime, 2009, 16 (2). 144-159.

74. Peter Yeoh. The UK Bribery Act 2010: contents and implications [J]. Journal of Financial Crime, 2012, 19 (1). 37-53.

75. Rosalind Wright. Why (some) fraud prosecutions fail [J]. Journal

of Financial Crime, 2006, 13 (2) . 177-182.

76. Walliam Wallance. The Sharing of Sovereignty: The European Paradox [J] . Political Studies, 1999, 47 (3) . 503-521 .

77. Saskia Hufnagel. The Fear of Insignificance: New Perspectives on Harmonising Police Cooperation in Europe and Australia [J] . Journal of Contemporary European Research, 2010, 6 (2) . 165-193.

78. Monika Helmberg. Eurojust and Joint Investigation Teams: How Eurojust can Support JITs [J] . ERA-Forum, 2007, 8 (2) . 245-251.

79. Mireille Delmas-Marty. Combatting fraud-Necessity, legitimacy and feasibility of the Corpus Juris [J] . Common Market Law Review, 2000, 37 (2) . 247-256.

80. Simone White, Nicholas Dorn. Towards a decentralised European Public Prosecutor's Office [J] . Amicus Curiae, 2012, 89 (1) . 2-8.

81. Marianne L. Wade. A European public prosecutor: potential and pitfalls [J] . Crime, Law and Social Change, 2013, 59 (4) . 439-486.

82. Katalin Ligeti, Michele Simonato. The European Public Prosecutor's Office: towards a Truly European Prosecution Service [J] . New Journal of European Criminal Law, 2013, 4 (1-2) . 7-21.

83. C. Fijnaut, M. S. Groenhuijsen. A European Public Prosecution Service: Comments on the Green Paper [J] . European Journal of Crime, Criminal Law and Criminal Justice, 2002, 10 (4) . 321-336.

84. Conny Rijken. Re - Balancing Security and Justice: Protection of Fundamental Rights in Police and Judicial Cooperation in Criminal Matters [J] . Common Market Law Review, 2010, 47 (5) . 1455-1492.

85. Beatrix Elsner, Chris Lewis, Josef Zila. Police Prosecution Service Relationship Within Criminal Investigation [J] . European Journal on Criminal Policy and Research, 2008, 14 (2-3) . 203-224.

86. BKA. History[EB/OL]. http://www.bka.de/nn_194538/EN/TheBKA/History/history_node.html,2014-06-01.

87. BKA. Our Organisation[EB/OL]. http://www.bka.de/nn_195534/EN/TheBKA/OrganisationChart/organisationChart_node.html,2014-06-01.

88. BKA. Tasks[EB/OL]. http://www.bka.de/nn_195536/EN/TheB-

KA/Tasks/tasks_node. html,2014-06-01.

89. MET. Histroy of policing [EB/OL] . http: //content. met. police. uk/Site/history policing, 2014-03-10.

90. MET. The Metropolitan Police how it all began [EB/OL]. http: //content. met. police. uk/Article/The - Metropolitan - Police - how - it - all - began/1400015336362/1400015336362, 2014-03-10.

91. CPS. History of CPS [EB/OL] . https: //www. cps. gov. uk/about/history. html, 2014-03-23.

92. CPS. The Code for Crown Prosecutors [EB/OL] . https://www. cps. gov. uk/publications/code_for_crown_prosecutors/ ,2014-03-22.

93. CPS. Introduction: what to do [EB/OL]. https: //www. cps. gov. uk/about/index. html, 2014-03-23.

94. National Fraud Authority. Annual Fraud Indicator 2013 [EB/OL]. https: //www. gov. uk/government/publications/annual-fraud-indicator-2, 2014-03-23.

95. Phillippa Williamson. The Roskill Report 25 years on [EB/OL]. http: //www. sfo. gov. uk/about-us/our-views/sfo-blog/the-roskill-report-25-years-on. aspx, 2014-03-22.

96. Mike Koehler. A Conversation with Richard Alderman-Director of the United Kingdom Serious Fraud Office [EB/OL] . http://papers. ssrn. com/sol3/papers. cfm? abstract_id=1687299,2014-03-23.

97. Attorney General's Office. Protocol between the Attorney General and Prosecuting Departments [EB/OL] . https: //www. gov. uk/government/publications/protocol-between-the-attorney-general-and-prosecuting-departments, 2014-03-23.

98. The Prosecutor General's Office of the Russian Federation. History of Prosecution Service of the Russian Federation [EB/OL] . http: //eng. genproc. gov. ru/history/, 2014-04-05.

99. Europol. Birth of an idea, 1991-1998 (History of Europol) [EB/OL] . https: //www. europol. europa. eu/content/page/history-149, 2014-04-25.

100. Europol. The first years, 1999-2004 (History of Europol) [EB/

OL] . https: //www. europol. europa. eu/content/page/first - years, 2014 - 04-25.

101. Europol. The growth to maturity, 2005 - 2008 (History of Europol) [EB/OL] . https: //www. europol. europa. eu/content/page/growth - maturity, 2014-04-25.

102. Europol. Changing legal basis: steps to becoming an EU agency (History of Europol) [EB/OL] . https: //www. europol. europa. eu/content/page/becoming-eu-agency-1859, 2014-04-25.

103. Europol. About us [EB/OL] . https: //www. europol. europa. eu/content/page/about-us, 2014-04-25.

104. Europol. A collective EU response to cybercrime [EB/OL]. https: //www. europol. europa. eu/ec3, 2014-04-25.

105. Europol. Europol work programme 2014 [EB/OL] . https: //www. europol. europa. eu/sites/default/files/publications/wp2014. pdf, 2014 - 04-25.

106. Europol.Europols priorities[EB/OL].https://www.europol.europa.eu/content/page/europol%E2%80%99s-priorities-145,2014-04-25.

107. Eurojust. History of Eurojust (Background) [EB/OL] . http: //eurojust. europa. eu/about/background/Pages/history. aspx, 2014-05-02.

108. Eurojust. Eurojust legal framework (Legal framework) [EB/OL]. http: //eurojust. europa. eu/about/legal - framework/Pages/eurojust - legal - framework. aspx, 2014-05-02.

109. Eurojust. Mission and tasks (Background) [EB/OL] . http: //eurojust. europa. eu/about/background/Pages/mission - tasks. aspx, 2014 - 05-02.

110. Eurojust. EU legal framework (Legal framework) [EB/OL] . http: //eurojust. europa. eu/about/legal - framework/Pages/eu - framework. aspx, 2014 - 05-02.

111. Europol. Joint Investigation Teams (JITs) [EB/OL] . https: //www. europol. europa. eu/content/page/joint - investigation - teams - 989, 2014-05-04.

112. Eurojust. JITs funding (Eurojust support to JITs) [EB/OL] . http: //

eurojust. europa. eu/Practitioners/Eurojust-Support-JITs/JITS-Funding/Pages/jits-funding-project. aspx，2014-05-04.

113. Eurojust. History（Eurojust support to JITs）［EB/OL］. http：//eurojust. europa. eu/Practitioners/Eurojust - Support - JITs/JITs/Pages/history. aspx，2014-05-04.

114. Katalin Ligeti. Introduction to the Model Rules［EB/OL］. http://eppo-project. eu/design/eppodesign/html/eu_model_rules/intro_model_rules/intro_model_rules. html，2014-05-04.

115. CCBE. A European Public Prosecutor's Office（EPPO）［EB/OL］. http://www. ccbe. eu/fileadmin/user_upload/NTCdocument/EN_07022013_EPPOpdf1_1360678235. pdf，2014-05-04.

116. European Commission. European Public Prosecutor's Office［EB/OL］. http://ec. europa. eu/justice/criminal/judicial - cooperation/public - prosecutor/index_en. htm，2014-08-19.

117. Wikipedia. United Kingdom National DNA Database［EB/OL］. http://en. wikipedia. org/wiki/UK_National_DNA_Database，2014-06-24.

118. BBC. All UK 'must be on DNA database'［EB/OL］. http://news. bbc. co. uk/2/hi/uk_news/6979138. stm，2007-09-05.

（二）其他语种参考文献

119. Bundesministerium des Innern. Signale für eine neue Sicherheitsarchitektur（Zusammenfassung des Berichts der Kommission "Evaluierung Sicherheitsbehörden"）［R］. Berlin，9. Dezember 2010.

120. Christiane Besnier. La chronologie de l' affaire d' Outreau［J］. Droit et Cultures，2008，55（1）. 35-42.

121. Mireille Delmas - Marty. Nécessité，legitimité et faisabilité du Corpus Juris［J］. AGON，1999，7（4）. 5-9.

122. Ministère de l' Interieur. Histoire de Police Nationale［EB/OL］. http：//www. police - nationale. interieur. gouv. fr/Presentation - generale/Histoire，2014-03-01.

123. Ministère de l' Intérieur. L' organisation et les structures de la direction centrale de la police judiciaire［EB/OL］. http：//www. police-nationale. interieur. gouv. fr/Organisation/Direction-Centrale-de-la-Police-

Judiciaire/L-organisation-et-les-structures, 2014-03-01.

124. EurActiv. fr. Coopération policière dans l' UE: Les équipes communes d' enquêtes sous la loupe des experts [EB/OL]. http://www. euractiv. fr/institutions/priorites-de-lue-electionsarticleequipes-communes-enquetes-loupe-experts-000972-1185. html, 2014-05-04.

125. Ministère de la Justice. Les équipes communes d' enquête [EB/OL]. http://www. presse. justice. gouv. fr/art _ pix/1 _ Ficheequipescommunesenquete. pdf, 2014-05-04.

126. Police nationale. La formation des personnels de police judiciaire [EB/OL]. http: //www. police-nationale. interieur. gouv. fr/Organisation/Direction-Centrale-de-la-Police-Judiciaire/La-formation-des-personnels-de-police-judiciaire, 2014-10-01.

127. Police nationale. La sous-direction de la police technique et scientifique [EB/OL]. http: //www. police-nationale. interieur. gouv. fr/Organisation/Direction-Centrale-de-la-Police-Judiciaire/Sous-direction-de-la-police-technique-et-scientifique, 2014-10-01.

128. Ministère de l' Interieur. Collectivités territoriales [EB/OL]. http: //www. interieur. gouv. fr/Le-ministere/Collectivites-territoriales, 2013-09-14.

129. Bundespolizei. Historie der Bundespolizei [EB/OL]. http://www. bundespolizei. de/DE/06Die-Bundespolizei/Historie/historie _ node. html, 2014-06-01.

130. Bundespolizei. Organisation der Bundespolizei [EB/OL]. http://www. bundespolizei. de/DE/06Die-Bundespolizei/Organisation/organisation_node. html, 2014-06-01.

131. Андрей Медведев. На смену милиции придет полиция [EB/OL]. http: //www. vesti. ru/doc. html? id=384326&cid=, 2014-04-24.

132. Алексей никольский, Лилия Бирюкова. Единый следственный комитет заработает через три года [EB/OL]. http://www. vedomosti. ru/politics/news/9495112/sledstvie_solyut_k_vyboram, 2014-04-22.

后　　记

2013年6月，我从中国人民公安大学侦查学院毕业，师从王大中教授。次月，入职西南政法大学刑事侦查学院。“刑侦大家庭”的氛围让我感受到这一全国最早开办侦查学本科专业的院系以及我国首批国家级侦查专业人才培养试验区、国家级特色专业建设点、国家级实验教学示范中心、国家级司法鉴定机构所在院系所包含的文化底蕴；同时，也为自己能够在这一拥有全国第一个犯罪侦查教研机构、全国第一个侦查学教授、全国第一部侦查学本科教材、全国第一批侦查学硕士培养点的院系任职感到骄傲与自豪。近年来，西南政法大学刑事侦查学院发展迅速，在教学科研、人才引进与培养、国际交流等方面都取得了新突破。

就国际交流合作而言，在重庆市教委《关于进一步提升重庆市高校教师队伍国际化水平的意见》以及学校《中共西南政法大学委员会关于进一步加强和改进青年教师工作的若干意见》等文件的支撑下，学院相关工作逐步推进，提升青年教师国际化水平成为学院发展的必然要求。同样，研究国（境）外专门问题亦成为必不可少的环节，这为我们理解与改进侦查制度提供了可资借鉴的材料。

《欧洲主要国家与欧盟侦诉主体研究》一书能作为“西南政法大学刑事侦查学院公安学学术文库”的一员，离不开刑事侦查学院任惠华院长、刘正宏书记、易旻副院长、贾治辉副院长、胡尔贵副书记以及我所在的侦查教研室裘树祥主任、管光承教授、郑海教授、马方教授等的支持与帮助，也离不开刑事侦查学院其他领导与同事的关怀，在此一并表示感谢。

还要感谢帮助过我的老师、同学、朋友、亲人们，愿你们一生幸福！

“欧洲主要国家与欧盟侦诉主体”的研究虽然告一段落，但本书的出版仅仅是我对国（境）外侦查制度研究的一个起点。这对解决目前实践中“天网”行动（反腐败国际追逃追赃工作）所遇到的难题同样有所裨益。

肖　军

二零一四年十月八日　初稿

二零一五年二月一日　修订一稿

二零一五年四月十日　修订二稿

二零一五年五月一日　定稿

于西南政法大学教职工住宅小区天高鸿苑